本书获得国家社科基金一般项目："'一带一路'视阈下'万里茶道'旅游品牌的共商共建共享机制研究"（18BGL148）和内蒙古自治区文化和旅游发展研究重点课题"线性文化遗产'万里茶道'的内蒙古叙事：产业化和国际化的双重路径"（2024-WL004）资助

INTERNATIONAL TOURISM BRAND OF

王公为 著

共商共建共享
机制研究

国际旅游品牌

「万里茶道」

TEA ROAD

STUDY ON THE MECHANISM OF
EXTENSIVE CONSULTATION,
JOINT CONTRIBUTION AND SHARED BENEFITS

社会科学文献出版社
SOCIAL SCIENCES ACADEMIC PRESS (CHINA)

前　言

　　"万里茶道"亦称"茶叶之路",是指运营于 17 世纪至 20 世纪初,以茶叶作为主要贸易产品,途经福建、江西、湖南、湖北、安徽、河南、山西、河北、内蒙古 9 省区抵达中俄边境贸易集散地恰克图,又向西经西伯利亚至圣彼得堡,并进入欧洲的国际贸易路线。"万里茶道"是继"丝绸之路"之后在欧亚大陆之间兴起的又一条重要的国际大通道。"万里茶道"展现了明清时期的经济全球化过程,反映了沿线国家和地区居民在 200 余年的时间内进行的跨区域、持续的商贸往来和思想文化交流,书写了不同民族、不同种族间共建人类命运共同体的典型实践,是东西方文明交流互鉴的典范。作为传统的贸易路线,"万里茶道"的经济价值逐渐衰微,但作为文化线路,其遗产价值和文化旅游价值日益彰显。2013 年 3 月,习近平主席在俄罗斯发表的题为《顺应时代前进潮流　促进世界和平发展》的演讲中,提出"万里茶道"曾是联通中俄的"世纪动脉"。2016 年 7 月 22 日,首届中俄蒙三国旅游部长会议在呼和浩特市召开,中俄蒙"万里茶道"国际旅游联盟正式成立。同年,"万里茶道"被国家旅游局确定为中国十大国际旅游品牌之一。2019 年 3 月,"万里茶道"跻身《中国世界文化遗产预备名单》,中蒙俄三国联合申遗工作进入快车道。至此,沉寂长达一个多世纪的"万里茶道",抖落了历史的尘埃,再次走进大众的视野。

　　然而,作为长距离跨国线性文化遗产,"万里茶道"具有空间跨度大、环境变迁复杂、行政边界分割制约、利益主体多元等不同于一般文化遗产的地理特征,表现出遗产的知名度和影响力有限、内部竞争激烈以及产业

1

化和国际化水平仍然较低等问题。在这种背景下，"万里茶道"沿线国家和地区如何依托遗产资源，挖掘区域文化内涵，突出各地的比较优势，打造具有影响力、号召力的国际旅游品牌已成为政府和社会各界广泛关注并亟待解决的现实问题。

共商共建共享是 2015 年 10 月习近平总书记在中共中央政治局第二十七次集体学习时提出的新的全球治理理念。该理念倡导各参与方从共同利益出发，主张通过协商处理全球事务、共同制定全球规则，体现了一种平等的价值理念、民主的思维方式和合作的行为方式。共商共建共享是"一带一路"倡议所秉持的基本原则，也为沿线国家和地区共建"万里茶道"国际旅游品牌提供了基本原则和有效机制。鉴于此，本书基于"一带一路"倡议的背景和视角，厘清"一带一路"和"万里茶道"的关系，明确"万里茶道"沿线国家和地区的旅游吸引物分布特征、旅游流时空演化和旅游业发展态势，构建"万里茶道"国际旅游品牌体系，探索"万里茶道"国际旅游品牌的共商共建共享机制，对于践行"一带一路"倡议、复兴"万里茶道"以及促进中蒙俄经济走廊建设具有重要的理论价值和现实意义。

本书的核心观点主要体现在以下方面：①"万里茶道"是清代中国丝绸之路广阔网络体系中的重要组成部分，是陆上丝绸之路淡出与海上丝绸之路受阻后我国对外贸易线路的新探索；②"万里茶道"串联起茶叶的生产、集散、外销和消费四大环节，将茶源地、茶叶集散地、节点市镇以及消费地等不同功能的区域连接起来，推动了沿线各个城市、集镇、村落的形成、发展和人文交流，是推动中蒙俄跨国贸易的"世纪动脉"，也是共建人类命运共同体的典型实践；③"万里茶道"沿线国家和地区旅游吸引物分布具有区域集聚性，其分布密集度呈现"两端密，中间疏"的"V"形结构；④在国际旅游发展方面，中俄蒙入境旅游流流量依次递减，且均属于低质旅游流，因此，应将中国作为"万里茶道"国际旅游市场开发的突破口和品牌建设的核心；⑤"万里茶道"中国段遗产资源分布、遗产旅游发展和茶旅融合水平表现不均衡，生产路段各方面条件相对较好，沿线国家和地区应明确各自的比较优势，科学确定各自的发展定位和方向；⑥"万里茶道"国际旅游品牌体系由物质要素、社会要素和精神要素构成，品牌建设应以茶文化为主线，以茶叶的生产、流通、集散、消费空间为核心旅游资源，以沿线国家和地区的遗产资源和旅游吸引物作为旅游产品，努力将"万里茶道"打造成集茶文化、茶景观、晋商文化、民族风情、传奇故事和异国风情等旅游吸引物于一体的国际旅游品牌体系；⑦"万里茶道"国际旅游品牌的建设应坚持共商共建共享理念，调动生产路段、集散路段和外销路段沿线国家和地区的力量，推动不同社会主体多元参与，并充分发挥各自的优势，以实现"万里茶道"旅游的高质量发展。

本书获得了国家社科基金一般项目"'一带一路'视阈下'万里茶道'旅游品牌的共商共建共享机制研究"（编号：18BGL148）和内蒙古自治区文化和旅游发展研究重点课题"线性文化遗产'万里茶道'的内蒙古叙事：产业化和国际化的双重路径"（编号：2024-WL004）的资助。同时，书稿在撰写过程中也得到了内蒙古大学历史与旅游文化学院领导和同事的大力支持，特此向协助和支持本书写作的所有人员表示感谢。

目　录

第一章　"万里茶道"的回归和国际旅游品牌建设的重要意义 …………… 1

　　第一节　"万里茶道"的回归与复兴 ……………………………………… 1

　　第二节　"万里茶道"国际旅游品牌建设的重要意义 ………………… 5

第二章　文献综述与理论基础 ………………………………………………… 9

　　第一节　文献综述 ……………………………………………………………… 9

　　第二节　理论基础 …………………………………………………………… 18

第三章　"一带一路"倡议与"万里茶道" ………………………………… 28

　　第一节　"一带一路"倡议 ………………………………………………… 28

　　第二节　"万里茶道"的历史与演化 …………………………………… 35

　　第三节　"一带一路"倡议与"万里茶道"国际旅游品牌 ………… 52

第四章　"万里茶道"的空间格局与节点市镇 …………………………… 60

　　第一节　"万里茶道"生产路段 ………………………………………… 60

　　第二节　"万里茶道"集散路段 ………………………………………… 66

　　第三节　"万里茶道"外销路段 ………………………………………… 73

第五章　"万里茶道"沿线国家和地区的旅游吸引物分布 …………… 84

　　第一节　"万里茶道"中国段旅游吸引物分布 ……………………… 84

　　第二节　"万里茶道"蒙古国段旅游吸引物分布 …………………… 90

　　第三节　"万里茶道"俄罗斯段旅游吸引物分布 …………… 94

　　第四节　"万里茶道"沿线地区旅游吸引物分布特征

　　　　　及影响因素 ……………………………………………… 101

第六章　"万里茶道"沿线国家入境旅游流的时空演化 ………… 110

　　第一节　数据来源与研究方法 ……………………………… 111

　　第二节　中蒙俄入境旅游流时空演化分析 ………………… 112

　　第三节　"万里茶道"中国段入境旅游流时空演化分析 …… 117

第七章　遗产廊道视角下"万里茶道"中国段遗产资源分布 ……… 126

　　第一节　"万里茶道"遗产廊道 ……………………………… 126

　　第二节　"万里茶道"中国段物质遗产分布 ………………… 137

　　第三节　"万里茶道"中国段茶叶类非物质文化遗产分布 … 158

第八章　遗产廊道视角下"万里茶道"中国段的旅游业发展研究 …… 180

　　第一节　"万里茶道"中国段沿线地区旅游业发展现状 …… 180

　　第二节　遗产廊道视阈下"万里茶道"中国段旅游业发展

　　　　　适宜性评价 …………………………………………… 208

第九章　"万里茶道"中国段沿线地区茶产业与旅游业

　　耦合发展研究 ………………………………………………… 220

　　第一节　"万里茶道"中国段沿线地区茶产业与旅游业

　　　　　发展现状 ……………………………………………… 221

　　第二节　"万里茶道"中国段沿线地区茶产业与旅游业耦合

　　　　　协调度分析 …………………………………………… 223

第十章　"万里茶道"国际旅游品牌体系构成和发展策略 ……… 233

　　第一节　"万里茶道"国际旅游品牌的构建基底 ………… 233

第二节 "万里茶道"国际旅游品牌体系的构成 …………… 238

第三节 "万里茶道"国际旅游品牌体系的建设策略 ………… 250

第十一章 "万里茶道"国际旅游品牌的共商共建共享机制研究 ……… 257

第一节 "万里茶道"国际旅游品牌建设的基础条件
和制约因素 …………………………… 257

第二节 "万里茶道"国际旅游品牌建设的尺度框架 ………… 264

第三节 "万里茶道"国际旅游品牌的共商共建共享机制构建 …… 268

参考文献 …………………………………… 280

后 记 …………………………………… 300

第一章 "万里茶道"的回归和国际旅游品牌建设的重要意义

第一节 "万里茶道"的回归与复兴

"万里茶道"是 17 世纪兴起的以茶叶为大宗货物、繁荣了两个多世纪的欧亚国际贸易线路，也是继古代丝绸之路衰落之后在欧亚大陆兴起的又一条重要的国际商道（杨晓军，2016b）。"万里茶道"起于福建省武夷山市下梅村，经江西、湖南、湖北、安徽、河南、山西、河北、内蒙古向北延伸，穿越戈壁草原，抵达中俄边境口岸恰克图，总长 5000 余公里；此后继续向西延伸，跨越西伯利亚，经乌拉尔地区、伏尔加河中下游流域，到达莫斯科、圣彼得堡以及欧洲其他国家，全程约 1.3 万公里。"万里茶道"实现了中国的江南文明、中原文明和北方草原文明与俄罗斯西伯利亚、远东文明以及欧洲大陆文明的交流和融合（刘再起、钟晓，2016）。19 世纪末20 世纪初，随着铁路、海路贸易路线的开辟，中俄陆路茶叶贸易日益衰落，"万里茶道"逐渐被遗忘。

一 "万里茶道"回归公众视野

2013 年 3 月，习近平主席在俄罗斯发表的题为《顺应时代前进潮流促进世界和平发展》的演讲中，提出"万里茶道"曾是联通中俄的"世纪动脉"。2013 年 9 月和 10 月，习近平主席在出访哈萨克斯坦和印度尼西亚时提出共同建设"丝绸之路经济带"和"21世纪海上丝绸之路"的伟大倡议,简称"一带一路"倡议。2014年9月,习近平主席在中俄蒙元首会晤时,又提出推进"丝绸之路经济带"建设与复兴"万里茶道"有机结合,共同打造中蒙俄经济走廊的建议,推进三国在旅游、智库、媒体、环保、减灾救灾等领域的务实合作。2015年9月,为全面落实中俄蒙元首会晤达成的共识,内蒙古自治区旅游局向国家旅游局提出建立"万里茶道"国际旅游联盟的倡议。2015年10月,"万里茶道"沿线28个节点城市在铅山会议上就《"万里茶道"沿线城市旅游合作协议》达成共识,致力于将"万里茶道"打造成中俄蒙黄金旅游线路和国际旅游品牌。2016年6月,在上海合作组织塔什干峰会上,中蒙俄三国政府共同签署了《建设中蒙俄经济走廊规划纲要》,"万里茶道"作为"纲要"实施的具体举措,出现在正式文件中。2016年7月22日,首届中俄蒙三国旅游部长会议在呼和浩特市召开,中俄蒙"万里茶道"国际旅游联盟正式成立,标志着三国的旅游合作从传统的简单市场合作转向涵盖系统性政策设计、常态化交流机制、创新性营销体系在内的深度合作。同年,"万里茶道"被国家旅游局确定为中国十大国际旅游品牌之一。至此,沉寂长达一个多世纪的"万里茶道",在习近平主席"莫斯科演讲"和"一带一路"倡议的推动下,抖落了历史的尘埃,再次走进大众的视野。

二 "万里茶道"联合申遗稳步推进

2012年7月,湖北省文物局提出"万里茶路"遗产保护的推进思路,与茶路沿线各省区在赤壁就遗产保护工作达成了初步共识,并联合发表了《赤壁宣言》。2013年5月,茶道沿线各省区在河南社旗召开会议,并共同发表了《赊店共识》,呼吁沿线各省区加强"万里茶道"文化遗产的专题调查、研究和保护工作。2014年10月,"中俄万里茶道城市市长高峰论坛"举行,"万里茶道"中俄段17个节点城市的市长或代表参与了此次研讨会,并共同签署了《中俄万里茶道申请世界文化遗产武汉共识》。2015年4月底,在武汉召开的申遗工作推进会上,湖北省和武汉市被正式确定为"万里茶道"申遗牵头省份和牵头城市,并在武汉设立"万里茶道申报世界文化遗产办公室",讨论了"万里茶道"遗产点和遗产资源的认定标准,确定了申遗工作的目标。2017年,中蒙俄三国达成共识,正式开启了"万里茶道"申遗之路。

2018年3月,中国古迹遗址保护协会(ICOMOS CHINA)组织专家对万里茶道(湖北段)遗产点进行现场考察评估,为审议和确定《万里茶道(中国段)申报中国世界文化遗产预备名单文本》奠定基础。2018年7月,国家文物局下发《丝绸之路经济带和21世纪海上丝绸之路文化遗产保护与交流合作专项规划(2018—2035)》,将"万里茶道"纳入"一带一路"遗产保护专项规划。2018年11月8日,中蒙俄三国"万里茶道"申遗工作协调会在湖北武汉举行,来自中国国家文物局、中国古迹遗址保护协会及"万里茶道"中国段沿线8省区文物部门的负责人,与蒙古国、俄罗斯代表齐聚湖北武汉对"万里茶道"申遗的具体事宜进行了深入交流。这是三国各自的ICOMOS(国际古迹遗址理事会代表)就"万里茶道"联合申遗工作而召开的首次会议,也标志着"万里茶道"跨国申遗迈出重要一步。

2019年3月,"万里茶道"跻身《中国世界文化遗产预备名单》,标志着申遗进入实质申报程序阶段。2020年12月,"万里茶道联合申遗城市联席会议"暨"万里茶道八省(区)文物局长申遗工作座谈会"在武汉召开,会议通过了《万里茶道联合申报世界文化遗产城市联盟三年行动计划(2021—2023年)》,就健全组织机构、开展遗产点保护和加强申遗基础研究等方面工作提出了明确的要求,进一步推动了遗产地城市和管理机构间的合作交流,为申遗按下"加速键"。2021年底,"万里茶道"被列入国务院办公厅印发的《"十四五"文物保护和科技创新规划》,成为国家文化战略的重要内容之一。2023年9月,在第21届ICOMOS全体大会期间,万里茶道联合申遗办与中国古迹遗址保护协会在澳大利亚悉尼成功举办"万里茶道跨国联合申遗国际学术研讨会",中蒙俄三方也进一步加强了"万里茶道"联合申遗的专业技术联络。2024年6月,湖北省文化和旅游厅分管领导率团赴蒙古国开展访问考察,中蒙双方申遗部门就推进申遗工作进行深入交流,达成广泛共识。

自"万里茶道"遗产保护工作开始以来,沿线国家和地区的遗产资源得到了系统梳理，遗产价值实现了进一步挖掘，遗产保护基础不断夯实，申遗工作机制不断建立和健全。时至今日，"万里茶道"申遗线路已延展到中蒙俄三个国家，中国段部分已形成30余个节点城市50余个申遗重点推荐点。随着"万里茶道"申遗工作的推进，"万里茶道"不仅作为具有代表性的文化遗产进入世界视野，成为人们公认的文化交流和文明互鉴的桥梁，也将成为振兴中华茶文化与茶产业，推动"一带一路"建设，以及构建人类命运共同体的重要载体和关键纽带（黄柏权、平英志，2020）。

三 "万里茶道"走向复兴

随着"一带一路"倡议的深入推进，"万里茶道"在历经一个多世纪的沉寂后焕发出新的生机。2023年10月18日，第三届"一带一路"国际合作高峰论坛多边合作成果文件清单发布，第九届中蒙俄万里茶道城市合作大会名列其中；在与俄罗斯总统普京会谈时，习近平主席强调要"开展好'万里茶道'跨境旅游合作，把中蒙俄经济走廊打造成一条高质量联通发展之路"。2024年10月22日，习近平主席在俄罗斯喀山出席金砖国家领导人第十六次会晤期间，与普京总统再次回顾了"万里茶道"的历史以及在中俄之间的联通作用："大约400年前，联通两国的'万里茶道'正是从喀山经过，将来自中国武夷山地区的茶叶送至俄罗斯千家万户。"在中蒙俄三国元首的引领下，中蒙俄经济走廊各领域交流对话深入拓展、扎实推进，三国旅游部门务实合作行稳致远，"万里茶道"的品牌关注度越来越高，影响力越来越大。

近年来，"万里茶道"中国段沿线地区的文化和旅游行政主管部门联合策划举办了"世纪动脉——万里茶道九省（区）文物巡展"、"万里茶道——环中国自驾游集结赛"、"万里茶道"文物主题游径等活动，并推出了"万里茶道——相识之旅""茶叶之路——和平之旅"中俄蒙自驾游等一系列"万里茶道"主题旅游线路，有效提升了"万里茶道"的知名度和影响力。此外，中华文化促进会、蒙古国和平友好组织、俄罗斯国际合作协会、"万里茶道"（国际）协作体等协会或组织也积极参与"万里茶道"宣传组织和申遗工作，努力推动"万里茶道"沿线国家和地区的经济交往和人文交流。在新冠疫情发生期间,中蒙两国人民守望相助,蒙古国向中国捐赠3万只羊支持中方抗疫,湖北省则用深受蒙古国人民喜爱的青砖茶回礼,以"羊来茶往"的方式续写两国友好的"万里茶道"新佳话。一度湮没于历史长河的"万里茶道",正在经贸、旅游、人文等诸多领域为沿线国家和地区带来新的合作机遇,在"一带一路"建设中绽放全新的生命力。

第二节 "万里茶道"国际旅游品牌建设的重要意义

"万里茶道"联通茶叶的生产路段、集散路段和外销路段,串联起中俄蒙三国众多的自然遗产、文化遗产、秀美山川和民族风情等文旅资源,具有成为国际知名文化旅游品牌的潜力和价值。

一 "万里茶道"国际旅游品牌的提出

2014年11月,第三届"万里茶道"与城市发展中蒙俄市长峰会在福建省武夷山市举办,会议发布了"传承万里茶道文化,打造国际旅游品牌"的协作倡议书,就共同夯实交流机制、共同探索发展路径、共同塑造整体品牌、共同促进产品开发四个方面达成共识,该倡议标志着"万里茶道"国际旅游品牌概念的提出。2016年2月,"万里茶道"(茶叶之路)旅游线路入选中国十大国际旅游品牌。2016年7月,首届中俄蒙三国旅游部长会议举行,"万里茶道"国际旅游联盟正式成立,共吸纳内蒙古、福建、江西、湖南、湖北、河南、河北、山西8家中国成员单位,后贝加尔边疆区、布里亚特共和国、伊尔库茨克州3家俄罗斯成员单位,以及乌兰巴托市1家蒙古国成员单位。会议期间,中国、俄罗斯和蒙古国共同签署了《中俄蒙三国旅游合作备忘录》,明确提出要以打造国际知名文化旅游品牌和旅游线路为目标,通过人文合作带动旅游发展,开创共建共享共创共赢跨国文化旅游发展模式。此后,"万里茶道"国际旅游联盟会员单位逐渐增多,中国安徽省、俄罗斯克拉斯诺亚尔斯克边疆区、新西伯利亚州、斯维尔德洛夫斯克州以及蒙古国东戈壁省、东方省、色楞格省、苏赫巴托尔省等沿线地区纷纷加入,为"万里茶道"品牌建设注入了新的活力。

二 "万里茶道"国际旅游品牌建设的现状

中俄蒙三国旅游部门积极开展旅游互联互通建设,打通跨境旅游节点,共同培育"万里茶道"国际旅游产品和精品线路。2023年10月,由中华人民共和国文化和旅游部、俄罗斯联邦经济发展部、蒙古国自然环境和旅游部、中华人民共和国湖北省政府共同主办的"万里茶道"文化旅游推介会发布了"万里茶道"(中国段)旅游景区品牌、文化街区品牌、非物质文化遗产品牌。其中,旅游景区品牌包括湖北襄阳古隆中景区、内蒙古二连浩特市伊林驿站博物馆、河北张家口大境门、山西平遥古城、安徽祁门县祁红博物馆、福建武夷山国家风景名胜区、江西庐山、河南洛阳隋唐洛阳城国家遗址公园、湖南省益阳市安化茶马古道景区。文化街区品牌包括湖北赤壁羊楼洞历史文化风貌街区、内蒙古包头金街旅游休闲街区、河北唐山市路北区培仁历史文化街、山西忻州古城文旅休闲生活街区、安徽黎阳in巷、福建武夷山市下梅村古街、江西上饶铅山县河口镇明清古街、河南南阳市西峡县仲景养生小镇、湖南省益阳市安化黄沙坪黑茶小镇。非物质文化遗产品牌包括湖北黑茶制作技艺(赵李桥砖茶制作技艺)、内蒙古奶茶熬制技艺(自治区级非遗项目)、河北青砂器制作技艺、山西平遥推光漆器制作技艺、安徽祁门红茶制作技艺、福建武夷岩茶(大红袍)制作技艺、江西景德镇手工制瓷技艺、河南汝瓷烧制技艺、湖南安化黑茶制作技艺。这些文化旅游品牌既是"万里茶道"沿线国家和地区代表性的旅游吸引物,也为"万里茶道"品牌打造提供了有力支持。

"万里茶道"沿线国家和地区,尤其是中国段沿线城市结合各自的区位特点、遗产资源和文化旅游资源,分别推出了相应的旅游线路和产品,推动了"万里茶道"国际旅游品牌由概念提出走向落地运营。福建省以"寻万里茶道,访武夷人家"为主题打造万里茶道寻源之旅,吸引游客上山采茶、制茶、品茶,体验武夷山的茶道文化。江西省依托铅山县河口镇的优势资源,启动了河口明清古街保护性开发项目,恢复会馆、商铺等古建筑,力争把"万里茶道第一镇"打造成知名旅游品牌。湖南省挖掘"万里茶道"茶源地深厚的茶文化,整合茶楼、茶馆、茶山、茶园等茶文化资源,建设特色茶文化聚集区,积极推动茶旅融合发展。湖北省举办了茶文化游启动仪式暨十堰万里茶道之旅活动,发布了多条茶文化主题旅游线路。河南省将"万里茶道"的遗迹点纳入研学旅行线路,组织2018年全国百强旅行商(洛阳)采购大会,在会上推介"万里茶道"遗迹点并进行技术考察。山西省作为"万里茶道"上的重要区段和关键枢纽,利用境内茶庄、票号、重要关口、关堡以及古代民居、大院等众多历史遗存,筹划建设"万里茶道"晋商文化之旅品牌。内蒙古自治区积极融入"一带一路"倡议和"万里茶道"国际旅游品牌建设,策划举办"友谊·和平·年轻的使者"中俄蒙三国青少年夏令营互访活动、"万里茶道"满洲里—西伯利亚号中俄跨境旅游专列活动、"万里茶道"高山流水主题宣传活动等,全面拓展中俄蒙三国文化旅游交流合作渠道。

然而,作为长距离跨国旅游线路,"万里茶道"的遗产利用和旅游发展仍面临诸多现实问题,具体表现为以下四点。第一,中蒙俄三国旅游业发展不均衡,中国的旅游业以及整体的经济社会发展较好,能够为"万里茶道"申遗、资源利用和文旅资源开发提供有力支持;蒙古国和俄罗斯受限于经济发展水平、基础设施以及国内外环境等因素的影响,在"万里茶道"申遗、产品开发和品牌建设等方面表现相对滞后。第二,现有的"万里茶道"的旅游产品和线路多依托于沿线地区的资源和区位条件,比较零散和单一,缺乏基于"万里茶道"整体的顶层设计和资源统合。第三,沿线国家和地区的"万里茶道"旅游产品存在形象竞争问题,存在定位重复、分工不明确等现实问题。第四,中蒙俄三国在边境旅游、跨境旅游合作方面取得了一定的进展,但在"万里茶道"产品开发、跨境旅游合作等方面很多现实障碍尚未突破。

三 "万里茶道"国际旅游品牌建设的重要意义

"万里茶道"途经中蒙俄三国,贯穿中西、绵延万里,见证了中蒙俄以及众多"一带一路"合作伙伴的交往交流交融历史,承载着推动中西方文化交流的伟大使命,具有重要的历史价值、文化价值和外交价值。在这种背景下,建设"万里茶道"国际旅游品牌具有重要意义。

第一，"万里茶道"国际旅游品牌建设有助于明确"万里茶道"沿线国家和地区的旅游吸引物分布、旅游流演化和旅游业发展态势等基本问题，搭建"万里茶道"国际旅游品牌体系，探索"万里茶道"国际旅游品牌的共建机制，对提升"万里茶道"国际旅游品牌在全球旅游业版图中的辨识度、吸引力和整体竞争力具有直接的推动作用。

第二，"万里茶道"国际旅游品牌建设对促进中蒙俄联合申遗具有带动作用，有利于向世界展示沿线国家和地区的优秀文化成果，推动遗产资源活化和活态传承，在增进国际交流合作、促进文明交流互鉴、增进民心相通等方面具有重要作用。

第三，"万里茶道"国际旅游品牌建设，构建共商共建共享的合作机制，探索中蒙俄跨境旅游合作与协同开发的国际旅游合作新模式，不仅有利于中国维护国家主权和领土完整，加强中国与蒙古国、俄罗斯的长期睦邻友好关系，促进中蒙俄三国在政治、经济、社会、文化等方面的紧密合作，而且有利于沿线国家和地区提高人民生活品质，增进民生福祉，推动中蒙俄跨境旅游合作区域文化旅游产业高质量发展。

第四，"万里茶道"国际旅游品牌建设有利于推动"万里茶道"沿线国家和地区经济发展、经贸合作、人文交流和民心相通，为"一带一路"倡议的落实提供了有力抓手，亦为中蒙俄经济走廊建设和三国的旅游合作与发展提供了路径指引。"万里茶道"国际旅游品牌建设既是落实"一带一路"倡议构想，发挥中蒙俄旅游资源互补优势，促进旅游资源整体开发，又是提高国家文化产业和文化形象软实力，形成与中国经济社会发展和国际地位相适应的文化优势的重要机遇，对促进中蒙俄政治互信、经贸合作、文化交流具有重要意义。

第二章　文献综述与理论基础

本章根据"万里茶道"国际旅游品牌共商共建共享机制的研究主题，梳理和分析了相关领域已有学者的研究成果，并提出了本书研究的切入点和价值所在。在此基础上，围绕各章节研究内容引介了相关理论，为后续论证提供了理论支持。

第一节　文献综述

一　"一带一路"旅游研究

2013 年，中国国家主席习近平在出访中亚和东南亚国家期间，提出共同建设"丝绸之路经济带"和"21 世纪海上丝绸之路"的倡议，简称"一带一路"倡议。2015 年 3 月 28 日，国家发展改革委、外交部、商务部联合发布《推动共建丝绸之路经济带和 21 世纪海上丝绸之路的愿景与行动》，标志着中国"一带一路"倡议构想的启动实施。

"一带一路"是在政治、经济、文化等多个层面引领新一轮对外开放的宏大构想，而发展文化旅游产业也是实施"一带一路"倡议的重要内容和有效切入点之一。因此，"一带一路"旅游引起了学者们的广泛关注，相关研究聚焦于以下方面。①沿线地区的旅游经济发展。邹永广（2017）基于社会网络分析方法，探索了"一带一路"中国主要节点城市的旅游合作空间格局，提出加强沿线节点城市的旅游经济联系是落实和践行"一带一路"

倡议的内在要求。王松茂等（2020）从旅游资源转换效率的视角，对中国"一带一路"沿线 18 个省份的旅游经济增长质量进行了测度。张建伟等（2022）剖析了"一带一路"沿线西部省份旅游经济发展效率时空特征和影响因素。②不同尺度下的旅游合作。旅游合作是"一带一路"倡议的主旋律之一，共建"一带一路"国家旅游合作问题受到世界瞩目（纪颖超、殷杰，2023）。邹统钎（2017）认为"一带一路"旅游合作将促进共建国家的旅游可持续发展，增进地方社区居民福祉，刺激文化和旅游投资，促进文化与自然遗产的保护，为游客提供独特的丝绸之路旅游体验。已有关于"一带一路"旅游合作的研究包含不同尺度的内容，具体表现为：宏观尺度的合作内容，如旅游合作开发模式、旅游合作机制和合作路径选择、中越跨境经济合作区支持政策（刘曙华等，2021）、中国与阿拉伯国家旅游合作路径、中国与东盟旅游产业合作（张江驰、谢朝武，2020）等；中观尺度的区域旅游合作发展，如粤桂琼区域旅游合作（陈学璞，2015）、西北五省区旅游协同发展（马斌斌等，2015）、沿线节点旅游合作空间格局（林炜铃、邹永广，2016）等。③"一带一路"倡议的旅游效应。郑鹏等（2023）通过准自然实验方法评估了"一带一路"倡议对中国入境旅游业的影响效应。刘壮等（2022）对"一带一路"倡议对中国出境旅游流的动态影响进行了检验，并剖析了其作用机制。黄锐等（2022）基于引力模型和双重差分的实证检验探讨了"一带一路"倡议对共建国家旅游发展的影响。④"一带一路"背景下的旅游品牌建设。韩慧林和邹统钎（2022）基于"一带一路"背景从"共建目标、共建基础、共建主体、共建治理及共建内容"五个方面入手，提出了政府主导下的西北丝绸之路旅游品牌共建机制。文连阳（2019）从价值共创角度分析了"一带一路"沿线民族地区旅游品牌的共商共建共享问题。

目前关于"一带一路"旅游发展的研究已经取得丰硕成果，并对实践发展发挥了积极作用。然而，受研究视角和方法所限，仍存在较大的拓展空间，具体体现在两个方面。①已有研究主要集中于"一带一路"中国段省份，对国外相关地区探讨较少。事实上"一带一路"旅游已涉及或覆盖诸多国家和地区，如丝绸之路、粤港澳大湾区（黄晓慧、邹开敏，2016）、中蒙俄经济走廊、"万里茶道"等线路和区域。②大多数研究仍停留于对实施"一带一路"倡议国家和地区旅游业发展的评价层面，对其内在作用机制进行深入探讨的研究仍然比较缺乏，这不利于"一带一路"旅游的发展和深入推进。因此，在"一带一路"背景下，对跨国旅游品牌建设和跨国旅游合作的研究亟待加强。

二 区域旅游品牌

1998 年，在美国旅行与旅游研究协会（TTRA）组织的旅游论坛上，学者们首次提出将品牌引入旅游研究领域的必要性。很多学者认为旅游产品难以直观地向游客展示其形象与特征，通过旅游品牌建设有助于强化游客的认知与认同，对于旅游产业发展至关重要，已成为旅游目的地突出重围的有效路径。随后，旅游目的地营销研究领域开始引入品牌概念，并成为学者们关注的研究热点之一。

Henderson（2007）认为旅游目的地品牌是旅游者和众多利益相关者对旅游目的地内在形象的积累，体现了目的地所在区域的资源特质和产品特性，传递了关于旅游目的地独特的旅游体验承诺。Blain 等（2005）认为旅游目的地品牌化是在创建品牌标志、符号、宣传语等有形要素的基础上，通过营销活动，传递与目的地相关的旅游体验预期，以识别和区分其他竞争性目的地，达到培育、巩固和深化目的地与游客之间的情感，减少潜在游客的搜寻成本和降低风险等目的。马聪玲和倪鹏飞（2008）、阳国亮和梁继超（2010）讨论了旅游目的地品牌的核心构成要素，认为其不仅是标志、名称或符号，更是对游客传递的承诺（张海琳，2019）。

区域旅游品牌的概念由 Lane Keller（1998）提出，是目的地品牌的一个分支，是基于区域或城市而非单个旅游景点、景区形成的目的地品牌，是区域内各种旅游资源、文化要素、基础设施、科学技术、生态环境以及居民态度等多种因素相互作用的结果（韩慧林、邹统钎，2022）。现有关于区域旅游品牌的研究主要集中于以下方面。

（1）区域旅游品牌的战略地位。Leung 等（2013）提出很多旅游资源具有跨区域性和公共产品的属性，因此相关地区联手打造区域旅游品牌已成为一种发展趋势。Bornhorst 等（2010）指出打造区域旅游品牌是影响旅游目的地可持续发展的关键性因素。闫喜琴（2011）认为区域旅游品牌的塑造是提高区域旅游竞争力的有效路径之一。

（2）区域旅游品牌共建。品牌共建是跨区域旅游产品开发和营销的重要途径。在国外研究方面，Park 和 Petrick（2006）、Merz 等（2009）探讨了在区域旅游品牌共建过程中各利益相关者的沟通协调过程和共建机制。Semone 和 Kozak（2012）分析了在跨境目的地品牌共建过程中不同参与群体的利益诉求。在国内研究方面，王兆峰（2007）运用产业竞争力理论，分析了区域旅游品牌建设过程中的影响因素。王乃举等（2006）研究了跨区旅游品牌共建的特定内涵和现实意义，并提出品牌共建的原则和进行跨区品牌共建的实施方法。李金龙和李朝辉（2011）基于博弈论视角，论证了政府在品牌共建中的主导作用。连漪和樊志文（2015）、许峰等（2013）从生态视角阐述了区域旅游品牌构建的实施步骤和具体内容。马耀峰和刘军胜（2015）探讨了丝绸之路旅游品牌的塑造、整合及发展战略。成竹和陈伟（2016）在澜沧江-湄公河次区域框架内探讨了滇越国际旅游品牌的共建路径。

（3）区域旅游品牌的管理。区域旅游品牌的建设是一个长期、复杂且需要持续投入的过程（刘丽娟、李天元，2012），因此品牌管理显得尤为重要。现有研究主要涉及两个方面：一方面是区域旅游品牌化过程的管理，学者们主要围绕品牌管理的原则、内容、过程、手段等问题进行了研究，但尚未形成统一的品牌管理框架；另一方面是关于利益相关者的管理，由于区域旅游参与主体的多元性，区域旅游品牌的管理要协调好各目的地政府部门、旅游企业、社区居民以及非政府组织等不同的行动者，以寻求稳定、友好的合作关系。

（4）区域旅游品牌的评价。由于跨地区、综合性等属性，区域旅游品牌评价一直是研究中的难点。虽然尚未形成统一的评价模式，但学者们基于不同的维度和方向对区域旅游品牌的影响力和绩效进行了研究，如品牌忠诚（蔡刚，2019）、感知质量（陈航、王跃伟，2018）、品牌形象（张红梅等，2019）、品牌显著性（张辉、黎映彤，2020）等。

（5）区域旅游品牌的共享。区域旅游品牌常常依托于共享型旅游地，处于多个行政区的交会地带，受行政边界分割制约较大，客观上容易造成旅游管制、利益主体复杂化、品牌形象割裂、旅游项目重复建设、旅游客源争夺等发展困境，并且在实践层面上往往陷入开发—冲突—低效—意欲合作却无实质性进展的恶性循环中（白如山、王晓文，2012）。这一特点也推动了相关领域的研究。罗文标（2017）基于新制度经济学的视角，探讨了旅游品牌共享型乡村旅游经济的协调发展问题。庞笑笑等（2014）在界定旅游品牌共享的内涵以及区域特征的基础上，揭示了旅游品牌共享型区域旅游经济发展的外部性表现和成因，并提出了区域外部性问题治理的思路。

综上所述，现有关于区域旅游品牌的研究日益深入，范围逐渐拓展，但仍存在一定不足，具体表现为以下几个方面：第一，现有研究多以旅游者的视角去探索目的地品牌，如品牌真实性、品牌依恋、品牌个性等，缺乏将不同利益相关者纳入目的地品牌建设和管理框架中的研究，事实上区域旅游品牌常常是多主体价值共创的结果，忽视多元行动者的作用，可能会降低研究的有效性；第二，对线性旅游品牌，尤其是跨区域、跨国线性旅游品牌的关注不足，这与现实中"一带一路"等跨国旅游品牌的发展不相符；第三，已有研究多是分别探讨区域旅游品牌的定位、建设、管理、评价、共享等单一环节，缺乏从整体上对区域旅游品牌共商共建共享的全面探讨。以上研究的不足也成为本书创新的突破口之一。

三 "万里茶道"

"万里茶道"是开启于 17 世纪终结于 20 世纪上半叶，在欧亚大陆间兴起的一条以茶叶为主要贸易产品的重要国际商贸通道。此后，随着中俄间多项不平等条约的签订以及铁路、海运等新的贸易路线的开辟，传统的"万里茶道"逐渐衰落，并消失在世人的记忆里。直到 21 世纪初，这条古老商道的历史意义才被学者们重新发现与认识。在研究早期，学者们一般将"万里茶道"称为"茶叶之路"、"万里茶路"或"中俄茶叶贸易之路"。美国学者 Martha Avery 在 2006 年出版的《茶叶之路：中俄跨越大草原的相遇》中提出蒙古草原是"东西方之间最合适的中介"。邓九刚（2000）通过作品《茶叶之路：欧亚商道兴衰三百年》，以长篇报告文学的形式讲述了茶叶之路的历史、运营主体、节点市镇以及茶叶对沿线地区的政治、经济、文化交流等方面的深刻影响。

2013年3月，习近平主席在莫斯科国际关系学院发表的题为《顺应时代前进潮流　促进世界和平发展》的演讲中，提出"万里茶道"曾是联通中俄两国的"世纪动脉"。此后，"万里茶道"的表述代替了"茶叶之路""万里茶路"等众多概念，并逐渐确定下来。从2014年开始，相关研究总体呈现稳步增加的态势（见图2-1）。

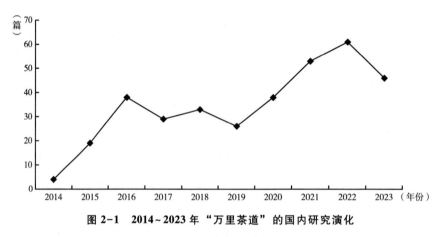

图2-1　2014~2023年"万里茶道"的国内研究演化

资料来源：笔者根据中国知网相关数据整理获得。

关于"万里茶道"的理论研究起步较晚，主要是受"一带一路"倡议的推动以及习近平主席2013年莫斯科演讲的影响。随着国家"一带一路"倡议的实施和推进，"万里茶道"被赋予了新的内涵，也吸引了学者们越来越多的关注。已有研究主要集中于以下方面。

（一）"万里茶道"的意义和价值

黄柏权和平英志（2020）探讨了"万里茶道"的形成、特征与价值，提出"万里茶道"在形成和演化过程中呈现独特的生态价值、历史价值、文化价值、经济价值和外交价值，是人类共有的宝贵财富。石雅楠（2021）认为"万里茶道"是继丝绸之路后在欧亚大陆兴起的又一条重要国际商道，这条"世纪动脉"为当今中蒙俄三国深化全面战略伙伴关系提供了新的发展空间。王楠和于海志（2021）指出"万里茶道"在推动遗产保护与开发、经贸往来、文化交流、地缘关系改善等方面具有重要价值，在新时代"一带一路"倡议及中蒙俄经济走廊建设中具有不可替代的战略价值。

（二）"万里茶道"线路研究

学界关于"万里茶道"线路走向的研究较为深入细致，指出"万里茶道"的线路分布呈现多起点、多终点、支线繁多的网状结构。张舒（2021）认为"万里茶道"具有多起点、多终点的特征，起点有武夷山、安化、羊楼洞等地；前期路线以恰克图为终点，后期随着贸易路线的延长，以莫斯科、圣彼得堡等城市为终点。蒋太旭（2015）指出"万里茶道"先后有两条主线：早期从福建下梅出发，后期以两湖地区为起点。舒曼（2014）提出张库大道是"万里茶道"北线的重要组成部分。安微娜（2022）对万里茶道山西段路线的形成、变迁及其独特的历史地理背景进行了分析探讨。宋时磊和刘再起（2019）认为在第二次鸦片战争之后，随着多项不平等条约的签订，"万里茶道"的线路走向以及节点城市的作用发生了重大改变。武夷山和恰克图的地位下降，汉口的地位提升，并成为中俄茶叶贸易的枢纽。此后，在水陆联运和新贸易路线开辟的影响下，贸易的主导者由晋商转变为俄商。目前，学界对"万里茶道"主要的线路开展了较为深入的研究，能够基本描绘出"万里茶道"主线的走向和途经地，但仍有大量支线尚未进入学界的视野，需要进一步深入挖掘与研究。

（三）"万里茶道"文化遗产研究

宋奕（2014）从"文化线路"的视角对"万里茶道"进行研究，识别并阐释了"万里茶道"的"突出的普遍价值"。李博等（2016）分析了"万里茶道"湖南段的遗产结构，提出该路段文化遗产由古梅山区域陆路段、资江水路段、洞庭湖区域段和临湘市境内段四个部分构成。葛政委（2018）梳理了"宜红古茶道"代表性遗产点，并对其关系进行了研究。刘杰（2016）对万里茶道（湖北段）申遗推荐点进行了详细分析。肖发标（2015）对九江市万里茶道文化遗产调查的线索与调查的初步成果进行了资料整理。阎志（2018）探讨了万里茶道对汉口的影响，并对相关建筑遗存进行了研究。段亚鹏等（2020）以浮梁新迪茶厂为例对赣东北地区茶加工业遗产进行了考察研究。汪琼和郑建新（2022）对万里茶道上的祁红三大遗产进行了梳理研究。管锦宏（2020）对万里茶道重镇九江姑塘海关旧址及其文物价值进行了探讨。

（四）"万里茶道"贸易研究

倪玉平和崔思朋（2022）提出"万里茶道"是北方草原丝绸之路发展的新阶段，对清代中国与俄国等周边国家及地区之间的交流互动起到了极大的推动作用。李现云（2017）以万里茶道河北段为例分析了清代中俄四个贸易阶段的演变过程。黄柏权和巩家楠（2022a）对"万里茶道"中茶商群体的研究进行了回顾与思考。宋时磊和刘再起（2019）以汉口为中心考察了晚清时期中俄茶叶贸易路线的变迁。陈文华（2022）系统回顾了清代中俄茶叶贸易的路线变迁。李明武和邱艳（2020）认为中俄万里茶道兴衰及线路变迁折射出晚清政府时期国势衰弱和政治外交角力的失势退让，而商业理念和科学技术的落后也是导致中国茶叶世界话语权式微以及中俄茶路贸易衰败的重要因素。

（五）"万里茶道"旅游研究

刘晓航（2006）比较早地注意到"万里茶道"的旅游价值，提出了应整合资源、回归历史，打造中俄茶叶之路旅游线的建议。Ganbaatar（2021）认为加强国际合作是推动"万里茶道"旅游发展的必由之路。杨晓军（2016b）探讨了万里茶道与文化旅游的关系。杨红（2016）分析了保护"万里茶道"对旅游资源开发的意义。尧水根（2016）、杨柳等（2016）探讨了"万里茶道"的旅游线路开发及旅游业发展路径。王公为（2020a）以"万里茶道"中国段沿线8省区为例，对沿线地区茶产业与旅游产业的耦合发展水平进行了测度和研究。黄柏权和巩家楠（2022b）讨论了文旅融合背景下万里茶道文化遗产的保护利用问题。黄孝东和刘浩泽（2021）提出了中蒙俄万里茶道（山西段）非物质文化遗产旅游开发模式。

目前来看，对"万里茶道"的研究逐步深入，研究范围日益拓展，涉

及历史学、地理学、政治学、社会学、管理学等多个学科，覆盖了湖北段
（刘晓航，2006）、河北段（李现云，2017）、内蒙古段（王公为，2019）、
江西段（肖发标，2015）、山西段（安微娜，2022；张月琴，2022）、湖南
段（刘颂华，2022）、安徽段（汪琼、郑建新，2022）、河南段（孙翰伯等，
2020；张清改，2022）、福建段（常浩，2019）等多个路段，但仍存在一定
的不足。具体表现为：①研究问题以文化线路遗产（李博等，2016）、"万
里茶道"申遗（宋奕，2014）、节点城市的作用、贸易路线为主，对"万里
茶道"的旅游研究较为薄弱，表现为文献数量有限，内容偏于宏观、研究
深度不足；②已有研究以中国段为主，忽视了蒙古国和俄罗斯段的研究，
对"万里茶道"沿线国家和地区的旅游资源分布、旅游业发展现状并未进
行深入的刻画和分析，对"万里茶道"国际旅游品牌的构成、发展路径、
建设机制等问题并未进行科学的分析和探讨。现有研究的缺陷与"一带一
路"倡议、"万里茶道"的旅游品牌价值以及产业实践的发展不相匹配，不
利于"万里茶道"黄金旅游线路的建设和"万里茶道"国际旅游品牌的构
建。以上问题也为本书提供了出发点。

四 共商共建共享

共商共建共享是 2015 年 10 月习近平总书记在中共中央政治局第二十七
次集体学习时提出的新的全球治理理念（毕秋，2017）。该理念倡导各参与
方从共同利益出发，通过平等协商解决分歧、共同制定全球规则、共享发
展成果，体现了一种平等的价值理念、民主的思维方式以及合作的行为方
式。其中，共商即由所有参与主体共同商议、集思广益，尊重各方意愿，
寻求利益最大公约数。共商的目标是通过平等协商更好地协调不同地区和
全球层面的供给与需求，实现各自的发展目标和利益诉求（沈铭辉、沈陈，
2023）。共建即共同建设，是指所有治理主体各施所长、各尽所能，发挥各
自优势和潜能并持续加以推进建设。共享即共同享有，是指发展成果应当
更多、更公平地惠及全体参与方，打造利益共同体和命运共同体，进而实
现"共赢"或"多赢"。

作为一种新型的全球治理观，共商共建共享引起国内学者的关注。黄

卫平（2017）提出共商共建共享，构建互联互通的新平台，在形成世界新的价值链过程中更加注重相对落后国家的普惠型经济发展，这些是经济全球化未来的发展方向。刘传春和李远（2019）提出"一带一路"作为中国倡导推广的国际公共产品，通过共商的合作机制、共建的项目、共享的互利共赢，增加了国际公共产品的有效供给，缓解了全球治理的民主赤字、责任赤字和发展赤字。沈铭辉和沈陈（2023）提出"一带一路"倡议以共商共建共享为指导原则，包含共商发展目标、共建发展议程、共享发展成果的完整过程，旨在解决传统公共产品在利益协商、产出方式以及分配结果等环节的深层次困境。目前，关于共商共建共享的研究主要集中于全球治理观（秦亚青、魏玲，2018）、"一带一路"（胡必亮，2018）、命运共同体（韩云杰，2021）、国际公共产品等方面，涉及法学、政治学、经济学、管理学、民族学等多个领域，在跨国文化遗产管理、国际旅游品牌建设方面尚未见到相关研究。事实上，共商共建共享作为"一带一路"倡议所秉持的基本原则，体现了"一带一路"作为公共产品的非竞争性和非排他性，顺应了公共产品供给创新和"一带一路"高质量发展的时代要求（沈铭辉、沈陈，2023），为"万里茶道"申遗和国际旅游品牌建设提供了有益的框架和指导原则，应该成为品牌建设的有效机制之一。

通过以上文献综述，本书拟基于"一带一路"倡议的背景和视角，厘清"一带一路"和"万里茶道"的关系，明确"万里茶道"沿线国家和地区的旅游资源特征、旅游流分布和旅游业发展态势，构建"万里茶道"国际旅游品牌体系，探索"万里茶道"国际旅游品牌的共商共建共享机制，以期为践行"一带一路"倡议、打造"万里茶道"国际旅游品牌以及促进中蒙俄经济走廊建设提供理论支持与实践指导。

第二节　理论基础

一　目的地品牌化理论

品牌是为消费者创造意义的符号，用以识别某个企业或某类企业的产品或服务，并使之与竞争对手的产品或服务相区别，通常由符号、文字、标识、图案和颜色等要素或要素组合构成（庞笑笑等，2014）。品牌一旦建立，就形成了特定内涵以及与外部环境相适应的构成体系，成为某种政治、经济、技术、文化和市场竞争环境中的独特系统（许峰等，2013）。品牌化研究兴起于20世纪40年代，是针对传统有形产品营销发展出来的研究体系。90年代末，随着全球旅游业竞争的日益加剧，目的地之间的可替代性逐渐增强以及旅游消费者行为日趋成熟，学界和旅游经营者开始关注旅游地品牌营销问题（曲颖、李天元，2011）。

旅游目的地品牌化是指旅游地经营者根据旅游地自身的资源优势，挖掘区域文化与核心价值观，通过经营智慧，把旅游地塑造成社会上具有一定知名度、美誉度、联想度的旅游地品牌的过程（张翔云，2018）。旅游目的地品牌化对供给和需求双方都将产生有益影响。对旅游供给方而言，品牌化有助于提升旅游目的地的独特性和知名度，增加旅游地综合收益，增强当地居民的自豪感、归属感和获得感，对于持久竞争优势的形成具有促进作用；对旅游需求方而言，目的地品牌化则具有社会、情感和身份识别等多种功能，能够减少旅游者的搜寻成本，降低"逆向选择"风险，提高炫耀价值，提供更多的附加值，有助于丰富旅游体验（刘丽娟、李天元，2012）。

目的地品牌化是围绕由品牌要素组合、品牌识别和品牌形象打造组成的中轴循环运动，并通过品牌要素组合、品牌形象打造、营销活动和品牌联想的动态链所产生的激活、扩散作用来构建品牌识别的一个递归过程（Cai，2002）（见图2-2）。

目的地品牌化是一系列市场营销活动的集成，主要由以下四个方面构成：①设计并创造使目的地具有差异化的名称、标识、符号、文字或颜色等显性载体；②广泛、一致地传达与目的地独特性相连的、难以忘记的旅游期望；③巩固和强化游客与目的地之间的情感联结；④降低消费者的搜寻成本和感知风险。旅游目的地品牌化主要包括以下几方面的工作，即当前旅游目的地品牌（形象）调查；确定需要推出的品牌本体；品牌本体符号化（将品牌本体转化为品牌名称、标识等品牌要素）；开展品牌宣传以传

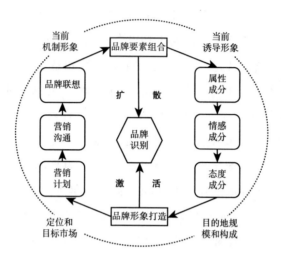

图 2-2 Cai（2002）提出的目的地品牌化模型

递品牌承诺；兑现品牌承诺；效果测评。这些工作实质上也构成了旅游目
的地品牌化的工作流程（吴小天，2013）（见图 2-3）。

图 2-3 旅游目的地品牌化运行模型

资料来源：Im（2003）。

二 外部性理论

外部性是经济学中的一个基本概念。萨缪尔森和诺德豪斯指出，外部
性是指那些生产或消费对其他团体强征了不可补偿的成本或给予了无须补
偿的收益的情形（尚雨、顾江，2007）。传统外部性理论研究的是由于市
场失灵而表现的外部性问题。20世纪六七十年代，公共选择学派的外部性
问题研究者认为一个广泛意义上的外部性概念应该同时包含传统意义上的
外部性（市场外部性）以及政府行为外部性（政府外部性）（庞笑笑等，
2014）。

市场外部性是指在市场经济条件下，经济活动因市场行为主体的有限理性而产生的区域外部性问题。市场外部性带来的直接后果就是经济活动中的某些成本或者收益施加在了其他的市场主体上，而其他的市场主体并没有为此付出相应的报酬或者代价。市场外部性可以分为正外部性和负外部性。正外部性是指某一市场主体的经济行为给其他主体带来了经济利益，而它却没有因此得到相应报酬；负外部性是指某一市场主体的经济行为增大了其他市场主体经济运行的成本，而它没有因此付出相应代价。无论是正外部性抑或负外部性，都会导致资源配置效率降低，这种现象单纯依靠市场运行机制自身是无法克服的。

政府外部性是指因政府在宏观层面为发展本行政单元的社会经济而制定相关政策、行使各种行政职能而产生的外部性问题。政府外部性往往发生在政府试图矫正市场失灵的过程中，政府通过政策的制定与实施，确定或者改变交易规则、产权控制等造成成本或收益的转移，这种成本或收益的转移对市场主体产生的影响无法通过市场价值来衡量，导致经济主体间成本与收益的不对等。共享旅游品牌的区域内各个行政单元都可视为独立的个体，出于"理性人"的利益取向，都会尽最大可能实现自身利益的最大化，特别是对于跨国旅游品牌而言，沿线地区归属于不同国家或者省份，地方政府更为关心本地区的经济发展和旅游品牌建设，可能导致急功近利，或者做出一些短视的行为。

外部性的存在会导致共享旅游品牌的区域旅游经济主体间产生利益矛盾，导致各个行政单元间旅游经济非均衡发展。其中，负外部性表现为强势旅游地对弱势旅游地的经济发展存在"剥夺效应"、"极化效应"和"屏蔽效应"，具体表现为旅游投资屏蔽、市场认可度屏蔽、区位屏蔽以及旅游者更多地流向优势旅游地等现象。此外，外部性也表现为"搭便车"行为，如旅游形象套用、基础设施共用、招商引资竞争和客源市场占有等问题。区域旅游品牌形成后，对于共享旅游品牌的区域内部各个行政单元来说，由于旅游品牌的准公共物品性质，区域内个体行政单元的"搭便车"行为就会给整个旅游品牌的发展和提升带来一定程度的风险，个体理性会导致区域旅游品牌的维护陷入"囚徒困境"，各个行政单元会对品牌进行掠夺式经营利用而不愿意为品牌的提升增加成本投入，最终造成区域旅游品牌建设效率低下，演变成"公地悲剧"。因此，需要通过构建有效的国际旅游品牌共商共建共享机制，约束与规范沿线国家和地区相关主体行为，消除负外部性，这对于"万里茶道"国际旅游品牌建设和推动中蒙俄跨境旅游合作至关重要。

三 耦合理论

耦合（coupling）是一个源于物理学的概念，是指两个或两个以上的系统或运动形式通过各种相互作用而彼此影响，进而联合起来，或者是通过各种内在机制互为作用，而形成一体化的现象（李志龙，2019）。当系统间或系统内部要素之间配合得当、相互促进时，为良性耦合；反之，为不良耦合（高楠等，2013）。耦合理论以系统论、协同学、系统动力学等科学理论作为基础，研究耦合体系间的反馈、协调和发展机制，现已被广泛应用于地理学、生态学、环境学、经济学等众多研究领域（李志龙，2019）。

产业耦合是指两个及以上的产业由于生产要素、运行机制的相互作用和关联，导致产业间出现相互影响、彼此融合的状态或过程（王公为、黄甜甜，2022）。形成耦合关联的产业间往往具备产品和技术的可替代性或一定程度的关联性。产业耦合常常以市场融合为导向，导致原有产业的企业间竞合关系发生了改变，并使产业边界变得模糊甚至重新界定（魏妮茜、项国鹏，2021）。茶产业是跨越农业、工业和服务业的特殊农业产业，具有极大的产业链延伸潜力和深厚的文化底蕴。旅游业作为涵盖食、住、行、游、购、娱六大要素的综合性产业，具有较强的包容性和关联性。茶产业与旅游业之间具有显著的耦合性特征，一方面，茶产业发展为旅游活动提供了空间载体和物质基础；另一方面，旅游业作为具有较强带动性的综合新兴产业，为茶产业的发展拓展了新的业态和市场。茶旅产业在生产要素、需求、产品和外部环境等方面具有耦合发展的基础和内在关联，两者互为背景、相互作用、彼此影响（见图2-4）。两大产业在消费升级、资源供给、政策支持等多种因素的协同联动下呈现资源融合、市场融合、产品融合等多维度的交叉融合态势。

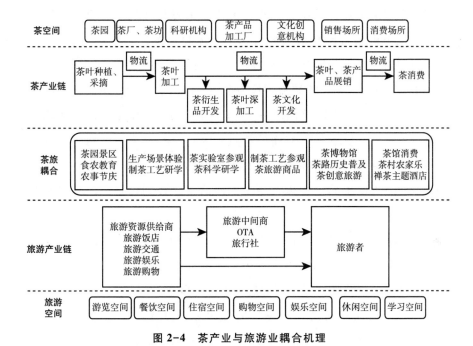

图 2-4　茶产业与旅游业耦合机理

四　旅游网络治理理论

"网络治理"这一概念最早由斯蒂芬·戈德史密斯（Stephen Goldsmith）和威廉·埃格斯（William D. Eggers）在《网络化治理：公共部门的新形态》一书中提出，他们指出，"网络治理是一种通过公共部门、私人部门、非营利性组织、营利性组织等多种主体广泛参与和提供公共服务的全新治理模式"（晏雄等，2021）。随着全球范围的政治、经济、环境和社会等公共问题日趋复杂，没有哪个机构或组织拥有足够的信息和资源可以独立应对所有的问题。因此，解决跨区域公共问题急需各方参与者借助网络治理的方式，采取有效的行动，通过共享信息、资源和谈判来实现共同目标。网络治理是指处于网络中的群体以民主协商的形式，通过正式的制度安排和非正式的心理契约等形式，对公共事务实施灵活而有效的管理，进而实现公共利益帕累托优化的治理目标（韩慧林、邹统钎，2022）。网络治理的构成要素主要包括治理目标、治理主体、治理资源和治理机制四个方面。

治理目标是网络形成的前提，治理机制主要通过信任机制、协调机制、整合机制和维护机制将网络治理的目标、主体和资源三要素进行有机整合，从而实现网络的协调和稳定（胡国栋、罗章保，2021）。

20世纪90年代初，旅游治理作为推动旅游目的地管理模式优化的新范式逐渐引起国内外学者的重视，并在2011年前后成为学术界的关注热点之一。旅游治理具有以下三个方面的特点：第一，旅游治理区别于管理，与后者相比在规则制定、指导方式上具有更大的空间；第二，旅游治理意味着需要面对更大的不确定性以及更少的政府直接控制；第三，旅游治理需要应对和利用更多元的利益相关者，并平衡其利益诉求，以实现发展目标（张凌媛、吴志才，2021）。Jamal和Camargo（2017）认为旅游网络治理的关键在于社会经济体系的协调，并在实现可持续的旅游发展过程中达到有效的社会动员，以协调多元主体背后的资源与资本。

从区域旅游品牌建设和旅游目的地治理角度来看，旅游网络治理是相对于传统的权威和市场治理模式来说的一种新的旅游治理模式，是政府之间的协作与公私部门间的合作所形成的异质性混合体合作网络，该网络以独立于制度性管辖边界的方式来界定并提供跨区域服务。旅游网络治理强调通过多主体合作关系共同管理事务，进行资源与利益共享，通过利益相关者之间的协商、沟通、参与、信赖、影响等渠道来展开增进网络中各主体间利益的合作。其中，利益相关者是指任何能影响组织目标实现或被该目标影响的群体或个人，具体包括政府、旅游产业链中相关企业、当地社区、压力集团和旅游者（见表2-1）。其中，政府在区域旅游品牌构建和网络治理中居于主导地位，一般充当旅游产品/服务的战略规划者、旅游环境的规范者、营销交流的主导者等角色；旅游产业链中相关企业涉及旅游景区、旅行社、酒店等不同类型的企业；当地社区包含社区居民、非遗传承人、旅游从业者、投资者等不同群体。Malek和Costa（2014）的研究指出，旅游社区的居民参与是实现旅游业治理有效"必不可少的工具"，尤其是当地居民的知情度和参与度对于确保旅游目的地治理至关重要（张凌媛、吴志才，2021）。压力集团（pressure group）是指那些可能影响利益结构的但本身并不谋求取得利益或权力的组织或个人，本书将联合国教科文组织世界遗产委员会、NGO 及行业协会、专家及研究机构、媒体等纳入压力集团。旅游者由国内旅游者、国际旅游者等群体构成。

表 2-1　旅游网络治理下的利益相关者

分类	利益相关者构成	分类	利益相关者构成
政府	中央政府、省级政府、地级市政府、县级政府等	压力集团	联合国教科文组织世界遗产委员会、NGO 及行业协会、专家及研究机构、媒体等
旅游产业链中相关企业	旅游景区、餐厅、旅游演艺、旅游商品经营企业、旅行社、酒店、民宿等	旅游者	国内旅游者、国际旅游者
当地社区	社区居民、非遗传承者、旅游从业者、投资者等		

资料来源：笔者整理获得。

事实上，区域间的旅游合作可以被视为组织间关系，不同的行动者早已深深嵌入相互之间由正式或非正式、合作或竞争关系所形成的网络之中（赖思振等，2021）。区域旅游品牌建设不是依靠政府权威进行自上而下单向度的管理，而是依靠治理网络的权威，运用非强制性手段实现权力双向运行的自治过程。各主体通过共商共建共享等机制建设，加快旅游经济的协调发展，提升区域旅游品牌竞争力。

五　尺度重组理论

传统的尺度（scale）在地理学上是一种静态的空间度量工具，界定了不同大小有界空间的嵌套等级，通常与全球、国家、区域、地方等名词相联系。尺度包括 3 个维度，即"大小"（size）、"层级"（level）和"关系"（relation）（吴军等，2021）。随着地理学的"文化转向"，西方学界对尺度的人文内涵不断挖掘，提出尺度是一种社会建构和政治斗争物化的概念，是各种社会关联和空间实践的平台与竞技场，为解释当代全球重构循环提供了有力支撑（陆林等，2020）。受马克思主义理论影响，西方人文地理学界愈发强调空间尺度研究的政治导向与空间组织演化的尺度视角。Smith（1990）开创了"尺度政治"概念，指出地理尺度是资本作用下产生的不平衡空间结构，具有层级化、嵌套性和能动性的特点，可以从全球、国家、区域、地方 4 个等级进行判别，并进一步提出尺度跃迁（jumping scale）是尺度政治运用的核心途径，即社会群体或组织通过扩大尺度范围实现其政治目的。尺度重组理论认为，尺度不是固定和给定的，而是由特定的社会、政治、经济和文化进程以及它们之间的关系所建构的（许志桦等，2019）。

自 20 世纪 80 年代以来，随着经济全球化的深入，生产要素加速流动，区域治理中出现了权力在全球、国家、区域、城市、社区等不同空间尺度的上推（up-scaling）或下放（down-scaling），学者们将这一过程理论化为"尺度重组"（rescaling）（颜思敏等，2024）。尺度重组，是由生产者改变了其生产网络的空间尺度，政府可能要主动或被动地调整甚至制造行政和管理体系的空间尺度，以适应全球化带来的新要求（鲍捷等，2021）。尺度重组体现为不同主体为实现自身利益，对既有尺度间的各种关系进行重组的过程，并为资本积累创造"新国家空间"（new state space），从而引导资本与要素的流入和锁定，提升其全球竞争力。尺度重组包括两个范畴，即国家和城市的尺度重组。一方面，国家通过权力上移，形成欧盟（EU）、北美自由贸易区（NAFTA）等超国家组织；权力下移，形成次国家组织。另一方面，城市通过跨国公司的资本流动，在世界范围内形成世界城市体系；地理邻近的城市之间则形成超级都会区、多中心城市区域等新型的空间系统（黄银波，2020）。在全球化背景下，很多国家通过尺度重组，"向上"组建跨国组织；"向下"下放权责至次国家尺度；"向外"重组，与私营部门合作以及与市民社会互动实现对经济社会发展的干预和调控（许志桦等，2019），促进发展并加强能动性的发挥。

尺度重组是解释当前国家、城市等地域组织参与全球化竞争的工具媒介，也为"一带一路"倡议背景下中蒙俄旅游合作和"万里茶道"国际旅游品牌建设提供了分析框架（见图 2-5）。

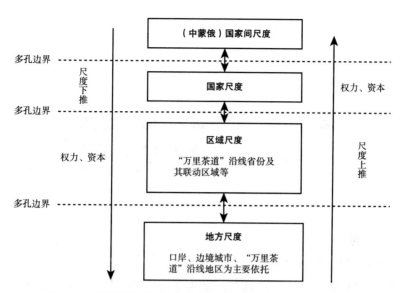

图 2-5　"万里茶道"国际旅游品牌建设的尺度重组理论框架

资料来源：根据鲍捷等（2021）修改获得。

第三章 "一带一路"倡议
与"万里茶道"

　　"一带一路"倡议最初涉及 65 个国家 44 亿人口,贯通了东西方四大文明,跨越了世界四大宗教发源地,涵盖了全世界 74% 的自然保护区和近50% 的物质文化遗产(谢五届等,2022),联通了世界两大主要旅游客源地和旅游目的地,是世界规模最大的线性文化遗产。"一带一路"倡议将构建起世界跨度最长、最具发展潜力的经济走廊,为中国的国际旅游发展提供了战略性机遇。

第一节 "一带一路"倡议

　　"丝绸之路"一词,最早是 19 世纪 70 年代一位德国地理学家、地质学家费迪南·冯·李希霍芬(Ferdinand von Richthofen)在自己的一本著作中提出来的,并因瑞典探险家斯文·赫定 1936 年出版的《丝绸之路》一书而广为流传。2013 年 9 月 7 日,习近平主席访问哈萨克斯坦,在纳扎尔巴耶夫大学发表演讲提出共建"丝绸之路经济带"的倡议,并提出包含政策沟通、设施联通、贸易畅通、资金流通、民心相通"五通"的共建理念,基本上确定了"一带一路"建设的主要内容。同年 10 月,习近平主席在印度尼西亚国会发表题为《携手建设中国—东盟命运共同体》的演讲,提出共建"21 世纪海上丝绸之路"的构想。2013 年 12 月 10 日,习近平总书记在中央经济工作会议上的讲话中首次提出了"一带一路"概念,主要包括

"丝绸之路经济带"和"21世纪海上丝绸之路"两部分。"一带一路"倡议是以习近平同志为核心的党中央根据全球形势深刻变化,统筹国内国际两个大局,为解决近期与未来相当长一段时期世界和中国发展所面临的一系列问题而提出的重大决策。

一 "一带一路"倡议的核心内容

2015年3月28日,国家发展改革委、外交部、商务部联合发布了《推动共建丝绸之路经济带和21世纪海上丝绸之路的愿景与行动》,正式向外界系统阐述了中国倡导的"一带一路"倡议。这标志着对中国发展将产生历史性影响的"一带一路"倡议进入全面推进建设阶段。"一带一路"倡议的核心内容包括以下方面。

(一)共建原则

"一带一路"倡议是中国为应对和平与发展问题而进行的推进国际合作、优化全球治理的积极探索,符合全人类的根本福祉,彰显了人类社会的共同理想和美好追求,将为推动全世界和平发展提供新的正能量(杜德斌、马亚华,2015)。"一带一路"建设需秉持以下共建原则。

恪守联合国宪章的宗旨和原则。遵守和平共处五项原则,即尊重各国主权和领土完整、互不侵犯、互不干涉内政、和平共处、平等互利。

坚持开放合作。"一带一路"相关的国家基于但不限于古代丝绸之路的范围,各国和国际、地区组织均可参与,让共建成果惠及更广泛的区域。

坚持和谐包容。倡导文明宽容,尊重各国发展道路和模式的选择,加强不同文明之间的对话,求同存异、兼容并蓄、和平共处、共生共荣。

坚持市场运作。遵循市场规律和国际通行规则,充分发挥市场在资源配置中的决定性作用和各类企业的主体作用,同时发挥好政府的作用。

坚持互利共赢。兼顾各方利益和关切,寻求利益契合点和合作最大公约数,体现各方智慧和创意,各施所长,各尽所能,把各方优势和潜力充分发挥出来。

"一带一路"建设是系统性工程,要坚持共商、共建、共享原则(刘卫东,2015)。共商原则是指在"一带一路"建设中充分尊重共建国家参与合作项目的意愿和自主权，通过协商和加强沟通，妥善处理共建国家的利益关系。共建原则是指在鼓励共建国家参与商讨的基础上，引入资金、人才、技术等要素，增强自主发展能力。共享原则是在共商和共建基础上，共享"一带一路"建设带来的发展成果，助推共建国家共同体形成。

（二）框架思路

"一带一路"是促进共同发展、实现共同繁荣的合作共赢之路，是增进理解信任、加强全方位交流的和平友谊之路。中国政府倡议，秉持和平合作、开放包容、互学互鉴、互利共赢的理念，全方位推进务实合作；打造政治互信、经济融合、文化包容的利益共同体、命运共同体和责任共同体。

"一带一路"联通亚洲、非洲和欧洲三大洲，东端是充满活力的东亚经济体，西端是传统的欧洲强国，它们具有各自的优势，发展潜力巨大。丝绸之路经济带重点建设三条线路，即中国经中亚、俄罗斯至欧洲波罗的海；中国经中亚、南亚至波斯湾、地中海；中国至东南亚、南亚、印度洋。21世纪海上丝绸之路重点方向是从中国沿海港口过南海到印度洋，延伸至欧洲；从中国沿海港口过南海到南太平洋。

根据"一带一路"走向，陆上依托国际大通道，以沿线中心城市为支撑，以重点经贸产业园区为合作平台，共同打造新亚欧大陆桥、中蒙俄、中国—中亚—西亚、中国—中南半岛等国际经济合作走廊；海上以重点港口为节点，共同建设通畅安全高效的运输大通道。中巴、孟中印缅两个经济走廊与推进"一带一路"建设关联紧密，要进一步推动合作，取得更大进展。

"一带一路"建设是共建国家开放合作的宏大经济愿景，需各国和地区携手努力，朝着互利互惠、共同安全的目标相向而行。努力实现区域基础设施更加完善，安全高效的陆海空通道网络基本形成，互联互通达到新水平；投资贸易便利化水平进一步提升，高标准自由贸易区网络基本形成，经济联系更加紧密，政治互信更加深入；人文交流更加广泛深入，不同文明互鉴共荣，各国人民相知相交、和平友好。

（三）合作重点

"一带一路"倡议共建国家具有各自独特的资源禀赋，经济互补性较强，具有极大的合作空间和潜力。共建国家应该以"五通"为导向，重点加强以下几个方面的合作。

第一，政策沟通。加强政策沟通是"一带一路"建设的重要保障。加强政府间合作，积极构建多层次政府间宏观政策沟通交流机制，深化利益融合，增进政治互信，达成合作新共识。共建国家可以就经济发展战略和对策进行充分交流对接，共同制定推进区域合作的规划和措施，协商解决合作中的问题，共同为务实合作及大型项目实施提供政策支持。

第二，设施联通。基础设施互联互通是"一带一路"建设的优先领域。在尊重相关国家主权和安全关切的基础上，共建国家宜加强基础设施建设规划、技术标准体系的对接，共同推进国际骨干通道建设，逐步形成连接亚洲各次区域以及亚欧非之间的基础设施网络。同时，应强化基础设施绿色低碳化建设和运营管理，在建设中充分考虑气候变化影响。

第三，贸易畅通。投资贸易合作是"一带一路"建设的重点内容。宜着力研究解决投资贸易便利化问题，消除投资和贸易壁垒，营造区域内和各国良好的营商环境，积极同共建国家共同商建自由贸易区，激发释放合作潜力，做大做好合作"蛋糕"。

第四，资金融通。资金融通是"一带一路"建设的重要支撑。深化金融合作，推进亚洲货币稳定体系、投融资体系和信用体系建设。扩大共建国家双边本币互换、结算的范围和规模。推动亚洲债券市场的开放和发展。共同推进亚洲基础设施投资银行、金砖国家新开发银行筹建，有关各方就建立上海合作组织融资机构开展磋商。加快丝路基金组建运营。深化中国—东盟银行联合体、上海合作组织银行联合体务实合作，以银团贷款、银行授信等方式开展多边金融合作。支持共建国家政府、信用等级较高的企业以及金融机构在中国境内发行人民币债券。符合条件的中国境内金融机构和企业可以在境外发行人民币债券和外币债券，鼓励在共建国家使用所筹资金。

第五，民心相通。民心相通是"一带一路"建设的社会根基。传承和弘扬丝绸之路友好合作精神，广泛开展文化交流、学术往来、人才交流合作、媒体合作、青年和妇女交往、志愿者服务等，为深化双多边合作奠定坚实的民意基础。

（四）合作机制

当前，经济全球化持续推进，和平发展、区域合作仍然是主流。"一带一路"倡议应充分利用现有国家间的双多边合作机制，倡导和促进区域合作，具体表现如下。

首先，加强双边合作，开展多层次、多渠道沟通磋商，推动双边关系全面发展。推动签署合作备忘录或合作规划，建设一批双边合作示范区。建立完善双边联合工作机制，研究推进"一带一路"建设的实施方案、行动路线图。充分发挥现有联委会、混委会、协委会、指导委员会、管理委员会等双边机制作用，协调推动合作项目实施。

其次，强化多边合作，发挥上海合作组织（SCO）、中国—东盟"10+1"、亚太经合组织（APEC）、亚欧会议（ASEM）、亚洲合作对话（ACD）、亚信会议（CICA）、中阿合作论坛、中国—海合会战略对话、大湄公河次区域（GMS）经济合作、中亚区域经济合作（CAREC）等现有多边合作机制作用，相关国家加强沟通，让更多国家和地区参与"一带一路"建设。

最后，继续发挥沿线各国区域和次区域相关国际论坛与展会、博鳌亚洲论坛、中国—东盟博览会、中国—亚欧博览会、欧亚经济论坛、中国国际投资贸易洽谈会，以及中国—南亚博览会、中国—阿拉伯博览会、中国西部国际博览会、中国—俄罗斯博览会、前海合作论坛等平台的建设性作用。支持沿线国家地方、民间挖掘"一带一路"历史文化遗产，联合举办专项投资、贸易、文化交流活动，办好丝绸之路（敦煌）国际文化博览会、丝绸之路国际电影节和图书展。倡议建立"一带一路"国际高峰论坛。

二 "一带一路"成员

"一带一路"倡议的提出获得了共建国家的广泛支持和踊跃参与。"一带一路"倡议最初主要针对共建的 65 个国家（见表 3-1），此后逐步推广为全球有志于参加"一带一路"建设的所有国家和地区，包括非洲、南美洲、大洋洲等各大洲。

截至 2023 年 1 月，中国已与 151 个国家和 32 个国际组织签署 200 余份合作文件，涵盖互联互通、贸易、投资、金融、社会、海洋、电子商务、科技、民生、人文等领域，覆盖40个亚洲国家、27个欧洲国家、52个非洲国家、11个大洋洲国家、9个南美洲国家和12个北美洲国家（苑希等，2023）。

表3-1　"一带一路"倡议共建国家

区域划分	国家
东亚地区（1个）	蒙古国
东南亚地区（10个）	新加坡、马来西亚、印度尼西亚、缅甸、泰国、老挝、柬埔寨、越南、文莱、菲律宾
西亚地区（18个）	伊朗、伊拉克、土耳其、叙利亚、约旦、黎巴嫩、以色列、巴勒斯坦、沙特阿拉伯、也门、阿曼、阿联酋、卡塔尔、科威特、巴林、希腊、塞浦路斯、埃及
南亚地区（8个）	印度、巴基斯坦、孟加拉国、阿富汗、斯里兰卡、马尔代夫、尼泊尔、不丹
独联体地区（12个）	哈萨克斯坦、俄罗斯、乌兹别克斯坦、土库曼斯坦、塔吉克斯坦、吉尔吉斯斯坦、乌克兰、白俄罗斯、格鲁吉亚、阿塞拜疆、亚美尼亚、摩尔多瓦
中欧地区（4个）	捷克、斯洛伐克、匈牙利、波兰
东欧地区（12个）	立陶宛、爱沙尼亚、拉脱维亚、斯洛文尼亚、克罗地亚、波斯尼亚和黑塞哥维那、黑山、塞尔维亚、阿尔巴尼亚、罗马尼亚、保加利亚、马其顿

资料来源：赵东麒和桑百川（2016）。

三　"一带一路"顶层框架

（一）"一带一路"的布局

"一带一路"是连接亚洲、欧洲和非洲大陆，联通东亚经济圈、欧洲经济圈，并引领广大共建国家经济社会发展的海陆通道，包含五大方向。其中，丝绸之路经济带表现为三大走向：一是从中国西北、东北经中亚、俄罗斯至欧洲波罗的海；二是从中国西北经中亚、西亚至波斯湾、地中海；三是从中国西南经中南半岛至印度洋。21世纪海上丝绸之路包括两大走向：一是从中国沿海港口过南海，经马六甲海峡到印度洋，延伸至欧洲；二是从中国沿海港口过南海，向南太平洋延伸。

（二）主体框架

"一带一路"的主体框架可以概括为"六廊六路多国多港"。其中，"六廊"是指六大国际经济合作走廊，包括新亚欧大陆桥、中蒙俄、中国—中亚—西亚、中国—中南半岛、中巴、孟中印缅经济走廊。"六路"是指公路、铁路、航运、航空、管道、空间综合信息网络，是基础设施互联互通的主要内容。"多国"是指通过一批先期国家开展合作，发挥示范效应，体现合作成果。"多港"是指共建一批重要港口和节点城市，繁荣海上合作。自"一带一路"倡议提出以来，在繁荣共建国家经济、推动社会发展等方面取得了显著成果，已经成为当今世界广泛参与的国际合作平台和广受欢迎的国际公共产品。"六廊六路多国多港"的合作格局已基本形成。

四 "一带一路"旅游

国之交在于民相亲。正如习近平总书记所言，"旅游是传播文明、交流文化、增进友谊的桥梁""旅游是增进人民亲近感的最好方式"（宋瑞、冯珺，2021），旅游也是"一带一路"倡议中推进国家间交流合作的重要领域之一。自 2013 年中国提出共建"一带一路"以来，以友好协商、共同合作、共享发展成果为特征的文化旅游交往日益密切，市场规模逐渐扩大，合作成效日益显著。共建国家在文化旅游领域有效开展了广泛而深入的交流合作，逐渐形成了多元互动的人文交流格局，也使得"民心相通"这一基础性工程得以充分实施（杨海龙等，2023）。

在顶层设计方面，共建"一带一路"国家已出台多份政策文件，推动文化旅游交流合作机制建设。"一带一路"倡议提出 10 年来，中国政府已与 100 多个共建"一带一路"国家签署了上百份文化和旅游领域的合作文件，推动建立了中国—东盟、中国—中东欧、中蒙俄等一系列双边、多边文化旅游合作机制。中国与欧盟、东盟、中东欧等多个共建国家互办旅游年，通过对接项目、对接规划等形式在信贷、税收、通关、旅游、投资、贸易和土地等领域分别制定了相应的政策。中国与共建"一带一路"国家在文旅领域的合作规模不断扩大，多层次旅游合作机制基本形成（杨海龙等，2023）。

中国与共建"一带一路"国家共同合作开展了一系列具有国际影响力的文化旅游活动，成功打造了"丝路之旅""美丽中国""万里茶道"等文旅品牌。中国与哈萨克斯坦、吉尔吉斯斯坦联合申报的"丝绸之路：长安-天山廊道的路网"已被联合国教科文组织列入《世界遗产名录》（彭雪、许凡，2022）。同时，"海上丝绸之路""万里茶道"等"一带一路"相关线路的国际研究、保护和联合申遗活动也正在有序开展和推进。此外，中沙塞林港联合考古、柬埔寨吴哥古迹、缅甸蒲甘他冰瑜塔等重大文化援助工程也取得了显著的社会效益。依托一系列共建"一带一路"国家办事处、文化中心、丝绸之路国际剧院、博物馆、艺术节、图书馆和美术馆联盟等举办的文化活动，很大程度上推动了共建国家的文旅合作、民心沟通以及友谊深化。2019 年，中国和共建"一带一路"国家双向旅游交流超过 6000 万人次，共建国家来华人数 3813.2 万人次，同比增长 2.9%；中国公民首次出境前往共建"一带一路"国家人数为 5328.9 万人次，同比增长 19.8%。①

在"一带一路"倡议的推进和实施过程中，旅游既是民心相通的最佳途径，也是经济合作的重要领域，共建国家的旅游合作在相当程度上有力促进了跨区域、国界和洲际的政策融合、政治认同、经济合作、文化交融、人员往来和设施互通。因此，在推动实现共建"一带一路"国家互联互通的进程中，旅游是不可或缺的经济催化剂、人心凝聚剂和文化融合剂，理应进一步巩固并发挥其先导作用（宋瑞、冯珺，2021）。

第二节 "万里茶道"的历史与演化

"万里茶道"亦称"茶叶之路"，是指 17 世纪以来中俄之间以茶叶为主，包括皮毛、瓷器、棉布等主要贸易产品的复合型、多元化的贸易路线。通过"万里茶道"，中国得以向世界输出亚洲的传统农业文明，欧美国家得以向中国输出欧美的现代工业文明。"万里茶道"展现了明清时期的经济全球化过程，是东西方文明互为影响的典范，也是世界上极为罕见的一条文化大动脉。2013 年 3 月 23 日，中国国家主席习近平首访俄罗斯，在莫斯科国际关系学院做了《顺应时代前进潮流 促进世界和平发展》的演讲，他

---

① http://travel.china.com.cn/txt/2023-03/09/content_85155215.html.

特别提出 17 世纪的"万里茶道"是连通中俄两国的"世纪动脉"。习近平主席的讲话,唤起了海内外对这条"万里茶道"的记忆。

一 "万里茶道"的历史沿革

(一)"万里茶道"的形成

茶是世界三大饮料之首。中国是茶叶的故乡,也是世界上最早发现并食用茶叶的国家。随着游牧民族与农耕民族的不断交往,以及陆上、海上丝绸之路的相继开辟,茶逐渐被蒙古国、中亚、欧洲等国家和地区的人们接受并喜爱。西伯利亚人习惯于将中国砖茶配以肉末、奶油、蜂蜜和食盐共同饮用。中国砖茶深受当地居民喜爱,并在较长时间内充当一般等价物。《外贝加尔边区纪行》曾记载西伯利亚的布里亚特人等土著民"在出卖货物时,宁愿要砖茶不要白银,因为他确信,在任何地点他都能以砖茶代替钱用"(丰若非、燕红忠,2014)。

然而,事实上华茶入俄时间较晚。1617 年,俄国使者秋梅涅茨将茶叶作为给沙皇的礼物从中亚带回俄国,被视为中国茶进入俄国的开始。此时输入俄国的华茶数量较少,输入方式属于间接输入,带有一定的偶然性。1656 年,费·巴依科夫使团抵达北京,标志着中国茶叶对俄出口的开端。随后,俄国使团、政府和私人商队纷纷到北京进行贸易。这一时期,俄国人开辟出 3 条中国茶叶进入俄罗斯的路线:①西线,从北京经内蒙古南部地区,抵达哈密、吐鲁番,由额尔齐斯河最终到达托博尔斯克;②中线,也是从北京出发,经张家口、库伦到达色楞格斯克;③东线,由北京经赤峰、内蒙古东南地区、齐齐哈尔、海拉尔等地到达尼布楚(王楠、于海志,2021)。1689 年,中俄签订了《尼布楚条约》(《涅尔琴斯克条约》),为双边贸易开展提供了制度保障,标志着"万里茶道"的开通。1727 年,中俄签订了《恰克图条约》,规定"在两国交界处所零星贸易者,在色楞额之恰克图、尼布朝(楚)之本地方,择好地建盖房屋,情愿前往贸易者,准其贸易"。《恰克图条约》确立了中俄双方在划定的边界建立商贸城市以及交易的原则。1728 年,俄罗斯建成了恰克图贸易市场。1730 年,与恰克图相对,中国在本方边界内建立了买卖城,逐渐在固定地点与俄商开展交易,此后中俄茶叶贸易逐渐走向繁荣。

（二）"万里茶道"的繁荣

从 18 世纪初起，俄国向中国的进口货物一直以棉布和丝绸为主要产品，对中国茶叶的需求仅局限于外贝加尔湖一带的西伯利亚人。这一时期，与英国、荷兰等西欧国家不同，俄罗斯对中国茶叶的消费增长缓慢。直到 18 世纪末，茶叶才逐渐开始成为俄罗斯居民普遍饮用的饮料之一（张影，2012）。中国输俄的茶叶数量也随之从 1798 年的约 1.3 万担增长至 19 世纪 30 年代的约 4 万担，增长 2 倍以上。到 1839 年，这一数字高达 5.4 万担。在此期间，俄国对中国茶叶需求的增长率超过整个西方世界（庄国土，2001）。

19 世纪 20~50 年代为中俄茶叶贸易的繁荣期，俄国人民对中国茶叶的喜好达到前所未有的高度，"茶叶是上帝，在它面前，其他东西都可以牺牲"。中俄两国在税收和贸易制度上的保护性政策、茶叶贸易的巨大利润，以及中俄两国茶商（中方主要为晋商）的稳健经营都促成了这个"彼以皮来，我以茶往"繁荣时期的到来。

（三）"万里茶道"的衰落

鸦片战争以后，受多种因素的影响，"万里茶道"逐步走向衰落，主要原因有以下几个方面。

第一，清朝国力衰微。在 19 世纪中叶以前，茶叶之路对中俄来说是双赢的。但是，19 世纪中叶以后，随着清政府国力的日渐衰落以及《中俄瑷珲条约》《中俄天津条约》等多项不平等条约的签订，俄国商人获得了绕开晋商直接进入中国茶叶产区经营茶叶贸易的权力，从而导致晋商利益大大受损。至此，在不平等条约的加持下，俄商不仅垄断了蒙古和新疆地区的通商贸易，还深入中国内地开展贸易攫取利益。

第二，多项不平等条约的签订导致中国茶商竞争力减弱。主要表现在以下几个方面。首先，中俄茶商税赋不均等。受多项不平等条约的庇护，俄国茶商享受免税特权，华商则被课以重税，增加了额外的负担。其次，中俄茶叶产品成本相差较大。俄商以机器制茶为主，成本较低；中国茶商仍以手工制茶为主，产品成本居高不下，难以与俄商竞争。最后，运输条件存在差异。中国茶商以"万里茶道"为主要运输线路，采用木船、马车和骆驼等运输工具，物流成本和运输费用较高；而俄商主要采用海路运输，凭借特权以较低的运费获得成本优势。

第三，战争导致中国茶商损失惨重。太平天国运动爆收后，清政府为应对起义军，军费开支猛增，导致对各省份"捐输"摊派逐渐加大，山西商民捐银甚至占到全国的37%，大大增加了山西茶商的负担。同时，八国联军侵华战争、日俄战争、第一次世界大战以及俄国十月革命等中外战争使晋商遭受一系列严重打击，很多货物、商铺、牲畜毁于战火，使晋商损失惨重，元气大伤。20世纪20年代，买卖城甚至毁于战火。

第四，外茶崛起，华茶受限。19世纪末20世纪初，印度等国茶叶产量大幅增加，超越中国而成为茶叶生产和销售第一大国，并逐渐从欧洲进入俄罗斯市场。1909~1924年的16年间，印度茶叶出口占亚洲国家出口总量的1/3以上，而中国仅占不到1/5，已退居印度、锡兰和印度尼西亚之后的第四位。

第五，交通发展改变了中俄茶叶贸易的线路走向。19世纪末，俄罗斯加大了对远东地区的开发建设。1905年，连通莫斯科和远东地区的西伯利亚大铁路全线通车，为中俄贸易产品提供了新的通道和线路，导致传统"万里茶道"的作用被大大削弱。俄罗斯茶商将中国茶叶采用海运方式运至符拉迪沃斯托克（海参崴），再经西伯利亚大铁路运输至莫斯科和欧洲其他国家。传统"万里茶道"从恰克图到莫斯科耗时近16个月，而通过西伯利亚大铁路运输这一过程仅需7周时间。西伯利亚大铁路通车后，中国平均每年向俄国出口茶叶10余万吨，其中80%是经符拉迪沃斯托克（海参崴）通过西伯利亚大铁路运往俄国的。随着新的水铁联运线路开通，中俄茶叶贸易线路的主体无须再经过"万里茶道"中国段，导致晋商在贸易中的主导作用基本丧失，张家口、归化、库伦、恰克图等茶叶贸易路线上的节点城市逐渐衰落。1929年，中蒙之间最大的茶叶贸易商号大盛魁商号关闭，标志着"万里茶道"的终结（李明武、邱艳，2020）。

二 "万里茶道"的特征

(一) 远距离、跨越多国

"万里茶道"南起中国南方的茶叶产区，经过水陆交替运输向北延伸，经过襄阳、汉口、洛阳、张家口等地集散转运，通过张库大道抵达库伦，在中俄边境城市恰克图完成交易。而后，经过伊尔库茨克、秋明、莫斯科等地进入欧洲其他国家，线路总长达13000余公里。"万里茶道"连通了中国南方的农耕文明、北方的草原文明以及欧洲的工业文明，全方位展现了茶叶成为全球性商品的贸易过程（龙文泱等，2019）。"万里茶道"穿越了不同的地形地貌，跨越了多样化的经济类型，对沿线国家和地区的经济社会发展产生了深远影响，在世界贸易史上极为罕见。

(二) 多起点、多终点

与其他线性文化遗产相比，"万里茶道"的显著特征在于其贯穿了茶叶产业链的全过程，同时以廊道的形式连接起茶叶的原料产地、集散地和消费地。由于涉及地域广、茶叶种类多，"万里茶道"的原料产地具有广泛性和道路起点具有多源性。福建武夷山茶区、江西宁红茶区、湖北羊楼洞茶区和宜红茶区、湖南安化茶区等都曾是"万里茶道"的茶源地。其中，武夷山茶区是"万里茶道"上开启时间最早、路程最远的茶源地，其线路为：武夷山下梅经铅山入信江，进入鄱阳湖，经九江中转后到达汉口，随后汇入"万里茶道"主线。太平天国运动爆发后，通往武夷山茶区的线路被迫中断。晋商适时地将茶源地改为两湖地区。安化是湖南茶源地的中心，是"万里茶道"中黑茶和红茶主要的茶叶产区之一。19世纪末20世纪初，安化茶产业达到鼎盛，"年产黑茶近15万担，红茶70万箱"（黄柏权、平英志，2020）。其运输路线主要有两条：一条为安化—常德—沙市—襄阳；另一条为安化—资水—洞庭湖—岳阳—长江—汉口。宜红茶区也是"万里茶道"的茶源地之一，以湖北五峰、鹤峰、宜都等地为中心，涉及周边16个县。其运输路线主要有两条：一条为鹤峰容美镇—五峰渔洋关—宜都陆城—长江—汉口；另一条为鹤峰五里—南北镇—石门宜沙—溇水—石门县城—津市—洞庭湖—长江—汉口。羊楼洞茶区是"万里茶道"后期的茶源地之一，主要包括湖北蒲圻、咸宁，湖南临湘等地，以产制青砖茶为主。明朝中后期，在晋商的指导下羊楼洞已开始制作"帽盒茶"，并贩运到蒙古、新疆等地。清代，随着边茶销量增加，为适应长途贩运和便于保存，羊楼洞茶商将"帽盒茶"改为砖茶。清末，湖北羊楼洞和湖南聂市、羊楼司成为砖茶的重要集散地，仅羊楼洞砖茶年均出口便超过 40 万担（黄柏权、平英志，2020）。

不同时期、不同茶源地的茶经过九江、汉口、襄樊（今襄阳）、赊店、晋中、大同等地，再通过归化、多伦等地运往库伦、恰克图，并通过尼布楚、下诺夫哥罗德、新西伯利亚、叶卡捷琳堡、库伦、乌兰乌德等地最终抵达莫斯科和圣彼得堡。恰克图、伊尔库茨克、托博尔斯克、莫斯科、圣彼得堡等地都曾充当过"万里茶道"的终点，"万里茶道"线路体现出"多起点、多终点"的演化特征（见表 3-2）。

表 3-2 "万里茶道"的路段分布

茶源地	集散路段	外销路段	终点
福建武夷山、江西宁红茶区、湖南安化、湖北羊楼洞和宜红茶区	九江、汉口、襄樊、赊店、晋中、大同、朔州、张家口等地	归化、多伦、二连浩特、尼布楚、下诺夫哥罗德、新西伯利亚、叶卡捷琳堡、库伦、乌兰乌德等地	恰克图、伊尔库茨克、托博尔斯克、莫斯科、圣彼得堡

资料来源：笔者整理获得。

（三）网状结构

"万里茶道"并非一条单向的狭长线路，而是一条远距离、分路段、多中心相互交错的网状结构线路，并形成了复杂的路网体系。第一，在生产路段，武夷山茶区的下梅、安化茶区的黄沙坪、宜红茶区的渔洋关、幕阜山茶区的羊楼洞等地茶农沿山间小道，依靠人挑、马驮、独轮车、小木船等运输工具，将鲜叶或初制的毛茶由茶源地向茶叶收购和加工中心聚集，反映出一种网络化聚集的特征。第二，在转运路段，汉口是一个重要的枢纽城市。一方面，汉口是集散中心，各茶源地的茶叶成品通过官道、骡马道或长江、洞庭湖、鄱阳湖水系，依靠骡马、木船等运输工具，分别从东、南、西几个方向通过水路汇聚汉口；另一方面，汉口又是辐射中心，汇聚到汉口的精制茶叶以此为起点，向西北方、北方、东北方等方向辐射，销往我国西北、北方牧区、俄罗斯及欧洲其他国家。因此，汉口其实是生产网络和销售网络两个网络体系的交汇处和转换节点。第三，在运输路段，以主线节点市镇为中心向不同方向延伸出多条运输线路，这些线路并非完全固定，存在交叉，也是一种网络化的表现。第四，在消费路段，茶叶到达欧洲国家后，通过经销商、零售商、茶叶店主等销售体系进入千家万户，这也是一种网络结构。在漫长的 "万里茶道" 上，各路段功能有别、分工明确，共同构成了完整的生产、运输和销售网络。"万里茶道" 将四个路段融为一体，通过网络化的结构推动了茶叶从原料到商品再到饮品的转换，也实现了茶叶从茶源地到消费地的空间转变。

（四）水陆联运、路线多样

"万里茶道" 以中国武夷山为起点，途经赣、湘、鄂、皖、豫、晋、冀、蒙等省区，经张库大道进入蒙古国境内，抵达库伦（今乌兰巴托）后，穿越沙漠戈壁，到达原中俄边境茶叶贸易的重要通商口岸恰克图，全程约4760公里，其中水路约1480公里，陆路约3280公里。在俄罗斯境内，"万里茶道" 继续向西延伸，经伊尔库茨克、新西伯利亚、叶卡捷琳堡、喀山、莫斯科、圣彼得堡等地，又传入中亚和欧洲其他国家，线路总长达13000余公里。基于兰姆利的报告，并辅以其他文献，发现 "万里茶道" 俄国段线路也具有水陆联运的特征。其中，第一阶段主要是水路，线路为恰克图（经陆路）—色楞格河—色楞金斯克—乌金斯克—贝加尔湖—安加拉河—伊尔库茨克。第二阶段为水路，线路为伊尔库茨克—叶尼塞河—鄂毕河—托木河—托木斯克—额尔齐斯河—鄂木河—鄂木斯克—托博尔河—托博尔斯克—塔拉河—秋明。第三阶段为陆路，线路为秋明—叶卡捷琳堡—彼尔姆。第四阶段为水路，线路为彼尔姆—卡马河—喀山—伏尔加河—下诺夫哥罗德（贾建飞、张军，2021）。第五阶段为陆路（铁路），线路为下诺夫哥罗德—莫斯科—圣彼得堡。"万里茶道" 从最初的水陆联运、江河海陆联运、江海联运，再到江海铁路联运，交通工具和运输线路不断增多，最终在中俄之间形成了以茶叶为主要大宗贸易商品的长距离商业贸易网络。

（五）多元一体、双向互通

除茶叶外，"万里茶道"贸易线路上还包括中国南方的茶具、瓷器、丝绸、绘画、折扇、粮食、布匹等产品，也包括俄罗斯的药材、蜂蜜、银器、机器等货物，表现出多元一体、双向互通的特征。"万里茶道"沿线国家和地区的商户、居民、手工业者将各自的文化、艺术、技艺、思想观念等信息以不同的方式在茶道上传播，在增进了解的同时，也拓展了各自的视野和认知。人口往来、商品流通、信息交换等要素的综合作用推动了"万里茶道"沿线国家和地区的经济社会发展和文明互鉴，也促进了各民族间的交往交流交融和人类命运共同体的构建。

（六）经济全球化的表征

中俄《尼布楚条约》签订后，极大地推动了中俄茶叶贸易的发展，是"万里茶道"形成的直接推动因素，也使恰克图的茶叶贸易量迅速超过其他大宗商品，稳居第一位。"万里茶道"上茶叶贸易量的迅速增加也刺激了中国茶产量和出口量的增长。在鸦片战争前的1817~1833年，中国的茶叶出口贸易总额占出口总额的比重均超过60%，茶叶成为无可替代的贸易产品（林齐模，2003）。中国通过茶叶贸易与全世界展开了多方位的交流，原本封闭的茶源地、农耕地区、草原地区不自觉地融入了世界贸易体系，冲击着延续几千年的农耕经济，也改变了"万里茶道"沿线国家和地区人们的生活及价值观念。由于茶叶的生产、运输和贸易，"万里茶道"沿线也催生出汉口、张家口、库伦、恰克图等与茶叶贸易息息相关的商业市镇，并使之逐步融入全球贸易体系。

此后，两次鸦片战争和西伯利亚大铁路的开通，改变了中俄茶叶贸易的运销路线，也直接导致了"万里茶道"的衰落。由此可见，"万里茶道"的兴起、发展、繁荣、衰落均与世界茶叶消费市场的演化息息相关，也与当时的全球化进程紧密相连，其整个发展过程与全球化进程相互依托、彼此影响。因此，可以说，一方面茶叶贸易的全球化推动了"万里茶道"的形成、发展，并导致其衰落；另一方面"万里茶道"也是经济全球化的重要表征和见证。

（七）活态存续

"万里茶道"作为一条传统的贸易线路并未完全销声匿迹，而表现出活态存续的特征，具体表现为三个方面。第一，生产经营的持续开展。虽然"万里茶道"作为中俄茶叶贸易主要通道的作用已经消失，但茶源地的古茶园，如武夷山下梅古茶园、安化高马二溪古茶园仍在种植、采摘和产出茶叶，并且日益发展壮大。第二，生产工艺的日益精进。曾经流传于"万里茶道"上的武夷山红茶、宜红茶、宁红茶、安化黑茶、羊楼洞青砖茶等茶叶类型依然存在，其生产工艺和制作技术获得了很大提升，产品远销中外，经久不衰。第三，茶文化遗产活态传承。茶文化已全面融于"万里茶道"沿线国家和地区居民的经济、社会和生活之中，并形成了各具特色的茶经济、茶文化表现形式，包含武夷山大红袍、安化黑茶、赵李桥青砖茶等"万里茶道"茶叶类型在内的中国茶叶制作技艺已被联合国教科文组织列入非物质文化遗产名录。这些在"万里茶道"上形成的与茶相关的文化习俗和传统技艺均是凝结着人类智慧的宝贵财富，也是跨国文化遗产廊道不可或缺的组成部分。传统的"万里茶道"虽然已淹没于尘封的历史，但它留下的遗产依然被传承，其鲜活的文化脉络和经济文化研究价值依然熠熠生辉。

三 "万里茶道"的多元价值

作为一条以茶叶为主要贸易产品的远距离跨国贸易线路，"万里茶道"从不同角度展现出了多元价值，具体表现为经济价值、文化价值、社会价值、外交价值和生态价值。

（一）经济价值：产业融合

"万里茶道"极大地促进了中国段沿线地区茶叶种植业的发展。传统的产茶大省福建、安徽、湖南、湖北、河南等茶区在清代中叶后种植面积均有不同程度的扩张。晋商在福建武夷山、湖南安化、湖北羊楼洞诸地包买茶山，雇用当地工人加工乌龙茶、千两茶、红茶，打造形成了"川"字牌砖茶、帽盒茶、机制砖茶等一系列品牌，形成了生产、加工、运输、销售完整的产业链，深受茶农和俄国人的喜欢（高春平，2010）。同时，"万里茶道"推动了福建、湖南、湖北等茶源地的茶叶制造、包装以及沿途各地物流运输的发展,也间接带动了沿线地区的棉纺织业、丝织业、制瓷等茶产业周边领域的发展(陈开科,2020)。"万里茶道"采用人担、畜驮、船转、驼运等水陆联运的方式,不仅推动了中国茶叶贸易的发展,也刺激了沿线节点市镇的发展壮大,汉口、襄阳、九江、洛阳、太原、张家口、呼和浩特、库伦等城市都因"万里茶道"而勃兴。此外,"万里茶道"也造就了晋商商帮,帮助晋商实现了资本积累和货通天下,推进了山西票号的发展,进而带动了晚清金融业的发展。由此可见,"万里茶道"不仅是中国南方农耕文明与西方工业文明互联互通的典范,其形成的系统产业链和贸易线路也推动了沿线国家和地区的近代化进程,使中国在明清时期更加深入地融入经济全球化的格局之中。因此,可以说"万里茶道"贸易线路影响深远,为当今"一带一路"的建设奠定了基础。

(二)文化价值:多元交流

"万里茶道"不仅仅是一条贸易线路,更是一条文化交流和融合之路,体现了物质、文化和艺术的交换过程,是农耕文明、草原文明和工业文明交流碰撞的历史见证和记录,具体表现为三个方面。第一,"万里茶道"的生产路段,如武夷山、安化、羊楼洞等地,完整地保留了在17~20世纪初茶叶贸易中的生产、运输、集散、交易的全套系统。这些绵延200余年、饱经岁月沧桑的古茶园、茶厂、古道、运河、渡口、桥梁、祠堂以及茶市建筑群依然保存完整,展示了茶文化的丰富性、多样性和原真性。第二,"万里茶道"线路是17~20世纪世界贸易中的独特样本。"万里茶道"中的主体——中国晋商和俄国商人,他们的庄园、住宅以及大院都被较为完整地保留下来,成为记录同时期全球贸易的重要文物和载体。第三,"万里茶道"一直没有消失,它与草原丝路、西伯利亚大铁路以及当今的北京—乌兰巴托—莫斯科国际联运铁路、中蒙俄经济走廊等线路重叠交织,在与时俱进中发展演化,是人类贸易史上的卓越样本。"万里茶道"作为一条内涵丰富、文化多元的遗产廊道,对全人类具有普遍价值,它理应成为世界文化遗产和重要的文化旅游品牌。

（三）社会价值：生计互补

中国北方游牧民族与农耕民族的交往、互动和融合由来已久，也是推动中国社会发展和变迁的重要力量。蒙古草原和西伯利亚一带的游牧民族，长期生活在高纬度寒冷地带。饮食以肉食为主，缺少蔬菜、水果等富含维生素物质的摄入。由于茶能解腻、提神、补充体内维生素（王思达，2022），因此游牧民族"均赖茶以活"，以至于"宁可一日无食，不可一日无茶"。唐代之后，南方茶叶成为西北少数民族不可或缺的生命之饮，如安化黑茶压制的砖茶，曾经成为草原上可以替代货币使用的等价物。南方茶叶深受西北各民族喜爱，很早就参与了国家以茶易马的历史进程。同样，南方各民族把大量的茶叶销售到北方，不仅换回马匹和牛羊肉，也增加了收入，实现了南北各民族的生计互补。

（四）外交价值：促进交流

"万里茶道"是沟通中俄乃至中国与欧洲之间的重要贸易线路，在茶叶贸易的基础上中西方之间的文化交流也随之展开。中国不仅向俄罗斯传播了茶叶种植、生产、加工等方面的知识和技术，也传播了中国独特的茶文化、茶礼仪和中国人民的友谊。以茶作为媒介，"万里茶道"带动了中西方之间思想、观念、文化等领域的沟通与交流，沿线留存的生产、集散、运输等领域的遗产资源是不同国家交流与合作的见证，也彰显出不同思想文化经历的碰撞和融合。刘再起和钟晓（2016）认为"万里茶道"是明清时期欧亚大陆之间最主要的陆地贸易线路，是农耕文明、游牧文明、工业文明之间交流、碰撞、融合的纽带。康永平（2018）认为"万里茶道"不仅改变了沿线地区的生产生活方式，更影响和塑造了沿线地区的产业结构和发展方向，促进了以归化、多伦、伊林、库伦为代表的诸多草原城镇的兴起和发展，不同民族、地域、宗教信仰的移民在茶道沿线会聚，促进了多民族间的交往交流交融。

（五）生态价值：资源利用

"万里茶道"是人类科学合理利用山地资源的杰出范例，具有重要的生态价值。"万里茶道"的茶源地基本为山区，如武夷山、雪峰山、武陵山、幕阜山等。境内海拔较高，山峦起伏，沟壑纵横，相对高差大，土地资源十分匮乏,耕地极少,且容易造成水土流失。茶树根系发达,可以保护土壤,防止水土流失;茶叶四季常青,可以美化环境;茶园可以套种山地农作物,实现土地资源的有效利用;茶叶是外销产品,能够增加附加值。"万里茶道"茶源地民众利用传统知识和对山地的认识,在很早以前就探索出茶叶种植和套种其他作物的经验,并使之成为当地居民生计的主要来源。"万里茶道"茶源地的茶叶种植生产实践是综合利用山地资源、保障居民生计并保护生态环境的杰出范例。

四 "万里茶道"的贸易特征

(一)"万里茶道"的贸易形式

1. 官管商卖

所谓官管商卖,是指由于政府对茶叶实行专卖制度,商人合法纳税取得专卖权后进行交易的方式。清咸丰以后,茶叶引制逐渐废除,为增加税收,清政府向茶商发行茶票,以票代引,茶商按票缴纳税款。茶票管理制度结合户籍、税收、商品专卖等制度,有助于清政府保证税收收入、维护茶叶贸易的控制权,也对茶商的经营行为形成了有效的管理。

2. 走私贸易

由于茶叶贸易存在较大的市场需求和可观的利润空间,一些商人不惜铤而走险,进行茶叶走私贸易。即使在政府严格管控和承受处罚的压力下,茶叶走私贸易依然屡禁不绝。另外,由于恰克图俄商数量和运输能力有限等因素限制,晋商为了迅速将货物出手,也不得不在边境地区与俄商进行走私交易。《清代中俄关系档案史料选编》中记载,雍正十二年(1734)三月,山西汾阳县商人朱成龙带去20车货,在边界与俄商走私,共换得骆驼12只、马120匹、牛16头,因违反清政府管制条例受到处罚,货物全部被没收。由此可知,清政府这种茶票和茶叶商品专卖制度,虽然一定程度上保证了政府税收和行业控制,但严重遏制了茶叶贸易的发展。

3. 中俄茶商直接贸易

由于领取信票制度的"病商业、损国课"的种种弊端,也为了安定商民情绪，促进国货输出，增加政府收入，咸丰时期逐步放宽贸易管制，允许更多茶商赴恰克图与俄国人直接贸易。由此，恰克图的山西茶叶经营机构迅速发展，数量增至120多家。茶叶销售额也取得了显著增长，由年均输出额600万卢布增加到1000万卢布以上。然而，第二次鸦片战争至同治初年，沙俄与清政府签订了《中俄瑷珲条约》《中俄陆路通商章程》等许多不平等的条约。此后，俄国商人长驱直入，侵入我国内地进行商业活动，并在湖北等产茶区建立茶厂，直接收购加工茶叶，通过货轮运输回国，不再与恰克图的山西茶商交易。

（二）主要商品

1. 茶叶

据《俄中商贸关系史述》记载，在恰克图市场销售的茶叶来自中国的福建、安徽、江西、湖南、湖北、四川、云南等地，并按品级优劣分为最高等级的"商号茶"（即有专属商号名称的）、中级的"山西茶"（山西商人经销的）、普通茶（级别最低的）三个类别。其中，绿茶在哈萨克人、吉尔吉斯人、卡尔梅克人等游牧民族中需求较多，白毫茶则在整个俄国都比较受欢迎，砖茶主要销往西伯利亚和贝加尔湖地区的普通居民，以及欧俄部分的鞑靼人和卡尔梅克人，茶叶逐步成为俄国人日常生活中不可或缺的消费品。在各个品类中，砖茶最为畅销，包括湖南安化的黑砖茶，湖南临湘的青砖茶、米砖茶，湖北蒲圻、咸宁的帽盒茶、青砖茶、米砖茶等。

2. 牲畜、皮毛等其他商品

"万里茶道"行程长，涉及诸多省份，沟通长江、黄河两岸等诸多地区（张月琴，2022）。除茶叶外，晋商也将丝绸、布匹、中国扇子、铁器等日常生活用品运往蒙古草原和俄国销售，进口商品则以牲畜、皮毛、药材、金沙、呢绒、毛毯、工艺品等为主，行销中国内地。清人松筠的《绥服纪略》记载："由张家口贩运烟、茶、缎、布、杂货，前往交换各色皮张、毡片等物。"总体而言，晋商贩运的商品中，烟酒糖茶、绸布杂货来自山西南部或者是黄河以南的其他省份，皮毛、牲畜、盐来源于山西北部或者内蒙古等地。

（三）"万里茶道"的运营主体

1. 晋商

晋商是中俄"万里茶道"的主要开拓者和缔造者，也是"万里茶道"财富的主要创造者。王金玉和韩梦丽（2017）认为晋商率先发现了中俄茶叶贸易的巨大机会，并由南至北构建了茶叶贸易通道。"万里茶道"不仅带动了茶源地种植、生产的兴盛，也为晋商带来了巨额财富。《山西外贸志》记载："中国红茶、砖茶、帽盒茶均为俄人所需，运销甚巨……向为晋商所运。"随着"万里茶道"的畅通，晋商的活动商铺遍布茶道沿线。他们在武夷山、安化、羊楼洞等地种植、收购、加工茶叶，在汉口、赊店、张家口等节点市镇设立商号、会馆，在归化、库伦、恰克图、乌里雅苏台、科布多等地建立店铺和货栈。最盛时期，在恰克图的晋商达120多家，山西商人几乎垄断了对俄茶叶贸易。

在"万里茶道"的晋商中，经营历史最长、规模最大者，首推榆次车辆常家。常氏一门最早经商于蒙古草原地区，后逐渐以恰克图为中心，将茶叶贸易延伸至俄罗斯。尤其在晚清时期，常家在恰克图的晋商中分号最多、规模最大，在茶叶贸易中占据较大优势。祁县的渠家、何家、乔家也是晋商中开展茶叶贸易的先驱，比较早到武夷山包买茶山，开展茶叶贸易。太平天国运动爆发后，他们又适时地将茶源地由武夷山转移至两湖地区，推动茶叶贸易的稳健经营。太谷曹家的业务范围涉及票号、钱庄和茶庄，在南京、苏州、汉口、东北以及外蒙古均有业务。在"万里茶道"中，他们在多伦开设总号，然后根据经营情况在沿线国家和地区开设分号。在恰克图的茶叶市场上，曹家的"景字号"茶庄是唯一能与榆次常家开展竞争的商号。在"万里茶道"的中后期，晋商的经营目标和角色也发生了很大变化，逐渐由茶叶的购买商转变为茶叶的生产者，由小作坊生产、手工工场制作逐步升级到机械化制茶，其经营理念、管理方式、生产技术、资本运作等都发生了很大变化，也形成了晋商的特色。

2. 俄商

19世纪60年代以前，晋商凭借聪明才智和艰苦创业一直是"万里茶道"的主导者和核心力量，茶叶的运输和销售基本被晋商控制。第二次鸦

片战争后，沙俄以调停为名，与清政府签订了《中俄天津条约》等一系列
不平等条约。这些条约规定，俄商可以在上海、宁波、广州、福州等七处
口岸设立领事馆，进行通商。其通商之处，可以在当地随便买卖，当地官
员不得阻拦。除恰克图外，俄商还可在"万里茶道"的库伦、张家口等地
进行贸易。1860年，《中俄北京条约》签订后，汉口正式开埠。1862年和
1869年，俄国迫使中国先后签订《中俄陆路通商章程》和《改订陆路通商
章程》，从此打破了边境贸易的地域限制，俄商不仅可以进入中国内地直接
采购和加工茶叶，而且获得了在中国新疆和内蒙古的贸易免税权，对俄商
运至天津的货物"进口正税按照各国税则三分减一"，经张家口时还"可留
十分之二在当地销售，免纳子税"。

　　诸多不平等条约的签订使中国茶商在竞争中处于劣势，而俄商在不平
等条约和强权的加持下纷纷从恰克图涌入中国内地自行经营茶叶业务，并
放弃了晋商开辟的"万里茶道"，另外开辟出"汉口—上海—天津—通州—
张家口—恰克图"的"东线"运茶线路。由于优越的地理位置，开埠后的
汉口获得了水陆河海联运的巨大优势，成为中国最大的茶叶集散地，被誉
为"东方茶港"。1861年，俄国人李凡诺夫在汉口建立了第一家砖茶工
厂——顺丰砖茶厂，而后蒲圻羊楼洞的砖茶厂纷纷迁至汉口。随后俄国茶
商进一步改进制茶技术，采用机器压制茶砖取代手工制作砖茶，从而逐步
垄断了汉口的茶叶加工业。俄商贩华茶数量与在华茶行和人数如表3-3所
示。英国茶商也无力与俄商在中国展开竞争，转而到印度和斯里兰卡寻求
发展。俄商自此控制了中俄茶叶贸易，而由晋商开辟的"万里茶道"则逐
渐走向衰落。

表3-3　1868~1913年俄商贩华茶数量与在华茶行和人数

年份	贩华茶数量(担)	占华商输俄茶比重(%)	茶行家数(家)	茶行人数(人)
1868	13251	0.86	—	—
1872	318996	16.40	9	49
1878	336467	17.20	17	55
1887	782857	28.98	11	94

年份	贩华茶数量(担)	占华商输俄茶比重(%)	茶行家数(家)	茶行人数(人)
1894	834166	40.02	12	106
1898	946500	61.50	16	165
1910	974400	62.42	298	49395
1913	907000	62.83	1229	56765

资料来源：张舒（2021）。

3. 旅蒙商和旅俄商

另外，在"万里茶道"沿线的边境地区还存在大量零散的商户从事边境贸易。其中，旅蒙商以行商为主，采取以物易物和信用交易相结合的方式，出售生活日用百货，购入牲畜和皮毛，往往实行不等价交易。旅俄商在恰克图和买卖城市场上完成交易，起初通过以物易物，后逐步转为货币交换，交易商品从绸布转变为茶叶，贸易相对公平。尽管旅蒙商与旅俄商是不同的商人群体，但都深刻影响着"万里茶道"沿线国家和地区的经济社会发展。这些商队里，除了占大多数的晋商，还有一些其他商帮，他们从内地采购丝绸、茶叶、瓷器、棉布、水果、粮食、蜡烛、大黄、生姜、麝香等日常用品带到恰克图，交换回马、牛、羊、皮毛、成衣、生革、皮革、工具、毛毯、天鹅绒、银器、纺织品等货物，也构成了"万里茶道"的运营主体之一。

五 "万里茶道"的线路走向

由于茶源地分布、战争以及政治局势等因素的影响，"万里茶道"线路呈现多起点、多终点、水陆联运等特性，线路具体走向如下。

（一）闽赣茶产区的贩运线路

清康熙至太平天国运动爆发前夕，山西茶商以贩运福建武夷山茶为主，水陆兼程长途运输，即由福建武夷山下梅村进入江西铅山县，走水路沿信江进入鄱阳湖，此后出九江口入长江抵达武汉，转汉水至樊城（襄樊），入唐河，到达河南赊店镇，经洛阳，过黄河，经济源进太行山，入山西泽州府（山西晋城），经潞安府（长治），出太行、太岳两山，到达祁县鲁村整理分装，然后北上。经太原府、忻县、雁门关、大同、阳高、天镇到张家口。

此后，由张家口进入蒙古草原至库伦（乌兰巴托），而后到达中俄边境的通商口岸买卖城与恰克图。茶路在俄罗斯境内继续延伸，从恰克图经乌兰乌德、伊尔库茨克、叶卡捷琳堡、喀山、下诺夫哥罗德、莫斯科、圣彼得堡等几十个城市，又传入欧洲其他国家，使茶叶之路延长到 13000 余公里（其中武夷山至俄罗斯恰克图 5200 余公里；俄罗斯境内 8100 余公里），成为名副其实的"万里茶道"（段志风、李丹丹，2018）。或从大同至杀虎口、归化、乌里雅苏台、科布多抵俄或往中亚。这两条路为"万里茶道"的主线。

（二）"两湖"茶产区的贩运线路

"两湖"茶产区主要是指湖南、湖北接壤的安化、羊楼洞等地。1851～1861 年，由于太平军军事活动的增加，福建、江西等传统茶源地线路受到阻断，晋商被迫将采购地改为湖南安化，此后又转移到湖南临湘羊楼司、聂市，湖北蒲圻羊楼洞一带。其运输线路主要有两条。一条是以安化为集散地，经常德、沙市、襄樊、赊店镇、洛阳、济源，进入山西北上抵达张家口后转运至恰克图；也可以选择走水路，穿越洞庭湖由岳阳入长江，至汉口，转汉水抵樊城，沿河南、山西抵张家口转恰克图。另一条是以湖北羊楼洞，湖南聂市、羊楼司为集散地，经蒲圻赵李桥至新店镇，穿黄盖湖进入长江，至汉口，再入河南北上达张家口，也可以选择经山西杀虎口抵归化，转恰克图。这两条北上路线到湖北襄樊基本上和主线相吻合，只是有一部分茶从湖北襄樊去往西北地区，经老河口，入河南西峡、三门峡，过黄河，经山西、陕西，走丝绸之路古道，销往西北、中亚及俄罗斯。也有部分茶叶到达河南赊店镇以后北上郑州、开封，进山东入运河，抵天津、北京、张家口。也有茶船从汉口顺长江而下经上海海运至天津，再转陆路经恰克图转输西伯利亚。

（三）其他茶产区的贩运线路

除此之外，也有短暂的西线线路，茶路贸易后期晋商深入俄罗斯售茶的线路，俄商深入中国腹地通过海陆、铁路运茶的贩运线路等。

《中俄伊犁塔尔巴哈台通商章程》签订后，又辟西线茶路，即贩安徽建德产朱兰茶，运至河南赊店镇，再运至山西祁县、忻州，至归化走西疆运至乌兰巴托、塔尔巴哈台，再由俄商转贩至第三国。不过此线贸易不足十年，交易额也远不如恰克图。1862~1874 年，经清政府批准华商入俄境进行贸易，晋商深入俄国境内售茶，在赤塔、伊尔库茨克、莫斯科、圣彼得堡等地也形成了短暂的售茶线路。

"万里茶道"后期，俄商深入中国境内购茶线路。1885 年后，俄罗斯远东志愿者舰队开始了在敖德萨（黑海西北岸港湾）—中国广州港—上海港—符拉迪沃斯托克（海参崴）之间的定期航行，并从这些港口采购茶叶和其他货物运回俄罗斯。从 1880 年开始，沿阿穆尔河（黑龙江）和乌苏里江沿岸也出现了俄中边境茶叶贸易，1887 年由此途径运输的茶叶达 20 万普特（1 普特≈16.38 千克）以上。

1901 年，中东铁路已在西部（外贝加尔湖）和东部（乌苏里江地区南部）同西伯利亚大铁路接轨，开始临时通车，并在铁路全线运送货物。1895~1914 年，俄国大部分货物是经过外贝加尔湖和阿穆尔河边境地区，沿铁路或河道（阿穆尔河、乌苏里江）以及经由符拉迪沃斯托克（海参崴）海路输往中国。这一时期，中俄茶叶贸易开始主要经由海路运往俄国，恰克图的旧茶路已彻底失去作用。此外，由于新兴线路的成本优势，俄国开始向新疆和满洲边境地区返销出口中国茶叶，中俄间的茶叶贸易形势出现了逆转。

第三节 "一带一路" 倡议与 "万里茶道" 国际旅游品牌

2013 年 3 月，习近平主席在莫斯科国际关系学院发表演讲，回顾了"万里茶道"的历史和重要作用，并将它与中俄油气管道相提并论，称它们为联通中俄两国的"世纪动脉"。至此，作为一条明清时期传统的跨国贸易线路，"万里茶道"重新引起学界、商界以及政府的关注，并提升到国家战略层面。"一带一路"倡议的提出,进一步赋予了"万里茶道"新的时代内涵和历史使命。在这种背景下,开展"万里茶道"的研究对于促进"万里茶道"对接"一带一路"倡议、共建中蒙俄经济走廊以及推动深度的国际经济文化合作具有重要理论意义和现实价值(刘再起,2019)。

一 "一带一路"倡议的形成过程

"一带一路"(The Belt and Road)倡议是"丝绸之路经济带"和"21世纪海上丝绸之路"的简称,它贯穿亚欧非大陆,不仅是经济与贸易交流的线路,也是中西方之间政治、文化交流的大通道。"一带一路"分为两个部分,即陆地和海上,各分四个历史时期——探索时期、繁荣时期、衰落时期和复兴时期(许颖、马志亮,2020)。

(一)陆上丝绸之路

"丝绸之路"这一名称最早见诸19世纪70年代德国地理学家、地质学家费迪南·冯·李希霍芬出版的《中国亲程旅行记》一书(南宇、李兰军,2009)。丝绸之路是中国古代经由中亚通往南亚、西亚以及欧洲、北非的陆上贸易交往的通道,由于该线路以中国丝绸和丝织品为主要的贸易产品,因此得名(刘勇,2020)。

从考古发现的情况来看,丝绸之路作为东西方贸易和文化交流的大动脉,其形成应不晚于公元前5世纪。在张骞之前,中原经过西北地方与外域的文化通路已初步形成,并发挥着促进文化沟通、文化交流、文化融汇的历史作用。两汉是丝绸之路的关键探索时期。在此阶段,自西向东,欧洲的罗马(大秦)、西亚的帕提亚(安息)、中亚的贵霜、东亚的汉朝等大帝国并立于世,形成了一条自地中海东岸绵延至太平洋西岸的不间断的文明带。穿插其间的是广袤的草原与浩瀚的沙漠,居无定所的游牧民族往来游走,在此之前他们就已经扮演着文化传播媒介的角色。各大帝国都渴求更加直接的交流,需要更加安全稳固的交通线路。

汉武帝建元三年(公元前138年),张骞出使西域,打开了帕米尔高原东西两侧文明交流的孔道,不自觉地开拓了这条影响深远的政治、经贸与文化交流线路。在这一刺激之下,一条由汉帝国首都长安,穿过天山廊道，经过贵霜、帕提亚两大帝国直至罗马的文化交流通道被迅速开通，并逐渐形成路网。自丝绸之路开通，散布欧亚大陆的各大文明不再孤立发展，通过这条文化线路，中国、印度、波斯、阿拉伯、希腊、罗马乃至其后的诸多文明得以在商贸往来的同时，进行文化间的碰撞与对话交流，沿线欧亚各国和族群得以共享文明成果（许颖、马志亮，2020）。

经过数百年的探索，陆上丝绸之路在唐代进入了繁荣时期。强盛的唐王朝控制了西域诸国和中亚的部分地区，并建立起有效的统治秩序，丝绸之路东段随之出现了连通大漠南北和西域各国的通道和线路。唐帝国与突厥及西方的萨珊波斯、大食、东罗马之间进行着空前规模和深度的文化交流，佛教、基督教和伊斯兰教等宗教都经由丝绸之路而获得长距离传播，由此成为影响世界的宗教教派。宗教也因此成为联结欧亚各大文明的纽带，欧亚大陆的文化也逐步向多元化发展。宋代以后，海运日益兴盛，加之西域环境的恶化、中原王朝逐渐衰微、频繁的战乱以及各大文明对峙态势的形成，陆上丝绸之路渐趋式微，至明代中期（16世纪）基本断绝。

（二）海上丝绸之路

与陆上丝绸之路相比，海上丝绸之路的探索与形成时期更早，时间跨度更大。海上丝绸之路的雏形在春秋战国时期便已存在，其正式形成则在秦汉时期，经过魏晋南北朝的发展，至唐代中期以后进入繁荣时期。

海上丝绸之路分为东海航线和南海航线两条线路，以后者为主。唐代始自广州屯门（今香港新界西北部青山湾）的"广州通海夷道"即为海上丝绸之路的早期称谓。该航线穿越南海、马六甲海峡，进入印度洋，再经波斯湾—阿曼湾—亚丁湾最终到达东非海岸，在10世纪之前都是世界上最长的远洋航线。唐代以后，我国东南沿海已经发展成为丝绸、瓷器和茶叶的生产基地，又是造船、航海最发达的地区。商船的运载量远超骆驼且运费低廉，加之当时航海技术的提高，所以巨大的商船很快取代了陆上的驼队，成为欧亚非大陆间贸易往来与文化交流的主要工具。海上丝绸之路正式超越陆上丝绸之路，成为联结亚洲、欧洲、非洲各大文明的主要纽带。

依托繁荣兴盛的海上丝绸之路,大批波斯和阿拉伯商人纷纷前来中国侨居,不少中国人也陆续移居海外经商,欧亚非各文明间的文化交流空前频繁。与东方的变化相适应,唐代的主要贸易对象——大食也在阿拔斯王朝建立后全力发展海上交通,其首都缚达(今伊拉克巴格达)也由陆上丝绸之路西段的交通中心变为海上丝绸之路在西亚的交通中心。于是,以海上丝绸之路为纽带,广州和巴格达这两座当时全球最大的国际贸易港口展开了充分的商贸与文化交流。两座城市都设立了专卖对方国家货物的市场,大批留居两城的对方国家客商也极大地促进了两大帝国的文化交流。沿线的东亚、南亚、波斯湾、阿拉伯半岛、非洲东海岸等地也都被紧密地连在了一起,开展了规模空前的贸易和文化交流活动(许颖、马志亮,2020)。依托海上丝绸之路,中外文化交流在明代初期郑和下西洋时达到了顶峰,这一时期的海上丝绸之路航线已扩展至全球。但此后由于明清两代的海禁政策,海上丝绸之路不可避免地走向了衰落。

"一带一路"倡议的提出使处于衰微状态的陆上丝绸之路和海上丝绸之路迎来了复兴的良机。新的"丝绸之路经济带"和"21世纪海上丝绸之路"突破了历史上的国家界线与文明界限,面向所有国家开放,各国均可通过参与共建,为本国和区域的经济、文化繁荣发展做出贡献。在和平友好、平等互惠的框架下,"一带一路"倡议为促进共建国家的经济社会发展与文明互鉴,推动人类命运共同体的构建提供了重要的平台和发展机遇。

二 "万里茶道"

"万里茶道"起源于清朝康熙时期,是以晋商为主体建立的以运送茶叶为主,兼营皮毛、缎布、盐铁、瓷器等各项日用杂货的贯通欧亚大陆的商贸大通道,是中西方文化交流的通道,也是"草原丝绸之路"的延续。"万里茶道"上的贸易产品不仅局限于茶叶,其所产生的影响也远远不止于经济效应。"万里茶道"的繁荣促进了沿线诸多市镇的商业发展和兴起,如河口、武汉、张家口、归化、多伦、恰克图、库伦等,皆因"万里茶道"而繁荣兴盛。随着商道贸易的活跃,大批内地人纷纷前往蒙古地区各城镇,分别从事运输、招待、建筑、食品、缝纫、手工艺制作等行业,促进了各民族的交往交流交融。

考古人员在呼和浩特市发现了和"万里茶道"有关的民谣和小调。"南方买茶到北边,万里贩茶万里难。武夷山,买茶尖,雇上脚夫把茶担。一离茶山四十里,这才来到崇安县。再装小船转大船,九江到达汉口边。驮马拉到花园口,接着渡过黄河岸。进太行,雇骡脚,前往太谷和祁县。歇歇脚,交货忙,茶砖驼运到口外。"这首民谣讲述了"万里茶道"上的茶商从武夷山买茶,经过九江、汉口、太谷、祁县等地将茶贩运到口外的整个过程,也反映了"万里茶道"从茶源地、集散地到张家口外的线路分布。茶商们从内地办的货物,再向外运输主要靠驼运。他们要穿越茫茫草原、浩瀚戈壁沙漠,夏日头顶烈日,冬日沐风饮雪。沿途还要遇到人畜缺水、土匪抢劫、官府盘剥、野兽袭击等种种意外。《驼倌叹十声》的小调也唱出了驼倌的辛酸和"万里茶道"上的艰辛。其中唱道:"拉骆驼,过阴山,肝肠痛断,走山头,绕圪梁,偏要夜行。拉骆驼,走戈壁,声声悲叹,捉骆驼,上圈子,活要人命。拉骆驼,走沙漠,一步一叹,进三步退两步,烤得眼窝生疼。拉骆驼,步子慢,步步长叹,谁可怜,老驼倌,九死一生。"

在晋商的主导下,"万里茶道"沿线国家和地区的茶农、商户、手工业者、驼倌等不同群体凭借聪明才智和艰苦创业开创了伟大的"万里茶道",促进了沿线国家和地区的经济社会发展,也推动了中西方间的交流。"万里茶道"是文明交流之路,是连接中国江南农业文明、北方草原文明与西方工业文明的重要纽带,是东西方文明交融互鉴的渠道和平台,是世界文明发展史上浓墨重彩的辉煌篇章(倪玉平、崔思朋,2022)。作为一条文化线路,"万里茶道"的意义是多元的。从时间上来说,它展现了"丝绸之路"式微时期中外交流与贸易的丰硕成果;从空间上来说,它作为连接北方陆路与南方水路的重要通道,起到了沟通海陆两条文化线路的重要作用。"万里茶道"展示了茶文化及其交流为世界做出的重大贡献,也填补了从"陆上丝绸之路"及"海上丝绸之路"跨越到"一带一路"的时空空白,是"和平之路""繁荣之路""开放之路""创新之路""文明之路"(刘禹含,2022)。

三　"一带一路"倡议与"万里茶道"

（一）历史渊源

"万里茶道"横跨中蒙俄三国，总长超过 1.3 万公里，见证了明清时期中西方之间以茶作为媒介的文明交流过程，展现了中国的农耕文明、草原文明与西方工业文明之间的碰撞、影响和交融的画面，也体现了"茶"作为世界三大饮料之一的价值与贡献。"万里茶道"与丝绸之路存在着千丝万缕的联系，它是清代中国丝绸之路广阔网络体系中的重要组成部分，是清代北方草原丝绸之路新的发展阶段，也是中国与域外国家及地区之间进行经济文化交流的途径，是欧亚大陆各地区之间文明互输、资源共享的大通道，是陆上丝绸之路淡出与海上丝绸之路受阻后我国对外贸易线路的新探索。国务院发展研究中心李泊溪研究员表示，"万里茶道"是丝绸之路的北亚、中亚、东亚通道相互连接形成的网络，且与海上通道部分城市也有衔接，是丝绸之路的重要组成部分。

在丝绸之路处于式微时期后，"万里茶道"独树一帜，作为国际重要商道在欧亚大陆之间发挥着不可替代的作用。近年来，中蒙俄经贸往来不断迈上新台阶，为沿线地区加快融入"一带一路"建设、共建人类命运共同体提供了历史性机遇。中蒙俄经济走廊的建设和中欧班列的常态化运行都说明"万里茶道"这一商贸"大动脉"并未完全消失，而是以新的形式和载体在我国国际贸易中发挥着独特价值。"万里茶道"作为"一带一路"的重要组成部分，为促进中蒙俄三国之间的商贸往来、人文交往起到了桥梁和纽带作用，对于丰富中蒙俄各族人民的生活、维护地区和平起到了重要作用。在这种背景下，开展"万里茶道"研究，将蒙古国"草原之路"、俄国欧亚经济联盟与我国"一带一路"相结合既是对历史的尊重，也是时代的选择。

（二）"一带一路"倡议对"万里茶道"国际旅游品牌的影响

"一带一路"倡议是我国持续扩大对外开放的重要战略选择，是我国政府拓展国内国外两个市场，深化国家间政治互信往来，推进区域经济合作，构建人类命运共同体的重要顶层设计（张江驰、谢朝武，2020）。

"一带一路"倡议不仅是"万里茶道"国际旅游品牌建设的宏观背景，也为其提供了框架和原则，同时为沿线国家和地区通过旅游发展打破小区域、促进国际化合作提供了大方向。2015年3月，中国政府正式发布《推动共建丝绸之路经济带和21世纪海上丝绸之路的愿景与行动》，明确提出政策沟通、设施联通、贸易畅通、资金融通和民心相通（简称"五通"）是"一带一路"倡议的重要内容，这也为"万里茶道"国际旅游品牌建设提供了框架和支撑（见图3-1），具体表现为以下几个方面。

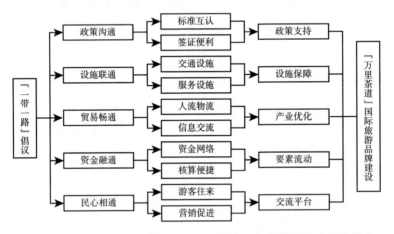

图3-1 "一带一路"倡议对"万里茶道"国际旅游品牌建设的影响

第一，政策沟通是实现"五通"目标的最底层保障，其核心是共建"一带一路"国家形成合作发展新规则与新秩序。政策沟通有助于更有效落实中蒙俄战略合作共识，并为双边、多边政策协调提供开放的多边框架，促进区域旅游合作蓬勃发展。自"一带一路"倡议提出以来，依托庞大的旅游市场基础，中蒙俄从ADS签证、免签政策等方面入手，积极促进国与国之间的政策衔接，为"万里茶道"国际旅游品牌打造提供了政策支持。

第二，设施联通是共建"一带一路"国家合作发展的重要基石，而其中包括铁路、公路和航空等在内的交通设施互联互通则是重中之重。"一带一路"各国间的互联互通有助于推动航空运输市场开放，增强可进入性，促进国际旅游者实现双向流动。"一带一路"建设框架下基础设施联通的不断推进，已经或即将惠及具有旅游禀赋优势的国家。特别是对于中蒙俄三国而言，基础设施联通有助于"万里茶道"沿线国家和地区进一步完善区域旅游产业布局，促进生产要素更加合理有效配置，为推动中蒙俄跨境旅游发展提供了有利条件和设施保障。

第三，贸易畅通有助于在中短期突破中蒙俄贸易发展瓶颈，并在中长期有效改善三国投资环境，从而为中蒙俄经济走廊建设提供持续动力。贸易畅通对商务旅游、会议旅游、奖励旅游等旅游产品具有直接带动作用，同时有助于提升旅游目的地的知名度和影响力，为"万里茶道"跨境旅游发展和产业优化奠定基础。

第四，资金融通有利于推动人民币跨境使用，为共建"一带一路"国家投融资、相关贸易中使用人民币进行结算提供了便利。伴随着人民币国际化的推进和出境旅游人次的持续增长，资金融通对促进中蒙俄之间银联结算，推动支付宝、微信支付等电子支付手段发展具有带动作用，有助于推动"万里茶道"沿线国家和地区的旅游项目建设和旅游消费水平提升。

第五，民心相通是国家政治经济往来的社会根基，也为深化国家间双多边合作奠定了坚实的民意基础（翟崑、王丽娜，2016）。自"一带一路"倡议提出以来，我国与蒙古国、俄罗斯之间开展了内容丰富、形式多样、领域广泛的人文交流与合作，教育、旅游和艺术等多领域的民心相通专项合作规划相继推出，包括旅游年、文化年、智库合作联盟、艺术节等在内的一批极具示范效应的品牌文化活动逐步落地，民心相通取得了显著进展。民心相通为增进中蒙俄人民的相互理解与认知，促进"万里茶道"国际旅游品牌建设提供了多层次、全方位、宽领域的社会文化交流平台。

第四章 "万里茶道"的空间格局与节点市镇

　　"万里茶道"是17世纪至20世纪上半叶由晋商所开辟的以茶叶为主要大宗货物的重要国际商道。"万里茶道"始于福建武夷山茶区,然后途经江西、湖南、湖北、安徽、河南、山西、河北和内蒙古,并向北延伸至蒙古国,此后从恰克图(今特洛伊茨科萨夫斯克)出发,延伸至俄罗斯及欧洲其他国家。"万里茶道"串联起茶叶的生产、集散、外销和消费四大环节,将茶源地、茶叶集散地、节点市镇以及消费地等不同功能的区域连接起来,推动了沿线的各个城市、集镇、村落的形成、发展和人文交流,是推动中蒙俄跨国贸易的"世纪动脉",也是共建人类命运共同体的典型实践。

第一节 "万里茶道"生产路段

　　"万里茶道"的生产路段主要指茶叶的来源地和加工地。由于茶叶资源的分布和战争的影响,生产路段呈现动态和多中心的特点。李志强(1996)指出,恰克图茶叶的供应在不同阶段有所变化。最初阶段,福建武夷山是主要的茶叶供应地,随后转向湖南安化、临湘,湖北崇阳、蒲圻、通城等地。福建武夷山下的下梅村、赤石村、星村,以及湖南安化和湖北的羊楼洞、五峰渔洋关等地都是"万里茶道"主要的茶源地。

一 福建省崇安县（今武夷山市）

在乾隆二十二年至道光二十三年（1757～1843）长达 86 年的时间里，由于广州港口的限制，中国茶叶、丝绸等商品的出口额相对较少。然而，由于海上贸易受阻，陆路贸易得到了巨大的发展机遇。蒙古地区的茶马互市和恰克图的中俄贸易为商人带来了丰厚的利润，促使晋商等商帮踏上万里之路，纷纷驻足武夷山的下梅、星村、赤石等地，建立采购站和茶庄，从事茶叶的加工制作活动。因此，武夷山成为"万里茶道"的发源地（见图 4-1），见证了这 86 年间陆路贸易的兴盛，为中国茶叶贸易的开拓和推广注入了新的活力。根据民国《崇安县新志·物产篇》记载，在清初，茶市主要位于下梅，然而从道光至咸丰年间，下梅逐渐式微，而赤石崛起。这一时期，每天有数百张竹筏运载茶叶，呈供不应求之势。山西的商人运送茶叶、布匹等物品到库伦和恰克图进行互市贸易，一条自武夷山赤石至恰克图的陆地茶叶之路应运而生，促进了交通运输的发展，实现了国际商品

图 4-1 武夷山"万里茶道"起点标志

资料来源：笔者拍摄。

的流通。目前，武夷山仍保留着一系列历史遗迹，如马头岩茶园、佛国岩茶厂遗址、望春茶庄、赤石古街、赤石码头、江西会馆、按察使司题刻、星村天上宫和下梅邹氏家祠等，这些遗迹充分展示了武夷山地区茶叶贸易的繁荣兴盛，也呈现了武夷山作为"万里茶道"起点的辉煌历史。

二 宁红茶区

江西自古以来一直是重要的茶叶产地，其中浮梁、义宁州、武宁和铅山是主要的产茶地区。修水县，又称义宁州，出产的红茶被称为宁州红茶或宁红。宁红茶通常将汉口或九江作为中转站，主要出口目的地为俄国，其次为东南亚。19世纪末，销往俄国的宁红茶占江西省茶叶出口总量的80%。根据《修水县志（1986~2008）》的记载，光绪三十一年（1905），修水县的茶叶种植面积达到43万亩，出口茶叶数量达到30万箱，茶叶产值占农业总产值的51.64%。光绪十七年（1891），修水茶商罗坤化经营的厚生隆茶庄销售了100箱白字号宁红茶，每箱以100两白银的价格售给俄国商人。俄国皇太子尼古拉·亚历山德罗维奇在访华期间向该茶庄赠予了"茶盖中华，价甲天下"的匾额，"宁红太子茶"因此得名。光绪三十二年（1906），汉口的俄国洋行新泰、顺丰和阜昌在义宁州设立了分行，采购了超过17万担的宁红茶和花香茶（其中新泰6万担、顺丰8万担、阜昌3万担）。随后几年的采购量基本保持在这个范围内（吴东生、朱修南，2016）。

三 安徽黄山祁门

清朝晚期，祁门茶商胡元龙等商家敏锐地抓住国际茶叶贸易的变化趋势，顺应欧美等发达国家对红茶的需求增长，积极改制红茶。1883年，胡元龙制作出优质的红茶，在江西九江、湖北汉口等地受到高度赞誉，并被外商抢购一空。1884年，祁门茶区的红茶生产逐渐普及，产量显著增加。在汉口茶市，祁门茶的销售量一度占据头春茶总销售量的1/6左右。因此，祁门茶区成为"万里茶道"后期重要的茶叶供应地之一。祁门红茶最初由英商经营并出口，随后由俄商销往欧洲、非洲等国家，赢得国际茶叶市场的青睐。

在祁红茶的加工制作和运输过程中，产生的碎末被称为"花香"，并加以充分利用。这些花香被用来制作祁红砖茶，该茶在俄罗斯掀起了热烈的抢购浪潮，售价也相对较高。近代祁门红茶贸易的相关遗址遗迹反映了"万里茶道"后期祁门红茶的生产、加工、制作和销售的历史过程。这些遗址遗迹展示了安徽茶商在茶叶贸易中所做出的贡献，凸显了茶道贸易对安徽茶叶产区经济社会发展的带动作用，同时也展示了近代中国在图强自救方面的实业实践（汪琼、郑建新，2022）。

四 湖南安化

在太平天国运动中，长江茶叶运输因中断而受到影响，使得福建茶产地的茶叶无法顺利运输。然而，晋商明智地将主要的茶源地转移到湖南安化等地（见图4-2）。该茶叶产区位于湖南中部，地势起伏，气候温暖湿润，土壤肥沃，为茶树的生长提供了良好的环境。尤其是安化县，其茶叶品质优良且产量丰富，交通便利，非常有利于茶叶向汉口集中供应。茶马互市时期，安化茶以其独特风味和香气广受赞誉。历史记录显示，早在乾隆年间山西曲沃的茶商就前往安化购茶，而道光元年时陕西商人则订购了安化的"百两茶"（王茹芹，2018）。安化茶的优异品质赢得了极高声誉，公开以"安化"品牌进入国际市场，成为备受推崇的茶叶品牌之一。清末时期，安化红茶在俄国市场广受欢迎，尤其是在光绪六年（1880）至光绪十二年（1886），向恰克图出口的红茶数量超过6万箱。至今，安化县洞市村附近仍可见到百年前用石板铺设的茶马古道，江南、唐家观等村镇也保存有一些清代晋商加工茶叶的作坊和存放毛茶的木楼（陈赛赛，2016）。这些历史遗迹生动地展示了安化在"万里茶道"时期的辉煌与贡献。

湖南安化的茶叶运输分水陆两条线路：水路以资江为主航道，安化西部山区的茶叶进入资江后向东行驶，入湘江，穿越八百里洞庭湖，进入浩浩荡荡的长江，而后顺流向汉口驶去，起岸后仍旧是走河南、山西抵张家口转恰克图线路；陆上线路走常德—沙市—襄阳—郑州，入山西北上抵张家口，再转运至恰克图。

图 4-2　安化"万里茶道"起点标志

资料来源：笔者拍摄。

五　湖北蒲圻羊楼洞

赤壁市（古称蒲圻）地处气候温润、土地肥沃的地带，是茶叶生产的适宜地。根据史料记载，早在唐宋时期，蒲圻和羊楼洞就已经开展了与边疆民族地区的茶叶交易（陈真等，2022）。宋元之时，赤壁被定为"榷茶之地"。羊楼洞位于蒲圻西南 26 公里处，地处湘鄂交界之要冲。羊楼洞茶区包括鄂南的蒲圻、崇阳、通城、通山、咸宁、嘉鱼、大冶、阳新，湖南的临湘、平江，以及江西的修水一部分（冯晓光，2022）。这一茶区所产的茶叶统称为"洞茶"，其砖茶上也标有"洞庄"字样。清康熙初年，山陕商人就在此地采办砖茶，销往西北游牧地区。太平军攻占南京后，作为恰克图市场主要茶源的闽北频遭战火，导致茶叶产量大幅下降，收购价格飞涨。与此同时，清政府为了镇压太平军实行"厘金"制度，使得从武夷山远程运输茶叶的成本大幅增加。晋商审时度势，决定开辟两湖地区作为新的茶叶基地,以充分利用其优越的区位和茶叶资源。这一举措,是近代茶叶史上一次影响深远的大变迁。这就使得两湖地带有了大规模的茶园栽培,也迅速推广了红茶、绿茶和砖茶的加工工艺。羊楼洞周边三省十多个茶镇,构成了明清时期全国最大的农村商贸特区和国内外著名的茶叶贸易集散与制造中心(见图4-3)。

图4-3 羊楼洞"万里茶道"源头标志

资料来源:笔者拍摄。

随着中俄茶叶贸易的蓬勃发展,1863年,俄国顺丰洋行在鄂南茶产区羊楼洞建成了中国首座近代制茶厂(陈文华,2016),并生产出世界上第一块机制青砖茶。随后,新泰和阜昌这两个洋行也相继设立茶叶制造厂,逐步实现了由手工业作坊向近代茶叶机械化生产工业的转变。随后,英国、日本、德国商人纷至沓来,包茶的生产方式促进了行业内的专业分工与生产,开启了鄂南地区茶工业化的进程,也使赤壁成为湖北茶叶生产和加工中心,繁华的羊楼洞茶区成为茶叶贸易集散的商业重镇。19世纪七八十年代,羊楼洞茶叶产销达到高峰。当时,全国制茶厂有三四百家,而羊楼洞一带就有七八十家,约占全国的1/4。羊楼洞名噪亚欧,每年出口欧洲和亚洲各国的砖茶和红茶超过3万吨,价值超过1500万两白银。光绪初年,羊楼洞人口曾近4万人,有5条主要街道,200余家商号、票号和商旅店铺,被誉为"小汉口"。在其繁盛期,羊楼洞上缴的税收占湖北省的一半,还是湖北最早开通电报业务的地区之一，建有自己的发电站。茶商们为地方教育捐助资金，实行区域自治。如今，羊楼洞镇的庙前街、观音街依旧保留着明清时期的石板街风貌，清代和民国时期的老商铺和古宅院依然存在。

六　宜红茶区

宜红茶自 19 世纪中叶问世以来已有百余年的历史。在清道光年间，广东茶商钧大福等人在五峰渔洋关传授红茶采摘和制作技术，并设立茶庄收购精制红茶（袁北星，2010），随后将茶叶运往汉口转运出口（李军，2012）。由于该茶区茶叶品质优良、产量较多，宜红茶迅速赢得了国际声誉。宜红茶区主要包括湖北西部的宜昌、宜都、长阳、五峰、鹤峰，以及湖南湘西的石门县等地，其中宜昌是其核心集中地。宜红古茶道是一条重要的贸易与文化线路，连接着武陵山区东北缘的五峰、鹤峰和石门三县，是"万里茶道"湖北段的重要组成部分。宜红古茶道见证了宜红茶区的繁荣发展和茶叶贸易的繁盛。沿着古茶道，茶叶运输和文化交流得以促进，宜红茶的声誉和影响力不断扩大。这条茶道承载着历史的记忆和人们的希冀，至今仍然保留着一系列茶叶贸易的遗址和文化遗迹，彰显了宜红茶区作为"万里茶道"重要节点的地位和贡献。

第二节　"万里茶道"集散路段

"万里茶道"集散路段是指"万里茶道"茶叶贸易的运输、集散、周转、仓储等路段，主要包括铅山、九江、汉口、襄阳、赊店、洛阳、泽州、祁县、大同、朔州、呼和浩特、张家口、锡林郭勒等地（见表 4-1）。

一　江西省铅山县河口镇

河口镇古称沙湾市，因地处信江与铅山河的合流之处，故名河口。河口有街巷数十条，有"九弄十三街"之称。河口有得天独厚条件的航运港口，它连接闽、浙、赣、皖、湘、鄂、苏、粤八省，是江南诸省的水运中心之一，故明清时期又有"八省码头"之称，被誉为"'万里茶道'第一镇"。

表 4-1 "万里茶道"中国段沿线节点城市及特征

沿线省份	节点	定位及特征
福建	武夷山(下梅)	"万里茶道"初期起点
江西	铅山(河口镇)	"万里茶道"的水路起点,河口镇被称为"'万里茶道'第一镇",由此装船直入长江,贩运到北方
	九江	知名的茶市之一,重要节点与中转站
湖南	临湘	千年茶镇——聂市、长江航标——临湘塔、湘鄂茶源
	益阳(安化)	黑茶之乡、"万里茶道"起点之一
湖北	赤壁(羊楼洞)	"万里茶道"后期茶叶来源地
	赵李桥	重要的中转中心
	汉口	19世纪中叶,俄国茶商在汉口成立了多家洋行和砖茶厂,汉口成为"万里茶道"枢纽、"东方茶港"
	襄阳	"万里茶道"上重要水陆联运节点,晋商茶船在襄阳码头卸货,再通过陆路转运
	五峰	重要途经地
河南	冢头镇	万里茶路行商打尖歇脚之地,冢头镇会馆成为"万里茶道"东路的地标
	洛阳	重要途经地
	社旗(赊店镇)	水陆中转站
河北	张家口	"北方茶港"、茶道东口、张库大道起点
山西	晋中	祁县、榆次等地是茶商云集地、战略发端地和茶道必经地,祁县茶帮是"万里茶道"的开拓者和主力军之一
	大同	北出山西的交通要道、茶道集散地、途经地
	朔州	杀虎口是"万里茶道"山西段的西北端口和交通枢纽

资料来源:笔者整理。

鼎盛时期的河口镇有茶庄 300 余家,茶叶是河口集散的最主要商品。各地茶商云集于此,到处都是大客栈、茶行和仓库。这些茶行又大多临江而建,以便装船发运。繁盛时江面上每日停泊货船 2000 多艘,货物日吞吐量达数十万斤之多。装满茶叶的船只进入信江水路,顺流出黄沙港,西经弋阳、贵溪,至鹰潭折向西北,过黄金埠,从余干县瑞洪镇驶入烟波浩渺的鄱阳湖,后北驶 120 公里,出湖口。孔柠檬(2016)指出,铅山县河口镇在明清时期是"万里茶道"和海上茶路的重要枢纽,扮演着茶叶集散地和加工地的重要角色。陈赛赛(2016)也认为,河口镇是"万里茶道"茶源地附近规模较大的集散地和水陆转运中心。第一次鸦片战争后，海禁解除，实行五口通商，减弱了"万里茶道"对河口镇的依赖。此后，太平天国运动兴起，进一步加剧了这条商路的衰败，大量茶叶贸易转为海运，不经铅山，从此河口镇逐步走向衰落。

二　江西九江

九江位于赣、闽、皖三省茶叶产区的交会处，是长江中下游重要的茶叶集散地，与汉口、福州并称为中国三大茶市。茶商在这里收购质量上乘的安徽和江西产的红茶、绿茶、砖茶和茶末，并办理"茶引"（经销许可证），接受批验，缴纳茶税。19世纪中叶，俄罗斯商人到此设厂制茶。光绪八年（1882），九江的茶商增至344家。茶船从九江出发，纤夫们勇往直前，在江流中逆流而上。无论是夏季的涨水还是冬季的严寒，纤夫们肩负纤绳，艰苦地前行。茶船沿西北方向航行180公里，历时6天，最终抵达汉口。19世纪90年代，九江茶叶贸易达到了繁荣时期，成为仅次于汉口的第二大茶叶中心。然而，由于对俄商的依赖较强，九江茶市存在较强的不稳定性。随着俄商贸易线路的调整，九江茶市也走向衰落。

三　汉口

武汉号称"九省通衢"，是控扼中国东西南北的要冲，汉口为当时"天下四大名镇"之一，被称为"四方之孔道、九州之腹心"。汉口开埠之后，因其位于中国产茶区的中心，迅速取代了广州，成为中国最大的茶港。

1. 茶叶的转运、集散中心和国际贸易港口

汉口是湖南安化、湖北羊楼洞、安徽祁门、江西宁州等茶叶产地的转运中心，是长江中下游茶叶汇集并重新分配的集散中心。汉口作为"东方茶港"和转运码头，扮演了茶叶的集散地角色。大量茶叶聚集于汉口，并向北运往蒙古地区、俄国和欧洲其他国家。在晚清时期，茶叶主要通过海路和陆路输送至俄国。海路运输方面，茶叶从汉口港出发，经由长江和海洋航线运往上海或其他东海沿岸的港口，然后转运至俄国的港口，再通过陆路运往西伯利亚的恰克图；陆路运输方面，茶叶可以从汉口出发，沿着

陆路向北穿过中国境内的山西、内蒙古等地，然后进入俄国的边境城市进行分销。随着京汉铁路的开通，大量汉口茶叶经过京汉线运往华北，并通过骆驼运输至蒙古和西伯利亚地区。俄国茶商特别看重汉口的茶市，他们将汉口周边的茶叶汇集于此，再送至俄国并分销，以获得巨大利润。17世纪末到18世纪初，汉口成为中国茶叶的主要出口港口之一，并成为茶叶的区域集散中心，这一地位保持至20世纪初。1917年，俄国十月革命以后，中俄之间交通中断。此后，受茶叶出口政策调整和国际市场变化等因素的影响，茶叶贸易重心逐渐转移。

2. 区域性的金融中心

随着茶叶贸易的繁荣，汉口不仅成为晋商转运茶叶的中心，也崛起为茶叶贸易发展的金融中心。汉口的17家票号中，山西票号占据了16家，以经营茶叶为主。茶商们纷纷聚集于汉口，利用票号进行汇兑业务，重新分类、分级和整理茶叶，并进行运输。此外，西方国家纷纷来此设立银行，参与茶叶贸易和金融交易。这些外国银行主要有横滨正金银行分行、汇丰银行（香港上海银行）分行、华俄道胜银行（俄清银行）分行、德华银行（德清银行）分行、麦加利银行（渣打银行）分行、中国通商银行分行等，其中华俄道胜银行（俄清银行）分行主要办理俄国人茶叶等业务。

四　湖北襄阳

襄阳东通随（州）枣（阳）走廊，南接江汉平原，西连汉水丹江谷地，素有"南船北马、七省通衢"之称，"商贾连檐，列肆殷盛，客至如林"。襄阳分布着3座城镇：汉水南岸的襄阳（今襄城区）、汉水北岸的樊城及汉水东岸的老河口。根据相关史料考证，历史上的"万里茶道"从汉口到襄阳的路段主要依赖水路交通。到达襄阳后，茶商有两种选择：一是逆唐白河上行，抵达河南的赊店（现为社旗），或者直接从樊城上岸，选择陆路北上的线路；二是经由襄阳港，到达上游的老河口，然后上岸前往洛阳（刘杰等，2019）。这些线路选择为茶叶贸易提供了多样性和灵活性。但无论哪条线路，襄阳都是"万里茶道"上重要的水陆联运节点，发挥着转运中心的作用。俄国商人从汉口经襄阳运销至蒙古和西伯利亚地区的茶叶量巨大。

据《通商华洋贸易总册十年报告（1892～1901）》记载，1871～1894 年，俄商经襄阳转运的茶叶占总量的 15.9%，最高年份占 64.7%。俄商利用襄阳港转运茶叶数十年，大批茶叶在襄阳换装，运茶后南归的车辆和骡马载回北方物产，又成为南来茶船的回程货源（黄芙蓉，2016）。

五 河南赊店镇

赊店镇因光武帝刘秀在此起兵，得名"赊旗店"。它与佛山镇、景德镇和朱仙镇并称为全国四大商业重镇（赵越，2021），是中俄"万里茶道"的重要节点，也是中国历史文化名镇之一。1965 年，由周恩来总理改名为"社旗"，寓意为"社会主义旗帜"。作为一个重要的转运中心，赊店连接了湖南、湖北、江西、福建、安徽、河南、河北、山西、陕西等 9 个省份，南北方运输均需在此地卸货转运，有"拉不完的赊旗店，填不满的北舞渡"之说。作为南北方交通的要冲之地，赊店也是晋商对俄茶叶贸易的关键通道。茶叶经由船运至赊店后，通过马匹运送北上，直至恰克图与俄蒙商人进行贸易。赊店古镇至今保存有南来货物的码头遗址、北往马匹和骡马店的旧址等明清古建筑，其商业文化的历史积淀以及浓香的赊店老酒，都为复兴"万里茶道"提供了基础。

六 洛阳

洛阳南临黄河，北靠伊洛平原。它地处华北腹地，是连接华北和华南、西北与东北地区的交通枢纽。早期来洛阳从事商业活动的主要是来自山西的人士，他们将本地的农具、炊具、丝绸、党参、黄芪等物品运销至洛阳，并购买洛阳大量的土特产带回山西（李峥、刘晓航，2021）。清朝中期后，来自晋中地区的商人开辟了通往江南的茶叶贸易线路，洛阳成为茶叶从南方产地运往北方和边境贸易城市的中转站。从洛阳出发北上的茶商通常经过黄河上的孟津渡口，抵达黄河北岸后进入太行山区，然后继续向山西方向前行。

七 山西泽州

泽州位于山西省东南部的太行山脚下，地理位置优越，被誉为山西东南的屏翰之地。它不仅是太行山险关的要冲,也是行商孔道的交汇之地。在"万里茶道"上,从赊旗镇出发的驼队和货物要穿过黄河,抵达太行山脚下。然而,面对陡峭南行的太行山径,运茶队伍不得不停下来重新整理货物。随后,由擅长穿越山道的太行驴和骡队引领,艰难地穿越狭窄崎岖的太行山脉,进入晋中谷地。至今,这条古道上依然可以看到数百公里长的石铺坂道。坂道上仍留存着当年牲口踩踏的蹄印和脚窝,这些痕迹无声地诉说着当年"万里茶道"的艰辛历程。沿途的许多村庄保留着当年车马大店和文化遗迹,无声地见证着"万里茶道"曾经的繁荣。

八 祁县

祁县位于山西省晋中盆地中部,古称"昭馀",自古以来一直是"鄂豫晋蒙"的要冲之地。作为茶商的故乡,众多茶叶商帮的老家位于祁县及其周边的太谷、平遥和榆次等地。因此,晋中地区也是"万里茶道"上物流、金融、信息、人才和决策的中心,掌握着繁忙的茶叶物流和相关产业。据《晋中地区志》记载,康熙三十八年(1699),太谷、祁县和榆次开始出现以骆驼和车辆作为运输工具的"驼帮"和"车帮"。前往蒙古地区和俄罗斯的商队中,驼队和牛马数量庞大,最多时可达数万头。驼队经常以数房相随,长度达数里,难以望其首尾,行进于广袤的大漠之中。

清代期间,祁县成为40多家茶庄的总部所在地,目前仍有31家茶庄的遗址保存完好。长裕川茶庄是其中的代表,留存着《行商遗要》《行商纪略》等珍贵的文献和实物。作为国家历史文化名城,祁县古城依然保持并延续了明清时期老街的风貌。街区中的70余家店铺涵盖了清代商业鼎盛时期的茶庄、票号、当铺、粮行、木器行、货栈、旅店、麻布行、颜料行、糕点铺、绸缎庄、杂货店等多个行业的店面。这些店铺多为前店后坊式的四合院或多进院,屋顶常采用双坡硬山顶或卷棚顶,院门则多为精美雕饰的挑角门楼。这些建筑保留着明清时期的传统风格,展示着祁县的历史文化底蕴。祁县古城现存的茶庄、票号、货栈、驿道、民居、寺庙等遗址用独特的方式记录并讲述着当年"万里茶道"的兴衰历程。

九　忻州

　　忻州地处山西中北部，北临长城与大同、朔州为邻，西隔黄河与陕西、内蒙古相望，东依太行与河北接壤，南接石岭关与太原、阳泉、吕梁毗邻。忻州是连接冀、陕、蒙的交通枢纽，也是"万里茶道"山西段重要的商贸集散地（李函林，2020）。从古至今，忻州商人都是晋商中不可忽视的一部分，他们被称为"口外商人""雁行商"。张家口、归化、包头、库伦、多伦、海拉尔等处都有忻州商人的身影，其中，包头城更是随处可见忻州代县人。当时，代县人以拉骆驼谋生，后又以骆驼队载运茶叶、绸缎、布匹等货物，与牧民进行以物易物，交换皮毛、耕地、牲口等，再进而转销。在张家口张库大道上的旅蒙商人里，晋中商人占据多数，忻代商人紧跟其后，并形成了影响力较大的地域性商帮。

十　大同

　　大同位于太行山脉南麓，地势东北高而西南低，是山西省中部通往北方边境的重要门户和茶马互市的重要集散地之一，也是"万里茶道"山西段重要的经停地和中转站。早在元朝时期，经过大同通往蒙古草原的商道获得了进一步开拓。明朝时期，大同已成为中原地区与北方游牧民族的物资交流中心。牧民以马、牛、羊和皮货换取布匹、绸缎、铜器和茶叶。随着"万里茶道"的兴起，大同依托独特的区位条件、社会环境和产业结构，成为"万里茶道"上多种货物贸易的商品集散地，并带动了城市的经济社会发展。

十一　杀虎口

　　杀虎口，亦称杀虎堡或西口，位于山西省朔州市右玉县。作为连接北方和中原地区的交通要冲，杀虎口是汉族和游牧民族交往交流交融的重要节点。清代中叶，清政府开放了蒙古草原地区，这导致许多缺乏耕地的山西农民离开家乡，选择从西口进入草原谋求生计，著名的"走西口"就是此时形成的人口迁徙活动。杀虎口是清代山西唯一的常税关口，"为内地边城总汇，自南出口自北进口，一切货物俱有应征税课"，又是连接草原游牧民族和中原农耕民族的边塞贸易之地，是蒙汉互通有无的重要市场。

在"万里茶道"兴起后，晋商通过车辆、骆驼和牛马等交通工具装载茶箱，经过杀虎口将茶叶运往蒙古草原和俄国。他们首先到达归化城（今呼和浩特），然后分成两路行进：一路沿着蒙古草原向北进入蒙古地区，继续向北穿越辽阔的草原和高原地带，到达蒙古国境内，进一步向北穿越广袤的草原，经过乌兰巴托等地，继续向北延伸抵达恰克图；另一路向西北穿越乌兰布和、巴丹吉林沙漠，经过居延海进入河西走廊，出玉门关后前往乌里雅苏台、科布多等地。军事关隘、驿站、商道、移民文化等多元文化的共生、激荡和交融，使杀虎口成为"万里茶道"上独特的节点。

十二　河北张家口

张家口位于华北平原和塞外草原的衔接处，是蒙汉贸易的东路要口，也是重要的茶叶出口基地和皮毛集散地，素有"旱码头""塞上商埠"之称（祁杭，2016）。张家口是张库大道的起点，来自山西、陕西等地的茶叶依靠驼队和牛车运到此处，并在这里进行分类、加工和再分销。从张家口到恰克图的路程为4300余里，经过戈壁沙漠和蒙古高原，气候恶劣，人烟稀少，是"万里茶道"中环境较为艰难的路段。到达恰克图后，主要与俄商进行皮毛交换，形成了"彼以皮来，我以茶往"的贸易模式（庄国土，2001）。

第三节　"万里茶道"外销路段

"万里茶道"的外销路段主要指"万里茶道"中茶叶的消费路段，包括归化、多伦、二连浩特，蒙古国境内的库伦、买卖城，以及俄罗斯境内的乌兰乌德、伊尔库茨克、新西伯利亚、秋明、叶卡捷琳堡、下诺夫哥罗德、莫斯科和圣彼得堡等地。

一　中国境内节点城市

中国境内节点城市包括归化、多伦和二连浩特（见表4-2）。

表 4-2　　"万里茶道"中国段（外销路段）节点城市及特征

沿线省区	节点	定位及特征
内蒙古	归化	今呼和浩特，茶道西口，"西路驼城""万里茶道"的重要途经地、中转地和集散地
	多伦	滦河上游主要的水源涵养地，是从内地进入蒙古草原的必经之地，在历史上一直是汉地农耕文明与北方游牧文明融合的最前沿地带
	二连浩特	张库大道中点，"万里茶道"中国境内的最后一站

资料来源：笔者根据相关资料整理获得。

（一）归化城

归化城，即今呼和浩特市旧城，是清代草原地区最重要的商业城市之一，是漠北、漠西、新疆地区与中原贸易的重要转运枢纽。归化城内的商业构成以票号、物流、皮毛加工、餐饮住宿等业态为主（许檀，2010），是北方地区的重要互市之所。据冯君（2007）的观点，清代归化城不仅在军事上具有重要地位，还是连接蒙古草原与内地、汉族与蒙古族等少数民族商业活动的中心。明末清初时期，归化城已经形成了特定的商业街区，如南茶坊、石羊桥等，商贸发展使其成为草原地区的商业中心和"万里茶道"上的重要集散地。茶叶、布匹和杂货是主要的输出商品，牲畜、皮毛和粮食是主要的输入商品。光绪初年，归化城每年的茶叶输出量为 10 余万箱，其中尤以砖茶居多。

在归化城的商业系统中，行商和坐贾相互合作。行商将自己的货物交给当地的坐贾进行分销，然后再继续前往下一个目的地。坐贾可以选择在当地销售，或进行包装、加工后再分销到全国各地的商号。在归化城中，著名的商号大盛魁兼具总经销商和货物来源的角色，在"万里茶道"的发展过程中发挥了重要作用。呼和浩特现存的大召、元盛德掌柜旧居、清真大寺等遗址遗迹都是"万里茶道"重要的实物遗存。

（二）多伦

多伦来源于蒙古语"多伦诺尔"，汉语意为"七个湖泊"，位于内蒙古锡林郭勒盟南部、冀蒙两省交界处。历史上，多伦是汉地农耕文明与北方游牧文明融合的最前沿地带。随着"万里茶道"的开通，多伦成为中俄两国之间贸易的重要集散地,连接了中国和俄罗斯的商贸网络。多伦的商人以晋商为主,他们在这个商业交汇点上进行商品交易、物资流通和贸易活动,为当地经济发展和社会繁荣做出了重要贡献。康熙时期,多伦成为草原地区最大的商业城市之一。据记载,19世纪中叶,多伦的人口超过18万人,商号超过4000家。如今,多伦的寺庙、商业建筑等景观依然保留着草原商业城市的痕迹,展示了其独特的文化特色(刘春子,2020)。

(三)二连浩特

二连浩特系蒙古语,意为"色彩斑斓的城市",历史上也有"玉龙"和"伊林"之称(张晓红,2022)。早在元朝时期,此地设"玉龙栈",成为元朝与漠北乃至欧洲之间的重要驿站和关键节点。清朝时期,改"玉龙栈"为伊林驿站,为往来库伦和俄罗斯的信使提供服务,此后逐渐成为张库大道上的重要驿站。伊林驿站是"万里茶道"贸易繁荣时期的中转站,每年有大量的商队经过,将中国的货物,尤其是茶叶运往俄国。然而,随着时间的推移和西伯利亚大铁路的建设,"万里茶道"一度走向衰微,伊林驿站也逐渐消失在历史长河中(阿荣,2020)。

二 蒙古国境内节点城市

"万里茶道"蒙古国段境内的节点城市主要有库伦和买卖城(见表4-3),具体情况如下。

表4-3 "万里茶道"蒙古国段沿线节点城市及特征

沿线国家	节点	定位及特征
蒙古国	库伦	今称乌兰巴托,张库大道的终点
	买卖城	今称阿勒坦布拉格,原来设在中国境内的中俄贸易城市

资料来源:笔者根据相关资料整理获得。

(一)库伦

库伦,又名大呼勒(伊克浩特),位于色楞格河和图林河的交汇处(李晓标，2016）、蒙古高原的中心地带。库伦地处亚洲大陆内陆，与俄罗斯接壤，接近蒙古国与中国边界，现为蒙古国首都乌兰巴托。康熙五十九年（1720），清政府批准中俄商人在库伦进行互市贸易，推动了该地的繁荣发展，使之成为仅次于归化的蒙古茶叶交易中心（余意，2020）。"万里茶道"的发展吸引了众多僧侣聚集，并兴建寺庙，逐渐形成了草原上最早的人口聚集区，并成为西方传教士、探险家和旅行者等群体活动频繁的地区。城内的博格达山是"万里茶道"的中间点，图拉河畔曾是长途骆驼商队的休整地。

库伦是晋商经营茶叶、金融、皮毛等行业的重要地点，分为西库伦、二里半滩和东营子三个建筑群落。西库伦是蒙古人居住的地区，又称蒙古街。东营子则是汉人商号集中的地区，也被称为中国街，主要经营茶叶。清末民初时期，东营子曾有260余家晋商从事经营活动。二里半滩位于中间，是俄商聚居地。晋商与蒙古人进行交易时，常按习俗将手伸进买主的袍子中比画价钱，交易通常以砖茶为实物货币。库伦距离中俄边境贸易城市恰克图约300公里。当时从事中俄贸易的商人会先将茶叶等货物存放在库伦，根据中俄需求将大批货物运往买卖城，以免影响中国商品市场行情和商人的谈判能力。

（二）买卖城

1727年，中俄双方签订了《恰克图条约》，确定了双方的土地边界，同时指定了恰克图为双方贸易市场。中国境内市圈称"南恰克图"，晋商俗称为"买卖城"，俄境内市圈称"北恰克图"，此名称一直沿袭至1920年，此后外蒙古从中国分离出去。两市圈均取材于周边丰茂的林木，是以木质材料建成的两座木城。二者毗连，仅以一木栅栏相隔，交易时"万货云屯，俨然一都会也"。从西方旅行者的观察来看，买卖城是一个以中俄贸易为核心的城市，主要交易商品是茶叶，并包括各种其他商品。买卖城的城市布局、店铺分布以及人们之间的交往都围绕贸易展开。买卖城的商业规模和利润非常可观，不仅满足了俄罗斯商人的需求，还为喀尔喀地区的蒙古王公贵族和普通牧民的日常生活提供了必需品（李晓标、解程姬，2017）。

买卖城（南恰克图）由山西商人所建，设有城墙、城门和塔楼，城内为中式商铺，建有中街牌坊、关帝庙等，气势雄伟。城内有长度不足 0.5 公里的南北向街道 3 条（分别称东巷子、中巷子、西巷子），另有东西向横街 1 条。买卖城繁盛时有 140 余家字号，均来自张家口或归化城的山西商号。

三 俄罗斯境内节点城市

"万里茶道"进入俄罗斯后，经恰克图、乌兰乌德、伊尔库茨克、图伦、克拉斯诺亚尔斯克、新西伯利亚、鄂木斯克、秋明、叶卡捷琳堡、昆古尔、喀山、下诺夫哥罗德等地，最终到达莫斯科和圣彼得堡（见表 4-4）。沿线主要节点城市如下。

表 4-4 "万里茶道"俄罗斯段沿线节点城市及特征

沿线国家	节点	定位及特征
俄罗斯	恰克图	俄语意为"有茶的地方"，当时中俄最大的边境口岸
	乌兰乌德	俄罗斯联邦布里亚特共和国首府，陆路与海路茶道交汇地
	伊尔库茨克	茶叶贸易的集散地和远东茶路的核心，茶叶在此进行定等、分装和交易
	符拉迪沃斯托克（海参崴）	西伯利亚大铁路终点，茶叶从内陆运往国际市场的重要出海口
	克拉斯诺亚尔斯克	万里茶道上重要的中转站
	尼布楚（涅尔琴斯克）	中国和西伯利亚贸易的重要通道
	托木斯克	茶叶的一个存储地
	新西伯利亚	西伯利亚的中心，因西伯利亚大铁路的建设而崛起
	叶卡捷琳堡	亚洲茶产地运往俄罗斯内陆和欧洲的重要转运中心
	喀山	中国茶叶进入俄罗斯欧洲部分的重要门户，是连接东西方贸易的重要节点
	莫斯科	俄罗斯茶叶贸易中心
	圣彼得堡	茶叶消费中心，向欧洲扩散的窗口

资料来源：笔者根据相关资料整理获得。

（一）恰克图

恰克图位于色楞格河东岸，清代属于漠北土谢图汗中左翼末旗，距大库伦（大圜圖，今蒙古国乌兰巴托）800 里，是清代中俄边境上的重要城镇，被称为"沙漠中的威尼斯"。恰克图南通买卖城和库伦，北达上乌丁斯克（今俄罗斯乌兰乌德），不仅是国家间边界交会地点，也是"万里茶道"俄罗斯段的开始和重要节点。

1727年10月，中俄政府在恰克图地区签署了《恰克图条约》，次年正式完成文书交换。该条约规定以恰克图等地为中俄边境线，清政府准许俄国商人进行贸易活动。随后的约150年间，恰克图在中俄贸易中扮演着关键角色，并几乎成为中俄边境贸易的中心。恰克图向中国出口呢子、布匹、皮毛和皮革等商品，而从中国进口的主要有茶叶、丝绸、棉布和陶瓷制品，当时的贸易结构可以简单概括为"彼以皮来，我以茶往"。

随着轻工业的快速发展，俄国对中国棉布和丝绸的需求逐渐减少，而对茶叶的需求量却日益增加（见表4-5）。从1792年开始，茶叶成为中国向俄罗斯出口的主要商品，占货物出口总值的22%。到1802年，这一比例已增至40%。此后，茶叶的比重不断上升。1820年，西伯利亚总督波兰斯基下令在恰克图互市中增加茶叶采购量。他对俄罗斯商人表示："俄国需要中国丝织品时代已经结束了，棉花也差不多结束，剩下的是茶叶、茶叶，还是茶叶。"至1850年，茶叶出口至俄罗斯的金额达到579.8万卢布，占出口货值的95.7%。其中，白毛茶占79.9%，砖茶占15.8%（庄国土，2001）。卡尔·马克思在1857年的《俄国对华贸易》一书中提及："恰克图卖给俄国人的茶叶，平均每年不超过4万箱，但到1852年却达到了17.5万箱，买卖货物的总价值达到1500万美元……由于这种贸易的增长，位于俄国境内的恰克图就由一个普通的集市发展成为一个相当大的城市了。"（李颖等，2020）

表4-5　1798~1839年中国茶叶输俄数量

单位：担

年份	数量	年份	数量
1798	12729	1811~1820（年均）	25985
1799	14178	1821~1830（年均）	38701
1800	18931	1839	54486
1802~1810（年均）	20383		

资料来源：庄国土（2001）。

　　鸦片战争后,福州成为中国茶叶的加工和出口中心。俄罗斯商人改变了茶叶运输线路,前往福州购买和加工茶叶。武夷山产的茶叶原由山西商人贩卖和加工,经过闽北、江西和湖北运往俄罗斯。然而,现在茶叶通过福州加工后,经海路运至天津,再通过陆路抵达恰克图。福州至天津的海路运输耗时短,且成本低廉,导致山西商人失去了竞争优势。随着符拉迪沃斯托克(海参崴)港口的开放,俄罗斯商人开始在上海、汉口和福州等口岸购买和加工茶叶,并增加了海路运输的比重。这导致山西商人在茶区贩卖茶叶的盛况逐渐减退,恰克图的贸易也受到了直接影响。1868 年,恭亲王奕訢指出恰克图贸易衰退的原因是俄罗斯商人直接在中国内地购买茶叶并运回俄罗斯,同时交通不便也导致货物稀缺。汉口等地的战乱和商人资本减少,进一步削弱恰克图的贸易地位。1905 年,西伯利亚大铁路通车后,晋商无力与俄罗斯商人竞争,茶叶通过西伯利亚大铁路运输增加,而恰克图的茶叶贸易减少。因此,1851~1890 年,恰克图的贸易额大约下降了75%(见表 4-6)(高春平,2010)。

表 4-6　1851~1890 年晋商从恰克图运入俄国的茶叶贸易额

单位:卢布

年份	年平均贸易额	年份	年平均贸易额
1851~1855	9272000	1871~1875	3984000
1856~1860	8306000	1876~1880	2487000
1861~1865	5585000	1881~1885	2126000
1866~1870	4635000	1886~1890	2186000

　　资料来源:高春平(2010)。

(二)伊尔库茨克

　　伊尔库茨克位于贝加尔湖南端,靠近贝加尔湖,坐落于安加拉河和伊尔库茨克河的交汇处,与蒙古国接壤。伊尔库茨克建城于 1661 年,已有逾300 年的发展历程,于 1764 年成为东西伯利亚的首府。19 世纪,伊尔库茨克是众多恰克图商人的总部所在地,同时也是俄国西部与中国之间的主要货物中转站。当时城市人口达到 23000 人,并吸引了超过 4000 名淘金者冬季在此过冬。在"万里茶道"的繁荣时期，伊尔库茨克成为茶叶贸易的集散地和远东茶路的核心，茶叶在此进行定等、分装和交易，然后运往西伯利亚各地以及欧洲其他国家。伊尔库茨克现存凯旋门（茶叶之门）、伊尔库茨克茶博物馆、伊尔库茨克乌利茨基街（茶叶街）等"万里茶道"的相关遗址遗迹。

（三）乌兰乌德

乌兰乌德，曾称上乌金斯克，始建于 1666 年，是俄罗斯联邦布里亚特共和国的首府，也是东西伯利亚地区的第三大城市，同时也是该共和国的政治、经济和文化中心。乌兰乌德位于后贝加尔色楞格河谷地，是西伯利亚大铁路和俄蒙铁路的交会处，距离贝加尔湖约 75 公里，距离莫斯科约 5532 公里。在沙俄时代，乌兰乌德是运茶商队前往伊尔库茨克的必经之地。正是由于茶叶之路的开辟和繁荣，这座城市得以迅速发展。

乌兰乌德现存有欢迎之门、苏维埃广场、列宁大街茶商老宅、原乌兰乌德茶叶市场步行街、圣欧吉特利大教堂（茶商捐建）、茶商博物馆、乌兰乌德历史博物馆、布里亚特博物馆、西津村、乌兰乌德至伊尔库茨克的历史古茶道、巴布什金码头区、巴布什金博物馆、圣三一教堂等与"万里茶道"相关的遗址遗迹。

（四）克拉斯诺亚尔斯克

克拉斯诺亚尔斯克位于叶尼塞河和西伯利亚大铁路的交会点，是俄罗斯克拉斯诺亚尔斯克边疆区的首府，坐落于欧亚大陆中心地带，属于俄罗斯东西伯利亚地区。作为西伯利亚重工业与文化之都，克拉斯诺亚尔斯克曾是"万里茶道"上重要的分销和中转站之一，当时人口接近 1 万人，其地位在茶叶贸易中具有重要意义。茶叶贸易的历史为这座城市留下了深刻的文化印记，并促进了当地的经济和社会发展。

（五）新西伯利亚

新西伯利亚，原名新尼古拉耶夫斯克，是俄罗斯第三大城市，仅次于莫斯科和圣彼得堡。随着西伯利亚大铁路的贯通，茶叶不再依赖传统的驼队和马匹运输，而是通过火车快速而便捷地运送。这一变化不仅大大提高了茶叶的运输效率，也使得新西伯利亚成为茶叶贸易的重要枢纽。茶叶从中国和其他茶产地经过西伯利亚大铁路运往新西伯利亚，然后再分发到俄罗斯内陆和欧洲其他地方。这使得新西伯利亚成为茶叶集散地和转运中心，也促进了城市的建设和发展（程佳，2014）。

（六）叶卡捷琳堡

叶卡捷琳堡建立于1723年，地处乌拉尔山脉东麓和伊赛特河畔，位于欧亚大陆的分界线上，被称为"通往亚洲的窗口"。作为西伯利亚大铁路的重要节点，叶卡捷琳堡在茶叶贸易中起到了关键的作用。19世纪末20世纪初，叶卡捷琳堡成为茶叶从中国和其他亚洲茶产地运往俄罗斯内陆和欧洲其他地方的重要转运中心。茶叶通过西伯利亚大铁路运抵叶卡捷琳堡，然后进行分装、定级和重新分发，以满足不同地区的需求。叶卡捷琳堡连接了西伯利亚和欧洲的贸易线路，为茶叶的分销提供了便利，同时也促进了茶文化的传播和交流，是东西方文化的交汇点。

（七）托木斯克

托木斯克建于1604年，是西伯利亚地区的教育和科学中心。据传最早将茶叶带入俄罗斯献给沙皇的人是托木斯克人，18世纪兴起的"万里茶道"使这座城市商贸兴盛。在托木斯克，人们也习惯称"万里茶道"为"西伯利亚大道"或"西伯利亚茶道"。19世纪末，托木斯克已经成为茶叶的一个存储地，茶叶的存储成为当地财政收入的最主要来源。当地人认为托木斯克在茶路上与汉口在中国段的地位相当。在托木斯克博物馆，至今可见冬季装运茶叶货物的雪橇，这些展品记录和展示了托木斯克在"万里茶道"上的往事。

（八）喀山

喀山位于俄罗斯境内，坐落在伏尔加河畔，是伏尔加河流域最大的城市之一。喀山地处欧亚大陆的中心地带，具有得天独厚的地理位置，是连接东西方贸易的重要枢纽之一。作为"万里茶道"的节点城市，喀山承接了来自中国的茶叶货物，茶叶经过储运和加工后，运往欧洲其他地区。喀山茶文化历史悠久，形成了特定的文化传统，在"万里茶道"沿线国家和地区独树一帜，铜制茶炊这一标志性的茶具起源于此。

（九）尼布楚（涅尔琴斯克）

尼布楚，俄罗斯称为涅尔琴斯克，位于俄罗斯外贝加尔边疆区，是中蒙俄三国交往的重要交通要道之一，有铁路与莫斯科及中蒙两国相连。尼布楚曾是中国领土，1689 年，中俄双方使团在尼布楚城签订条约，同意两国以额尔古纳河、格尔必齐河为界，并将尼布楚地区划入俄国版图。尼布楚很早就是中国和西伯利亚贸易的重要通道，中国商队带去最多的是茶叶。晋商同俄罗斯的贸易往来起自康熙二十八年（1689）的中俄《尼布楚条约》，雍正五年（1727）中俄又签订了《恰克图条约》，确定祖鲁海图、恰克图、尼布楚三地为两国边境通商贸易地点。

（十）符拉迪沃斯托克（海参崴）

符拉迪沃斯托克（海参崴）位于日本海沿岸，地处俄罗斯远东地区的最东端，与亚洲的中国、朝鲜和日本相邻，清朝时期属于中国领土，也是西伯利亚大铁道的终点站（沈影，2013）。1860 年，《中俄北京条约》将乌苏里江以东的地区，包括海参崴在内，划归俄罗斯。为了凸显其在东方的地位，俄罗斯将其更名为符拉迪沃斯托克。符拉迪沃斯托克（海参崴）是茶叶从内陆运往国际市场的重要出海口。西伯利亚大铁路通车后，来自汉口的茶叶，多是由上海通过定期海轮运至符拉迪沃斯托克（海参崴）；然后，通过西伯利亚大铁路送到俄国全境。因而，符拉迪沃斯托克（海参崴）成为中国茶叶走水路运往俄罗斯内陆的重要节点城市。

（十一）莫斯科

莫斯科位于俄罗斯欧洲部分的中部，地处东欧平原中部，横跨莫斯科河及其支流亚乌扎河两岸，是俄罗斯乃至欧亚大陆的重要交通枢纽和商业中心。作为俄罗斯的经济中心，莫斯科拥有发达的商业网络和完善的物流体系，为茶叶的进出口提供了便利。许多茶叶商人聚集在莫斯科，并以此作为中转站进入俄罗斯的内陆和周边地区，以满足不同地区的茶叶需求。莫斯科的红场及周边地区曾是茶叶交易的热点区域。19 世纪，莫斯科曾集中了全俄主要的茶叶经销商，这些茶商也是城市商人中最富有的集团，牢牢掌握着俄罗斯乃至欧洲的茶叶贸易，为莫斯科带来了巨额的财富。

（十二）圣彼得堡

圣彼得堡位于俄罗斯西北部的涅瓦河畔，是俄罗斯的第二大城市和重要港口，同时也是俄罗斯的文化、经济和旅游中心。这座城市由俄罗斯沙皇彼得大帝于 1703 年建立，并曾长期作为俄罗斯的首都。圣彼得堡是"万里茶道"上的重要茶叶消费中心，其独特的地理位置赋予了它作为茶叶贸易中心的地位。作为波罗的海地区最大的城市和港口，圣彼得堡与欧洲其他国家有着紧密的联系，茶叶通过这里进入欧洲市场，同时也通过该市的内陆运输网络分发到俄罗斯其他地区。如今，茶文化在俄罗斯全境得到普及，而圣彼得堡作为中心城市对其影响的扩大起到了关键作用。随着中国茶叶带来的装饰文化在圣彼得堡逐渐盛行，这座城市仍然保留着茶叶贸易的历史痕迹和文化传统。它见证了茶叶贸易的繁荣和演变，也承载了茶叶作为一种重要商品和文化象征的意义。圣彼得堡现存冬宫、圣彼得堡"中国茶室"茶叶店、彼得保罗要塞、圣彼得堡茶道茶叶店、圣彼得堡天茶站茶叶店、圣彼得堡的中心广场、圣彼得堡 GEOTEA 茶叶店、涅瓦大街等潜在遗产点。

第五章 "万里茶道"沿线国家和地区的旅游吸引物分布

"万里茶道"作为一条跨国遗产廊道和大型线性文化旅游品牌，具有旅游吸引物丰富、资源等级高、主题鲜明、类型多样等特征。了解和掌握"万里茶道"沿线国家和地区的旅游吸引物分布特征和影响因素，对于深化中蒙俄国际旅游合作、打造"万里茶道"国际旅游品牌具有重要意义。

第一节 "万里茶道"中国段旅游吸引物分布

"万里茶道"中国段穿越武夷山、长江中游地区、中原地区、黄土高原和内蒙古高原，途经福建、江西、湖南、湖北、安徽、河南、山西、河北、内蒙古9省区，具有多样化的自然和人文景观（见表5-1）。

表5-1 "万里茶道"中国段沿线地区旅游吸引物分布情况

单位：个

沿线省区	涉及城市	世界遗产	世界地质公园	5A级旅游景区
福建省	南平	双遗产:武夷山;自然遗产:泰宁丹霞地貌;文化遗产:闽西的客家土楼、厦门鼓浪屿历史国际社区、泉州:宋元中国的世界海洋商贸中心	泰宁世界地质公园、宁德世界地质公园	10

续表

沿线省区	涉及城市	世界遗产	世界地质公园	5A级旅游景区
江西省	上饶、九江	自然遗产:龙虎山、龟峰、三清山;景观:庐山;双遗产:铅山武夷山	庐山世界地质公园、龙虎山-龟峰地质公园、三清山风景名胜区	14
湖南省	益阳、岳阳	自然遗产:武陵源风景名胜区、崀山;世界文化遗产:老司城遗址	张家界世界地质公园、湘西世界地质公园红石林	11
湖北省	咸宁、恩施、武汉、襄阳、宜昌	文化遗产:湖北恩施唐崖土司城址、武当山古建筑群、钟祥明显陵;自然遗产:神农架	湖北大别山世界地质公园、神农架世界地质公园	10
安徽省	黄山	文化遗产:西递-宏村皖南古村落、明清皇家陵寝(明皇陵)、中国大运河(安徽段);双遗产:黄山风景区	黄山世界地质公园、九华山世界地质公园、天柱山风景区	12
河南省	南阳、平顶山、洛阳、焦作	文化遗产:龙门石窟、安阳殷墟、中国大运河(河南段)、丝绸之路:长安-天山廊道路网(河南段)、登封"天地之中"历史建筑群	云台山、嵩山、王屋山-黛眉山、伏牛山	15
山西省	晋城、长治、晋中、太原、忻州、大同、朔州	文化遗产:平遥古城、大同云冈石窟、五台山		10
河北省	张家口	文化遗产:承德避暑山庄、明清皇家陵寝(清东陵和清西陵)、长城、中国大运河(河北段)、中国黄(渤)海候鸟栖息地(第二期)		11
内蒙古自治区	呼和浩特、包头、乌兰察布、锡林郭勒	文化遗产:元上都遗址	阿拉善沙漠世界地质公园、阿尔山世界地质公园、克什克腾世界地质公园	6

资料来源:笔者根据相关资料整理获得。

一 福建省

福建简称"闽",位于中国东南沿海,东北与浙江省毗邻,西面、西北与江西省接界,西南与广东省相连,东面隔台湾海峡与台湾相望。福建的地理特点是"依山傍海",九成陆地面积为山地、丘陵地带,被称为"八山一水一分田"。福建的森林覆盖率达65.95%,居全国第一位。福建位于东海与南海的交通要冲,海岸线长度居全国第二位,由海路可以到达南亚、西亚、东非,是历史上海上丝绸之路、郑和下西洋的起点,也是海上商贸的主要集散地。"依山傍海"的特点也赋予了福建丰富的旅游资源,省内除了海坛岛、鼓浪屿、武夷山、泰宁、清源山、白水洋、太姥山等自然风光外,还拥有土楼、安平桥、三坊七巷等驰名中外的人文景观(张玲玲、曹辉,2017)。福建共拥有5处世界遗产,包括1个世界文化和自然双遗产(武夷山)、1个自然遗产(泰宁丹霞地貌,与其他省份捆绑申遗项目)、3个文化遗产(闽西的客家土楼、厦门鼓浪屿历史国际社区、泉州:宋元中国的世界海洋商贸中心)。同时,福建拥有2个世界地质公园,分别为泰宁世界地质公园和宁德世界地质公园。

二 江西省

江西简称"赣",位于中国东南部,因公元733年唐玄宗设江南西道而得名。江西地处中国东南偏中部、长江中下游南岸,古称"吴头楚尾,粤户闽庭",乃"形胜之区",东邻浙江、福建,南连广东,西靠湖南,北毗湖北、安徽而共接长江。江西97.7%的面积属于长江流域,水资源比较丰富,河网密集,河流总长约18400公里,拥有全国最大的淡水湖——鄱阳湖。江西的红色文化驰名中外,井冈山是中国革命的摇篮,南昌是中国人民解放军的诞生地,瑞金是苏维埃中央政府成立的地方,安源是中国工人运动的策源地。此外,景德镇的瓷器文化源远流长,以"白如玉、明如镜、薄如纸、声如磬"的特色驰名中外。全省现有世界遗产5处,世界地质公园3处,国际重要湿地1处,国家地质公园5处,国家级风景名胜区15处,林业自然保护区186个(国家级15个),森林公园180个(国家级46个),湿地公园84处(国家级28处)。

三 湖南省

湖南简称"湘",位于我国中部、长江中游,因大部分区域处于洞庭湖以南而得名。湖南地貌类型多样，以山地、丘陵为主，大体上是"七山二水一分田"，其中山地面积占全省总面积的 51.2%，丘陵及岗地占 29.3%，平原占 13.1%，水面占 6.4%（张展等，2022）。湖南名胜古迹众多，素有"潇湘八景"（潇湘夜雨、平沙落雁、烟寺晚钟、山市晴岚、江天暮雪、远浦归帆、洞庭秋月、渔村夕照）之说。南岳衡山、岳阳楼、韶山、大乘山、岳麓书院、凤凰古城、常德桃花源等景区是闻名遐迩的旅游胜地。湖南省现有张家界武陵源风景名胜区、邵阳崀山 2 处世界自然遗产，湖南永顺老司城遗址（中国土司遗址）1 处世界文化遗产，同时拥有世界地质公园 2 个，国家地质公园 14 个，国家级风景名胜区 22 个，5A 级旅游景区 11 个。

四 湖北省

湖北简称"鄂"，位于中国中部偏南、长江中游、洞庭湖以北。湖北东邻安徽，南接江西、湖南，西连重庆，西北与陕西接壤，北与河南毗邻，是承东启西、连南接北的交通枢纽。长江自西向东，横贯全省，使省内水网纵横，湖泊密布，因此得名"千湖之省"。湖北文化底蕴深厚，文物古迹众多，全省共有武汉、荆州、襄阳、随州、钟祥等中国历史文化名城 5 个，文物点 1.5 万处，全国重点文物保护单位 40 余处。全省拥有湖北恩施唐崖土司城址（中国土司遗址）、武当山古建筑群、钟祥明显陵等世界文化遗产 3 处，以及世界自然遗产神农架 1 处，拥有世界地质公园 2 个，5A 级旅游景区 10 个。

五 安徽省

安徽位于中国中东部，跨长江、淮河南北，与江苏、浙江、湖北、河南、江西、山东接壤。安徽地形地貌呈现多样性，中国两条重要的河流——长江和淮河自西向东横贯全境，把全省分为三个自然区域：淮河以北的平原地区、长江和淮河之间的丘陵地区以及长江以南的皖南地区。安徽拥有丰富的旅游资源，自然景观与人文景观交相辉映，拥有世界文化遗产西递-宏村皖南古村落、明清皇家陵寝（明皇陵）、中国大运河（安徽段）、黄山风景区（双遗产），拥有黄山世界地质公园、九华山世界地质公园、天柱山风景区三家世界地质公园。同时，安徽也是全国的重要产茶省份之一，黄山毛峰、祁门红茶、六安瓜片、太平猴魁等安徽名茶久负盛名，其制作技艺入选人类非物质文化遗产名录。

六　河南省

河南古称中原、中州，简称"豫"，位于我国中东部、黄河中下游，因大部分地区位于黄河以南，故称河南。河南东接安徽、山东，北接河北、山西，西连陕西，南临湖北，呈望北向南、承东启西之势。河南是中华民族与中华文明的主要发祥地之一，历史上先后有 20 多个朝代建都或迁都河南，诞生了洛阳、开封、安阳、郑州、商丘等古都，为中国古都数量最多最密集的省份。河南文物古迹众多，旅游资源丰富，境内共有世界文化遗产 5 处，全国重点文物保护单位 358 处。河南既是历史文化资源大省，也是自然景观荟萃之地。全省共有云台山、嵩山、王屋山-黛眉山、伏牛山等世界地质公园 4 个，河南嵩山、郑州黄河等国家地质公园 15 个，国家级森林公园 33 个。全省共有 A 级旅游景区 681 个，其中 4A 级及以上旅游景区 215 个，5A 级旅游景区 15 个。

七　山西省

山西简称"晋"，又称"三晋"，东依太行山，西、南依吕梁山、黄河，北依长城，与河北、河南、陕西、内蒙古等省区为界，是中华民族发祥地之一，也是我国旅游资源最为富集的省份之一。山西现存有国家级重点文物保护单位 452 处，占全国的 23.3%，位居第一，其中，平遥古城、大同云冈石窟、五台山为世界文化遗产。全国保存完好的宋、金以前的地面古建筑物 70% 以上在山西境内，使山西享有"中国古代建筑艺术博物馆"的美誉。祁县乔家大院、渠家大院、灵石王家大院、太谷三多堂等共同彰显了山西独特的晋商大院文化。山西名山大川遍布，自然风光资源丰富优美。北岳恒山是五岳之一，也是国家级风景名胜区。绵山气候宜人，自古就是避暑胜地。黄河壶口瀑布是仅次于黄果树瀑布的全国第二大瀑布。庞泉沟、芦芽山、历山、莽河等自然保护区，风景秀丽，景致各异（马小琴，2022）。山西也是著名的革命老区，革命活动遗址和革命文物遍布全省，著名的有八路军总部旧址、黎城黄崖洞八路军兵工厂、文水刘胡兰纪念馆等。同时,山西是"万里茶道"中涉及城市最多的省份,是"万里茶道"中晋商的大本营和战略策源地。

八 河北省

河北简称"冀",地处华北,北依燕山,南望黄河,西靠太行,东坦沃野,内守京津,外环渤海,周边分别与内蒙古、辽宁、山西、河南、山东等省区毗邻。河北省是全国唯一兼有高原、山地、丘陵、平原、湖泊和海滨的省份,也是旅游资源大省。河北文物古迹众多,自然风光秀美,民俗风情独特,文旅资源荟萃。众多的文物古迹形成了河北深厚的文化底蕴和独具魅力的文化旅游资源(王会层,2010)。全省现有各级各类景区景点 400 多个,其中包括世界文化遗产 5 处,国家级历史文化名城 5 座,中国优秀旅游城市 4 座,国家级风景名胜区 7 处,国家级森林公园 11 个,国家级自然保护区 5 处,中国旅游胜地四十佳 3 处,全国十大风景名胜区 2 处,全国 5A 级旅游景区 11 个。

九 内蒙古自治区

内蒙古位于中国北部,横跨东北、华北、西北地区,内与黑龙江、吉林、辽宁、河北、山西、陕西、宁夏、甘肃 8 省区相邻,外与俄罗斯、蒙古国接壤,边境线总长 4200 多公里。全区总面积 118.3 万平方公里,东西长约 2400 公里,南北最大跨度达 1700 多公里。内蒙古基本上属于一个高原型的地貌区,大部分地区海拔在 1000 米以上,东部是莽莽的大兴安岭林海,南部是富饶的嫩江平原、西辽河平原和河套平原,西部是浩瀚的腾格里、巴丹吉林、乌兰布和沙漠,北部是辽阔的呼伦贝尔、锡林郭勒草原(崔盼盼,2021)。全区现有自然保护区、风景名胜区、地质公园、湿地公园、森林公园、沙漠公园等 6 类自然保护地,共 380 个,总面积 1571.81 万公顷,约占自治区面积的 13.29%。其中,国家级自然保护区 29 个,国家级风景名胜区 2 个,世界级地质公园 3 个,国家级湿地公园 53 个,国家级森林公园 36 个,国家级沙漠公园 15 个。此外,内蒙古拥有 1 处世界文化遗产,为元上都遗址。

第二节 "万里茶道"蒙古国段旅游吸引物分布

蒙古国是位于亚洲中部的内陆国，东、南、西与中国接壤，北与俄罗斯相邻。蒙古国国土面积 156.65 万平方公里，由 21 个省和首都乌兰巴托组成。蒙古国地处蒙古高原北部，全境平均海拔为 1580 米，地势自西向东逐渐降低。其中，山地面积 77.7 万平方公里，约占总面积的 1/2，主要有阿尔泰、戈壁阿尔泰、杭爱和肯特四大山脉；戈壁沙漠面积 40 万平方公里，约占总面积的 1/4；湖泊面积为 1.60 万平方公里，约占总面积的 1%，主要有乌布苏湖、库苏古尔湖、吉尔吉斯湖和哈拉乌斯湖等。境内主要河流有色楞格河、鄂尔浑河、克鲁伦河和科布多河等 50 余条，大部分在北半部，北中部地区尤为稠密。蒙古国是"万里茶道"的主要消费地和经停地，沿线地区的地理特征和旅游吸引物分布情况如表 5-2 所示。

表 5-2 "万里茶道"蒙古国段沿线地区旅游吸引物分布情况

主类	亚类	基本类型
A 地文景观	AA 综合自然旅游地	AAB 谷地型旅游地——特日勒吉国家公园
		AAC 沙砾石地型旅游地——东戈壁省半荒漠和戈壁沙漠
B 水域风光	BA 河段	BAA 观光游憩河段——色楞格河、图拉河、特日勒吉河、鄂尔浑河等
	BB 天然湖泊与池沼	BBA 观光游憩湖区——杜古姆、达布萨特、洪嘎鲁泰、柴达木、达赫勒等（中央省）
	BD 泉	BDB 地热与温泉——姜楚布朗温泉、布格日勒吉古图温泉、洪达干温泉、尤斯特温泉、苏吉温泉
	BF 冰雪地	BFB 常年积雪地——德勒格尔汗、博格达山、阿萨尔拉图海尔汗
C 生物景观	CA 树木	CAA 林地——色楞格省和中央省的针叶林和阔叶林
	CB 草原与草地	CBA 草原——达尔汗草原、东戈壁草原、乌兰巴托草原、戈壁苏木尔省草原等
		CBB 疏林草地——伊赫巴嘎多兰、阿日嘎兰特、塔黑阿特、博格多、博得日山、托莱特、塔日雅其、爱勒巴彦、浩雅日赞等草原
	CD 野生动物栖息地	CDB 陆地动物栖息地——伊赫巴嘎多兰、阿日嘎兰特、塔黑阿特、博格多、博得日山、托莱特、塔日雅其、爱勒巴彦、浩雅日赞等草原
		CDC 鸟类栖息地——特日勒吉国家公园

续表

主类	亚类	基本类型
D 天象与气候景象	DB 天气与气候现象	DBB 避暑气候地——Tujiin Nars 图金纳尔斯国家公园、博格达汗宫博物馆等
E 遗址遗迹	EB 社会经济文化活动遗址遗迹	EBA 历史事件发生地——成吉思汗雕像群景区 EBB 军事遗址——乔伊尔军事基地遗址
F 建筑与设施	FA 综合人文旅游地	FAA 教学科研实验场所——纳来哈国际煤矿大学 FAB 康体游乐休闲度假地——RWT(Resort World Terelj)度假酒店 FAC 宗教与祭祀活动场所——能量中心、Khamar Monastery、甘丹寺、乔金喇嘛庙博物馆等 FAD 园林游憩区域——特日勒吉国家公园、Tujiin Nars 图金纳尔斯国家公园 FAE 文化活动场所——色楞格省综合博物馆、蒙古恐龙国家博物馆、蒙古国家博物馆、乔金喇嘛庙博物馆、博格达汗宫博物馆等 FAJ 边境口岸——阿勒坦布拉格、扎门乌德
	FC 景观建筑与附属型建筑	FCA 佛塔——乔金喇嘛寺院佛塔、Khamar Monastery FCC 楼阁——博格达汗宫
	FD 居住地与社区	FDA 传统与乡土建筑——蒙古包 FDD 名人故居与历史纪念建筑——Khamar Monastery、博格达汗宫、
	FE 归葬地	FEB 墓(群)——高娃道布、诺彦山达尔勒吉金、杜尔布勒吉、特尼库墓(中央省)
	FF 交通建筑	FFA 桥——达尔汗景观廊桥 FFD 航空港——成吉思汗国际航空港
G 旅游商品	GA 地方旅游商品	GAA 菜品饮食——以烤全羊、手抓肉等肉类饮食为主 GAB 农林畜产品与制品——羊毛衫、皮带等 GAE 传统手工产品与工艺品——皮雕、银器、刀具、蒙古壁挂画等
H 人文活动	HA 人事记录	HAA 人物——成吉思汗雕像 HAB 事件——突厥碑文 Gokturk Inscription
	HC 民间习俗	HCA 地方风俗与民间礼仪——献哈达、敬酒 HCB 民间节庆——那达慕大会、农历新年(不同于汉族) HCE 宗教活动——萨满教活动、佛教祭祀 HCG 饮食习俗——以肉类饮食为主 HGH 特色服饰——蒙古族传统服饰
8 个主类	18 个亚类	37 个基本类型

资料来源：笔者根据北京师范大学国家重大专项考察队蒙古国 2017 年旅游资源调查评价报告等相关资料整理修改获得。

一 东戈壁省

东戈壁省（Dornogovi）位于蒙古国南部，西面与南戈壁省、中戈壁省交界，北面与肯特省和戈壁苏木贝尔省相邻，东面与苏赫巴托尔省连接，南面与中国接壤，距离乌兰巴托 463 公里。东戈壁省地势平坦，没有明显的垂直自然带，整个地区由草原、半荒漠和戈壁沙漠地带组成。东戈壁省始建于 1931年，下辖 1 个市和 14 个县，省会为赛音山达市。境内的主要旅游吸引物有东戈壁省博物馆、丹增热布嘉博物馆、哈木林寺、巴彦朱勒和山等（苏和，1999b）。

二 戈壁苏木贝尔省

戈壁苏木贝尔省（Govisümber）位于蒙古国中部偏东，面积 5540 平方公里，下辖 1 个市和 3 个县。该省位于开阔的草原地带，境内没有森林和河流，但泉水和小型湖泊比较多。省会乔伊尔市距乌兰巴托 220 公里，位于连接乌兰巴托、赛音山达、扎门乌德、达尔汗、额尔登特、苏赫巴托尔等地的铁路运输线上，在经济发展上拥有相对优越的地理条件（苏和，1999d）。乔伊尔博格达山国家盘羊保护区、乔伊尔库伦、大小桑萨尔等是戈壁苏木贝尔省代表性的旅游吸引物。

三 中央省

中央省（Tuv）原名博格达汗乌拉省，始建于 1923 年，1931 年改为现有名称。中央省位于蒙古国中部，将首都乌兰巴托四面环抱，北面与色楞格省，东面与肯特省，南面、西面与中戈壁省、前杭爱省、布尔干省相接。全省面积 7.48 万平方公里，下辖 1 个市和 26 个县。省会宗莫德市距乌兰巴托 45 公里。境内有肯特山、陶森扎玛尔山、卓尔高勒海尔汗山，最高峰为阿萨尔拉图海尔汗，海拔 2800 米（苏和，1999d）。中央省有克鲁伦河、图拉河等大小河流 30 余条，主要湖泊有杜古姆、达布萨特、洪嘎鲁泰、柴达木、达赫勒等。境内的主要旅游吸引物有高娃道布、诺彦山达尔勒吉金、杜尔布勒吉、特尼库墓、城堡遗址、特日勒吉国家公园、呼斯泰野马保护区、成吉思汗骑马雕像公园、乌龟石公园以及姜楚布朗、布格日勒吉古图、洪达干、尤斯特、苏吉等具有医疗作用的温泉景观。

四 乌兰巴托

乌兰巴托（Ulaanbaatar）始建于 1639 年，原名"库伦"，意为大寺院（苏和，1999d）。1924 年，蒙古人民共和国成立后，改库伦为乌兰巴托，并定为首都，意为"红色英雄城"。乌兰巴托市是蒙古国的文化、科技、工业和交通中心，共分为巴彦祖尔赫区、巴彦格勒区、宋给纳海尔汗区、青格尔泰区、苏赫巴托尔区、汗乌拉区、纳来哈区、巴嘎诺尔区和巴彦杭盖区等 9 个区和 121 个小区。乌兰巴托是一座具有浓郁草原风貌的现代城市，传统和现代的完美融合使得乌兰巴托更具魅力和特色。市内的主要旅游吸引物包括甘登寺、博格达汗宫博物馆、乔金喇嘛庙博物馆、特日勒吉国家公园、成吉思汗广场等景观。

五 达尔汗乌勒省

达尔汗乌勒省（Darhanuul），又译"达尔汗乌拉省"，位于蒙古国中北部，始建于 1961 年，1976 年定为直辖市，1994 年撤销直辖市改为现名。达尔汗乌勒省地处哈拉河谷，苏赫巴托尔省以南铁路沿线，乌兰巴托以北 230 公里处。全省占地面积 3280 平方公里，设一市三县——达尔汗市、鄂尔浑县（Orkhon）、洪戈尔县（Khongor）和夏林郭勒县（Sharyngol）以及 24 个乡镇（Zuunkharaa、Khutul 等）。首府达尔汗为蒙古国第二大城市和新兴工业中心。

六 色楞格省

色楞格省（Selangor）始建于 1931 年，原名为"塔莱楞"，1934 年改名为色楞格（苏和，1999c）。色楞格省地处蒙古国北部，东面与肯特省、西面与布尔干省、南面与中央省为邻，北面同俄罗斯接壤。境内河流密布，有色楞格河、鄂尔浑河、图拉河等大小河流穿流于肯特山区。省会苏赫巴托尔是全国经济最发达的地区之一，工农业均居全国首位。边境城市阿勒坦布拉格原名买卖城，曾是"万里茶道"上重要节点之一，是全国历史名城，也是蒙古国首个自贸区。省内的主要旅游资源有色楞格河、鄂尔浑河、苏赫巴托尔博物馆、阿玛尔巴雅斯嘎朗寺等，其中鄂尔浑河谷文化景观2004年被列入世界文化遗产名录。

第三节 "万里茶道"俄罗斯段旅游吸引物分布

俄罗斯位于欧亚大陆北部，东临太平洋，西北临波罗的海和芬兰湾，西南临黑海，北临北冰洋，地跨欧亚两大洲。俄罗斯全境东高西低，平原和丘陵占比约7/10。乌拉尔山脉以西是东欧平原，平均海拔170米，呈波状起伏；乌拉尔山脉以东是西西伯利亚平原，地势低平，多沼泽、湖泊。俄罗斯有85个一级行政区，包括3个联邦直辖市（含未被国际普遍承认的塞瓦斯托波尔）、46个州、1个自治州、22个自治共和国（含未被国际普遍承认的克里米亚）、4个自治区、9个边疆区。2000年以后，俄罗斯设八大联邦管区：中央、西北、伏尔加、南部、北高加索、乌拉尔、西伯利亚、远东。"万里茶道"途经远东、西伯利亚、乌拉尔、伏尔加、中央、西北6个管区，主要经过布里亚特共和国、伊尔库茨克州、克拉斯诺亚尔斯克边疆区、托木斯克州、新西伯利亚州、鄂木斯克州、秋明州、斯维尔德洛夫斯克州、鞑靼斯坦共和国、弗拉基米尔州、莫斯科、诺夫哥罗德州、圣彼得堡（列宁格勒州）等地，各地的地理特征和旅游吸引物分布情况如表5-3所示。

表5-3 "万里茶道"俄罗斯段沿线地区旅游吸引物分布情况

沿线地区	涉及城市	世界遗产	旅游资源
布里亚特共和国	乌兰乌德	贝加尔湖、达乌里亚风景区	贝加尔湖、圣母大教堂、乌兰乌德城市博物馆、列宁头像等
伊尔库茨克州	伊尔库茨克	贝加尔湖	贝加尔湖、基洛夫广场、安加拉河畔、喀山圣母大教堂、130风情街区、波兰救世主大教堂、斯帕斯卡娅教堂、主显节大教堂、开拓者纪念碑、塔尔茨木屋博物馆、奥利洪岛等

续表

沿线地区	涉及城市	世界遗产	旅游资源
克拉斯诺亚尔斯克边疆区	克拉斯诺亚尔斯克	普托拉纳高原	地方志博物馆、文化历史中心博物馆、列宁故居博物馆、苏里科夫美术博物馆、克拉西科夫住宅博物馆、高尔基文化休闲公园等
托木斯克州	托木斯克		托木斯克历史博物馆、彼得保罗教堂、复活教堂、列宁大街、契诃夫纪念碑、圣玛丽路德教堂等
新西伯利亚州	新西伯利亚		圣·尼古拉教堂、圣亚历山大·涅夫斯基大教堂、新西伯利亚方志博物馆等
鄂木斯克州	鄂木斯克		尼古拉-哥萨克教堂、总督府、军事学校大楼、俄罗斯饭店等
秋明州	秋明		图拉河河堤、白令雕塑、情人桥、圣三一男修道院博物馆等
斯维尔德洛夫斯克州	叶卡捷琳堡		滴血教堂、欧亚分界线碑、瓦伊涅拉街、谢瓦斯季亚诺夫宫和叶利钦纪念碑等
鞑靼斯坦共和国	喀山	博尔格尔的历史建筑及考古遗址、岛村斯维亚日斯克圣母升天大教堂与修道院、喀山克里姆林宫建筑群	喀山克里姆林宫、圣母领报大教堂、鞑靼斯坦共和国地方志博物馆、苏尤姆别卡塔楼、库尔·沙里夫清真寺等
弗拉基米尔州	弗拉基米尔	弗拉基米尔和苏兹达尔历史遗迹	白石建筑金门、圣母安息大教堂、德米特里耶夫教堂、涅尔利河口圣母教堂等
莫斯科	莫斯科	莫斯科克里姆林宫、红场、谢尔盖圣三一大修道院建筑群、科罗缅斯克的耶稣升天教堂、新圣女修道院建筑群	克里姆林宫、红场、圣瓦西里教堂、谢尔盖圣三一大修道院、新圣女修道院建筑群、特列季亚科夫美术馆等
诺夫哥罗德州	诺夫哥罗德	诺夫哥罗德及其周围的历史古迹	神圣智慧大教堂、俄罗斯千年纪念碑、克里姆林宫等
列宁格勒州	圣彼得堡	圣彼得堡历史中心及其相关古迹群	冬宫、夏宫、叶卡捷琳娜宫、救世主滴血大教堂、圣以撒大教堂、喀山大教堂、彼得保罗要塞、彼得大帝青铜像、马林斯基剧院等

资料来源：笔者根据相关资料整理获得。

95

一　布里亚特共和国

布里亚特共和国（Buryatiya）位于东西伯利亚南部地区，南邻蒙古国，西接贝加尔湖与图瓦共和国，西北部与伊尔库茨克州接壤，东接后贝加尔边疆区，是俄罗斯联邦内的主体自治共和国，也是俄罗斯通往蒙古国与中国的大门。布里亚特共和国拥有多样性的自然景观，如"西伯利亚明珠"贝加尔湖、威严耸立的萨彦岭、风景如画的山谷、一望无际的草原、茂密的泰加森林和漫长的河流。该国境内生活着众多民族，民族文化多彩丰富，境内拥有 21 个博物馆、4 个剧院和 1000 余个考古遗址以及众多佛教寺庙、东正教教堂和萨满教活动场地。其中，后贝加尔旧信徒民族文化被列入联合国教科文组织非物质文化遗产名录。

首府乌兰乌德始建于 1666 年，位于后贝加尔色楞格河谷地、西伯利亚大铁路与俄蒙铁路交会处，是布里亚特共和国的政治、经济和文化的中心。乌兰乌德城市建筑和文化富于民族特色，歌剧院、剧场、博物馆、教堂等建筑和场馆都显现出浓郁的俄罗斯风格和布里亚特风情，主要旅游吸引物有贝加尔湖、圣母大教堂、乌兰乌德城市博物馆、列宁头像等。

二　伊尔库茨克州

伊尔库茨克州（Irkutsk）位于贝加尔湖南端、安加拉河与伊尔库茨克河的交汇处，南面同蒙古国相邻，是西伯利亚最大的工业中心、交通和商贸枢纽，被称为"西伯利亚的心脏"，也曾是"万里茶道"沿线重要的节点城市。伊尔库茨克不仅拥有环贝加尔湖的旅游资源优势，还有便利的交通条件和文化资源。该州拥有 1300 余处历史建筑遗迹，占整个西伯利亚地区的60%以上，是西伯利亚东部无可争议的历史文化中心。境内主要人文旅游资源包括：西伯利亚戏剧剧院、顿悟大教堂、救世主大教堂、历史纪念博物馆、苏卡切夫博物馆、人种博物馆、露天民族博物馆等。其中，伊沃尔金斯克喇嘛庙是该区域的佛教中心，也是俄罗斯最大的喇嘛庙。

伊尔库茨克市是俄罗斯较为典型的资源型旅游城市，已逐步形成了以贝加尔湖为中心的旅游系统，主要旅游资源包括贝加尔湖腹地的奥利洪岛、外婆湾、巴尔古津河、利斯特维扬卡镇等。此外,伊尔库茨克拥有丰富的度假、康养资源,为当地健康旅游发展提供了先天的优势条件。

三 克拉斯诺亚尔斯克边疆区

克拉斯诺亚尔斯克边疆区(Krasnoyarsk)位于西伯利亚中部,处于欧亚大陆中心地带,南到南西伯利亚山区,北接北冰洋,南北绵延约 3000 公里,东西最宽处为 1250 公里,面积 233.97 万平方公里,占俄罗斯面积的 13.7%,仅次于萨哈(雅库特)共和国,是俄罗斯第二大行政区。克拉斯诺亚尔斯克边疆区自北往南依次为北极荒漠、苔原、森林苔原及森林带,境内水资源丰富,河流流量每年达 700 立方公里,占俄罗斯的 20%。克拉斯诺亚尔斯克边疆区内湖泊众多,总计为 32.3 万个,占俄罗斯湖泊总数的 11%。境内著名的叶尼塞河是西西伯利亚平原与中西伯利亚高原的分界,总长度达 4387 公里,为俄罗斯第三大河。

克拉斯诺亚尔斯克的交通运输发达,无论是铁运、河运还是航运都是西伯利亚地区的神经中枢。克拉斯诺亚尔斯克的整个海路运输系统分布在叶尼塞河上,并已成为叶尼塞河上最大的港口。克拉斯诺亚尔斯克边疆区的主要旅游资源包括:地方志博物馆、文化历史中心博物馆、列宁故居博物馆、苏里科夫美术博物馆、苏里科夫庄园博物馆、克拉西科夫住宅博物馆、高尔基文化休闲公园等。其中,普托拉纳高原被联合国教科文组织列入世界自然遗产名录。

四 托木斯克州

托木斯克州(Tomsk)位于西西伯利亚平原的东南部,鄂毕河的中部流域,北邻汉特-曼西自治区,西接鄂木斯克州,南邻新西伯利亚州和克麦罗沃州,东接克拉斯诺亚尔斯克边疆区。托木斯克州水资源丰富,州内河流密集,有 600 多条河,总长度 4 万多公里。托木斯克市地处俄罗斯西伯利亚地区中部、托米河的右岸,建城于 1604 年,是西伯利亚的文化中心。托木斯克保存着大量 17~20 世纪的古老木质和石建筑遗迹,是一座有着深厚历史文化底蕴的城市。州内主要旅游资源包括:19 世纪木屋建筑群、托木斯克历史博物馆、彼得保罗教堂、俄罗斯–德国之家、方志博物馆、复活教堂、列宁大街、契诃夫纪念碑、圣玛丽路德教堂等。

五 新西伯利亚州

新西伯利亚州（Novosibirsk）位于西西伯利亚平原东南部，大部分土地位于鄂毕河和额尔齐斯河之间，东部与萨莱尔岭相连。该州北部与托木斯克州接界，东部与克麦罗沃州相邻，西部与鄂木斯克州毗连，南部和西南部分别与阿尔泰边疆区和哈萨克斯坦接壤。新西伯利亚州水资源十分丰富，约有430条河流，最大的河流鄂毕河是世界著名大河之一。新西伯利亚市建于1893年，并随着西伯利亚大铁路和横跨鄂毕河大桥的建成，逐渐成为俄罗斯的主要交通枢纽，是新西伯利亚州首府和西伯利亚最大的城市。新西伯利亚的文化旅游资源包括：圣·尼古拉教堂、圣亚历山大·涅夫斯基大教堂、新西伯利亚方志博物馆、美术博物馆、西伯利亚民族历史文化博物馆、地质与动物学博物馆等。

六 鄂木斯克州

鄂木斯克州（Omsk）地处西西伯利亚平原的南部，占地面积13.97万平方公里，是俄罗斯联邦的一级行政单位，隶属俄联邦西伯利亚联邦区。鄂木斯克州地理位置重要，与哈萨克斯坦接壤，与秋明州、托木斯克州和新西伯利亚州毗邻（波列雅耶夫，2005）。1716年，沙皇军队的布霍列茨中校建立了鄂木斯克要塞，标志着鄂木斯克州建立的开端。随着西伯利亚大铁路的建成，鄂木斯克成为区域的交通枢纽和重要城市。鄂木斯克州保存了大量19世纪至20世纪初的历史建筑物，如尼古拉–哥萨克教堂、总督府、军事学校大楼、俄罗斯饭店、司法机关大楼、鄂木斯克铁路局等。除此以外，城内较著名的现代建筑景观有：石油工人文化宫、额尔齐斯河船站、电影音乐厅、青年剧院、歌剧院、鄂木斯克商业中心、额尔齐斯河铁路桥等。

七 秋明州

秋明州 (Tyumen)，蒙古语意为"万人之城"，位于西伯利亚西部，与哈萨克斯坦及俄罗斯的斯维尔德洛夫斯克州、库尔干州、鄂木斯克州相接，总面积占全国的 8.4%。秋明市作为乌拉尔河以东的第一大城市，始建于1586 年，是俄罗斯在西伯利亚的第一个移民城市和沙俄东扩的一个重要军事据点，也是秋明州的首府。秋明州的主要旅游吸引物包括：图拉河河堤、白令雕塑、情人桥、圣三一男修道院博物馆、医学历史博物馆、秋明州地方志博物馆、伊林斯基女子修道院、秋明兹纳缅斯基大教堂以及救世主大教堂等。

八 斯维尔德洛夫斯克州

斯维尔德洛夫斯克州 (Sverdlovsk) 隶属于俄罗斯联邦，是俄罗斯的一级行政单位，位于莫斯科以东 2000 公里的乌拉尔山区，横跨欧亚分界线（孙亚楠，2019）。叶卡捷琳堡是斯维尔德洛夫斯克州首府，是俄罗斯继莫斯科、圣彼得堡和新西伯利亚后的第四大城市，也是乌拉尔和俄罗斯联邦重要的工业、交通、贸易、科学、文化中心，被称为"乌拉尔之都"。叶卡捷琳堡是俄罗斯历史文化名城，拥有 600 多处历史和文化古迹，如叶卡捷琳堡市奠基人纪念碑、河坝及凉亭、滴血教堂、欧亚分界线碑、瓦伊涅拉街、谢瓦斯季亚诺夫宫和叶利钦纪念碑等。

九 鞑靼斯坦共和国

鞑靼斯坦共和国 (Tatarstan) 位于东欧平原东部、伏尔加河中游地段，是俄罗斯中央地区和伏尔加河流域地区的接合部，是俄罗斯联邦的一个自治共和国。首府喀山位于伏尔加河与喀山河交汇处，是俄罗斯第八大城市、伏尔加河中游地区的经济文化中心，也曾是"万里茶道"俄罗斯段的重要铁路枢纽和河港。喀山是俄罗斯三座 A 级历史文化名城之一，名胜古迹众多，拥有教堂、清真寺、喇嘛庙等多种文化背景的景观，并展现出多教并存、和睦相融的景象。境内拥有喀山克里姆林宫、圣母领报大教堂、鞑靼斯坦共和国地方志博物馆、苏尤姆别卡塔楼、库尔·沙里夫清真寺等代表性景观。

十 弗拉基米尔州

弗拉基米尔州（Vladimir）位于俄罗斯西部，西部及西南与莫斯科州为邻，北部与雅罗斯拉夫尔州和伊万诺沃州交界，南部与梁赞州接壤，东部和东南部与下诺夫哥罗德州相邻。弗拉基米尔州于 1944 年 8 月设立，首府在弗拉基米尔市。弗拉基米尔州旅游资源丰富，世界闻名的旅游线路"俄罗斯金环"从弗拉基米尔州境内穿过，境内的白石建筑金门、圣母安息大教堂、德米特里耶夫教堂、涅尔利河口圣母教堂被列入联合国教科文组织世界文化遗产名录。

十一 莫斯科

莫斯科（Moscow）位于俄罗斯欧洲部分中段，是俄罗斯重要的经济、文化和科教中心，也是"万里茶道"沿线重要的消费地和交通枢纽之一。莫斯科的市名来源于莫斯科河，在希腊语中为"城堡"之意，斯拉夫语为"石匠的城寨"。从莫斯科大公时代开始，到沙皇俄国、苏联及俄罗斯联邦，莫斯科始终担任着国家首都的角色，迄今已有 800 余年的历史，是世界著名的古城之一。莫斯科是历史文化名城，城市规划优美，名胜古迹众多，有"森林中的首都"之美誉。克里姆林宫、红场、圣瓦西里教堂、谢尔盖圣三一大修道院、新圣女修道院建筑群、特列季亚科夫美术馆是莫斯科最具代表性的旅游景观，其中，克里姆林宫和红场 1990 年被列入世界文化遗产名录。

十二 诺夫哥罗德州

诺夫哥罗德州（Novgorod）位于东欧平原的西北部，处于俄罗斯两大城市莫斯科和圣彼得堡之间，是俄罗斯联邦主体之一，属西北部联邦管区。首府诺夫哥罗德市始建于公元 859 年，是俄罗斯文化的发祥地之一，水、陆、空运输较发达，是莫斯科通往欧洲其他国家的交通要冲。诺夫哥罗德是中世纪东正教的宗教中心，拥有众多重要的教堂与修道院，也是俄罗斯的建筑艺术中心。境内拥有神圣智慧大教堂、诺夫哥罗德城市博物馆、俄罗斯千年纪念碑、克里姆林宫等代表性景观。

十三　圣彼得堡

圣彼得堡（Saint Petersburg）位于俄罗斯西北部、波罗的海沿岸、涅瓦河口，是列宁格勒州的首府，是全俄重要的水陆交通枢纽，素有"北方首都""北方威尼斯"等称号。圣彼得堡始建于 1703 年，距今已有 300 余年的历史，市名源自耶稣的弟子圣徒彼得。1712 年彼得一世迁都到圣彼得堡，1924 年为纪念列宁更名为列宁格勒，1991 年又恢复原名圣彼得堡。圣彼得堡是一座历史文化名城，普希金、莱蒙托夫、高尔基等俄国著名诗人及作家都曾在此生活和从事创作。圣彼得堡旅游资源丰富，拥有艾尔米塔什博物馆、彼得保罗要塞、彼得保罗大教堂、海军总部大厦、十二月党人广场、夏宫、涅瓦大街、青铜骑士雕塑等建筑景观。圣彼得堡历史中心及其相关古迹群于 1990 年被列入世界文化遗产名录。

第四节　"万里茶道"沿线地区旅游吸引物
分布特征及影响因素

"万里茶道"跨越武夷山、长江中下游平原、华北平原、蒙古高原、西伯利亚平原、东欧平原等多个自然地理单元，经过中国 9 个省区、蒙古国 6 个省市、俄罗斯 13 个州（边疆区、共和国、市），最终抵达莫斯科和圣彼得堡。"万里茶道"沿线国家和地区地形地貌复杂多样，人文景观丰富多彩，这些旅游吸引物为国际旅游品牌打造和中蒙俄国际旅游合作奠定了坚实基础。

"万里茶道"丰富的旅游资源吸引了相关学者的关注。杨晓军（2016a）从"一带一路"的视角提出了"万里茶道"旅游资源协同开发的观点。孙伟等（2024）分析了"万里茶道"湖北段的旅游开发现状，并论证了活化策略。赖建东等（2019）探讨了"万里茶道"源头羊楼洞古镇旅游开发及利用对策。现有关于"万里茶道"旅游资源的文献主要集中于定性研究，研究范围较小，研究深度不足，对于"万里茶道"全线旅游吸引物分布的研究仍然处于空白状态，这不利于全面认识和把握"万里茶道"的资源构成，对遗产廊道的品牌打造可能产生负面影响。此外，现有研究多是基于旅游资源的立足点展开的，事实上旅游资源与旅游吸引物既有共同之处，又存在一定的差异。旅游资源一般指未经过人类旅游生产活动叠加的自然存在、历史文化遗产或社会现象（吴晋峰，2014），而旅游吸引物是指能够对游客产生吸引力的各种事物和因素，包括某些已经叠加人类旅游生产成果的旅游资源利用的生成物，即旅游产品（周李等，2023）。鉴于此类差异，可知旅游吸引物的概念比旅游资源更适用于国际旅游品牌打造和旅游业发展等研究情境。

因此，本书拟运用最邻近指数分析、核密度估计法等方法对"万里茶道"沿线国家和地区的旅游吸引物空间分布格局进行刻画和分析，并探讨其影响因素，以期为"万里茶道"国际旅游品牌建设提供参考，亦为深入推进中蒙俄跨境旅游合作提供研究支持。

一 数据来源与研究方法

（一）数据来源

研究数据分为两部分，即世界级旅游吸引物和国家级旅游吸引物。世界级旅游吸引物包括世界遗产地、世界地质公园和人与生物圈保护区，该数据来自联合国教科文组织。对于国家级旅游吸引物而言，考虑到中蒙俄三国旅游资源的统计口径不同，蒙古国、俄罗斯旅游资源数据来自Tripadvisor（猫途鹰）平台中旅游者评分 4 星及以上的景点景区。其中，自然旅游资源包括自然与公园、动物园与水族馆、水上活动与游乐园等类型，人文旅游资源包括景点与地标、博物馆、音乐会与演出等类型，并通过中国地图出版社出版的《Lonely Planet 旅行指南系列：蒙古》《Lonely Planet 旅行指南系列：俄罗斯》予以补充完善。最终获得蒙古国 6 个省市自然旅游资源 12 项、人文旅游资源 38 项，俄罗斯 13 个州（边疆区、共和国、市）自然旅游资源 203 项、人文旅游资源 443 项。中国"万里茶道"沿线地区旅游吸引物数据选自 9 个省区 4A 级及以上旅游景区数据，共 1262 项，其中自然旅游资源 656 项、人文旅游资源 606 项。运用 Google Maps 软件查询"万里茶道"沿线地区旅游吸引物的经纬度坐标，将其整理成 Excel 数据库，然后利用 ArcGIS 10.8 软件进行数据转换和可视化表达。

（二）研究方法

1. 最邻近指数分析

最邻近指数是实际最邻近距离和理论最邻近距离之比（刘丽梅、吕君，2016），一般用于分析旅游吸引物的空间分布类型与相互邻近程度，其主要有均匀、随机和集聚三种分布类型。计算公式如下：

$$R = \frac{\bar{r}_1}{\bar{r}_E} = 2\sqrt{D} \qquad (5-1)$$

式中：$\bar{r}_1$ 为实际最邻近距离，$\bar{r}_E$ 为理论最邻近距离，D 为点密度。当 $R=1$ 时，为随机分布；当 $R>1$ 时，为均匀分布；当 $R<1$ 时，为集聚分布。

2. 核密度估计法

核密度估计法（Kernel Density Estimation）以每个旅游吸引物样本点 $i(x, y)$ 的位置为中心，通过核密度函数计算每个旅游吸引物样本点在指定范围内（半径为 h 的圆）各个网格单元的密度贡献值，距中心处样本点的距离越近密度越大，随距离的增大而衰减，至边缘处密度为 0（王薇、刘颖杰，2021）。计算公式如下：

$$f_n(x) = \frac{1}{nh} \sum_{i=1}^{n} K\left(\frac{X - X_i}{h}\right) \qquad (5-2)$$

式中：$f_n(x)$ 是 f 在某一点 x 处发生的概率值；n 是从总体样本 f 中抽取的点子集；$K()$ 称为核函数；X 是待估计旅游吸引物点的位置；X_i 是落在以 X 为圆心、以 h 为半径的圆形范围内第 i 个旅游吸引物的位置；h 的取值会影响旅游吸引物核密度值空间分布的平滑程度。核密度估计值越大，表示点越密集，区域事件发生的概率越高。

二　"万里茶道"沿线地区旅游吸引物分布特征

（一）"万里茶道"沿线地区旅游吸引物总体分布特征

"万里茶道"沿线地区旅游吸引物的实际最邻近距离为 12.02 公里，理论最邻近距离为 53.32 公里，最邻近指数为 0.23，其值远小于 1，且置信度已通过 Z 值检验。由此可知，"万里茶道"沿线地区旅游吸引物空间分布模式是典型的集聚分布。基于"万里茶道"沿线地区旅游吸引物的空间分析，发现其空间分布具有显著的区域集聚性，且分布密集度呈现"两端密，中间疏"的"V"形结构。"单主核，单次核，多中心"是旅游吸引物的总体分布特征。其中单主核为湖北、江西、安徽交界地区。单次核为莫斯科–圣彼得堡地区，辐射至特维尔、诺夫哥罗德、弗拉基米尔等地。旅游资源分布多中心区集聚于"万里茶道"中部地区，其中以叶卡捷琳堡、新西伯利亚、伊尔库茨克等为中心的区域较为突出，多个中心区相互联结，由小组团发展为大连片。

（二）"万里茶道"沿线地区自然旅游吸引物空间分布特征

"万里茶道"沿线地区自然旅游吸引物的实际最邻近距离为 17.90 公里，理论最邻近距离为 74.33 公里，最邻近指数为 0.24，其值远小于 1，且置信度已通过 Z 值检验。在省级尺度上，"万里茶道"沿线地区自然旅游吸引物空间格局呈多核心特征，具体表现为"单主核，单次核，双中心"特征。自然旅游吸引物主核心区分布在武汉、咸宁、九江、黄山交界地区，并以武汉为质心辐射整个"万里茶道"生产路段，代表性自然旅游吸引物包括江西龙虎山、龟峰、三清山、铅山，湖北神农架，安徽黄山等。次核心区主要分布在"万里茶道"生产路段，包括宜昌、襄阳、益阳、九江等地，分布有武陵源风景名胜区、"中国丹霞"的湖南崀山、张家界世界地质公园等自然旅游吸引物。双中心区占据"万里茶道"南北两侧，分别是莫斯科和"万里茶道"集散路段。莫斯科中心区分布有中央植物园、索科尔尼基公园、麻雀山自然保护区、高尔基公园和莫斯科动物园等自然旅游吸引物。"万里茶道"集散路段中心区包括河南、山西、河北等省份，分布有云台山、嵩山、王屋山–黛眉山、伏牛山等自然旅游吸引物。

（三）"万里茶道"沿线地区人文旅游吸引物空间分布特征

"万里茶道"沿线地区人文旅游吸引物的实际最邻近距离为15.09公里，理论最邻近距离为71.53公里，最邻近指数为0.21，其值远小于1，且置信度已通过Z值检验。"万里茶道"沿线地区人文旅游吸引物的空间分布呈"单主核，双次核，多中心"集聚特征。人文旅游吸引物主核心区以武汉为中心，辐射湖北、安徽和河南，代表性人文旅游资源包括湖北恩施唐崖土司城址（中国土司遗址）、武当山古建筑群、钟祥明显陵、西递-宏村皖南古村落、龙门石窟、安阳殷墟、登封"天地之中"历史建筑群等。双次核心区包括"万里茶道"中国段的大部分和莫斯科-圣彼得堡区域。"万里茶道"中国段覆盖范围较大，代表性的人文旅游吸引物包括承德避暑山庄、明清皇家陵寝（清东陵和清西陵）、长城、中国大运河（河北段）、平遥古城、大同云冈石窟、五台山、元上都遗址等。莫斯科-圣彼得堡区域代表性的人文旅游吸引物包括莫斯科克里姆林宫、红场、谢尔盖圣三一大修道院建筑群、科罗缅斯克的耶稣升天教堂、新圣女修道院建筑群和圣彼得堡历史中心及其相关古迹群等。多中心区分布于"万里茶道"中部，其中以乌兰巴托、伊尔库茨克、新西伯利亚、叶卡捷琳堡等区域较为突出，多个中心区相互联结，构成了连片旅游带，区域内代表性人文景观包括列宁头像、喀山圣母大教堂、斯帕斯卡娅教堂、主显节大教堂等。

三 "万里茶道"沿线地区旅游吸引物影响因素

"万里茶道"沿线地区旅游吸引物空间分布格局的形成是人文和自然等诸多因素叠加互动的结果，具体影响因素包括以下方面。

（一）人文因素

1. 经济发展水平

区域经济发展在供给和需求两端均对旅游吸引物的空间分布产生直接影响。在供给端，经济社会发展使得政府和企业有足够的资金用于发展旅游业，有助于为旅游吸引物建设提供充足的物质保障与资金支持。在需求端，经济发展水平越高的地区，居民对休闲旅游的需求越强烈，易于形成人口集聚效应，有利于为旅游吸引物建设营造有利的市场环境（吴儒练等，2021）。从实际情况来看，经济发达区域，旅游吸引物较为丰富，旅游资源开发程度较高，如武汉–咸宁–九江地区、莫斯科–圣彼得堡地区等。根据2018年的统计数据，莫斯科的GDP为17.8万亿卢布，约为1.51万亿元人民币，该数据与湖北省武汉市（1.56万亿元人民币）相当，因此两地均处于旅游吸引物分布的核心位置。相反，经济相对落后地区，旅游资源开发程度较低，旅游吸引物较为缺乏，如蒙古国中部地区、俄罗斯西伯利亚地区等（周李等，2018）。

2. 交通通达性

交通网络是连接旅游目的地和客源地的通道，也是旅游地建设发展的先决条件。交通通达性直接影响游客的出游意愿、出游成本以及旅游目的地的可进入性，对旅游吸引物的开发和建设具有重要影响。从实际情况来看，以武汉为中心的湘、鄂、赣交界地区和俄罗斯莫斯科–圣彼得堡地区旅游吸引物较为丰富，很大程度上得益于两个区域交通发达，基础设施健全。武汉是中国中部地区的核心城市，是南北交通大动脉的中心点，也是东西地区沟通的枢纽，素有"九省通衢"之称。莫斯科和圣彼得堡分别为俄罗斯的第一、第二大城市，交通基础设施完善，通达性好，因此两个区域成为"万里茶道"沿线地区旅游吸引物分布的核心区域。相反，俄罗斯的西伯利亚和远东地区，虽然具有贝加尔湖等独特的旅游资源，但由于经济相对落后，公路、铁路、航空等旅游基础设施十分薄弱，俄罗斯东部地区的旅游业发展仍然比较滞后，旅游吸引物分布十分零散，难以形成合理的空间结构和集聚优势。

3. 人口分布

"万里茶道"沿线地区的人口数量构成了各地旅游吸引物消费的潜在客源市场，对沿线地区旅游资源的开发程度具有直接影响。例如"万里茶道"沿线的两个旅游吸引物核心区，截至2023年底武汉有1377万人，截至2024年10月莫斯科有1310万人，[1] 旅游资源开发程度较高，旅游吸引物较为丰

---

[1] 《2023年武汉市国民经济和社会发展统计公报》、https://www.mfa.gov.cn/web/gjhdq_676201/gj_676203/oz_678770/1206_679110/1206x0_679112/。

富。而俄罗斯远东地区人口稀少,平均每平方公里不到1人,人口不足严重制约了远东地区经济总量的扩大和规模化发展,旅游资源开发所需要的劳动力和资金普遍缺乏,进而导致当地的旅游吸引物比较贫乏。

(二)自然因素

自然禀赋是旅游吸引物发展的基底,对旅游吸引物的形成和发展具有显著影响,主要包括以下几个方面。

1. 湖泊水系

湖泊水系自古是人类文明的发祥地,对人类的生产生活至关重要。水系一方面构成了特定区域的本底条件,为自然环境奠定了基础;另一方面也具有审美、康养、娱乐、交通、构景等功能,是孕育自然和人文旅游吸引物的重要载体。"万里茶道"沿线地区旅游吸引物空间格局显现出明显的沿河流、湖泊分布的特征,尤其在长江中游洞庭湖和鄱阳湖流域,以及俄罗斯伏尔加河、涅瓦河流域等地区的旅游吸引物分布更加密集。总体上看,在"万里茶道"中距离水系越近,旅游吸引物数量分布越多,反之亦然。

2. 气候条件

"万里茶道"途经中蒙俄约30个省级行政单位,跨越多个自然地理单元,沿线地区气候差异较大。核心区域的武汉、咸宁、益阳、九江等地属于亚热带季风气候,降水充沛,日照充足,气候湿润,旅游季节性相对较弱,为旅游资源开发提供了较好的气候条件。与之相对地,集散路段的呼和浩特、张家口、大同、太原等地属于温带大陆性季风气候,冬冷夏热,年温差大,降水集中,四季分明,年降雨量较少,季节性较强,旅游吸引物分布相对较少。蒙俄段部分,以乌拉尔山为界,以西的东欧平原大都可以受到暖湿的西风气流影响,导致莫斯科、圣彼得堡等地气候比较温和,旅游业比较发达;以东的西伯利亚属于亚寒带针叶林气候,常年受极地气团控制,冬季长而严寒,暖季短促,气温温差较大。因此,可以看出气候条件是影响"万里茶道"沿线地区旅游吸引物分布的主要自然因素之一。

四　结论与启示

（一）结论

"万里茶道"沿线地区旅游吸引物分布具有区域集聚性，且分布密集度呈现"两端密，中间疏"的"V"形结构。"单主核，单次核，多中心"是旅游吸引物的总体分布特征，其中单主核为湖北、江西、安徽交界地区。单次核为莫斯科-圣彼得堡地区，辐射至特维尔、诺夫哥罗德、弗拉基米尔等地。多中心区集聚于"万里茶道"中部地区，其中以叶卡捷琳堡、新西伯利亚、伊尔库茨克等为中心的区域较为突出，多个中心区相互联结，由小组团发展为大连片。

不同类型旅游吸引物的空间分布特征存在差异。"万里茶道"沿线地区自然旅游吸引物空间格局表现为"单主核，单次核，双中心"特征。自然旅游吸引物主核心区分布在武汉、咸宁、九江、黄山交界地区，并以武汉为质心辐射整个"万里茶道"生产路段；次核心区主要分布在"万里茶道"生产路段，包括宜昌、襄阳、益阳、九江等地；双中心区占据"万里茶道"南北两侧，分别是莫斯科和"万里茶道"集散路段。"万里茶道"沿线地区人文旅游吸引物的空间分布呈"单主核，双次核，多中心"集聚特征。主核心区以武汉为中心，辐射湖北、安徽和河南；双次核心区包括"万里茶道"中国段的大部分和莫斯科-圣彼得堡区域；多中心区分布于"万里茶道"中部，其中以乌兰巴托、伊尔库茨克、新西伯利亚、叶卡捷琳堡等区域较为突出，多个中心区相互联结，构成了连片旅游带。经济发展水平、交通通达性、人口分布等人文因素以及湖泊水系、气候条件等自然因素是影响"万里茶道"沿线地区旅游吸引物分布的主要因素。

（二）启示

1. 以武汉和莫斯科作为核心城市推动"万里茶道"国际旅游品牌建设

从"万里茶道"沿线地区旅游吸引物分布来看，武汉和莫斯科是"万里茶道"旅游吸引物分布的核心区域，两地具有区位条件好、基础设施优良、旅游资源丰富、气候舒适度高、对周边城市带动性强等特点。在"万里茶道"国际旅游品牌建设中，应充分发挥莫斯科作为俄罗斯首都、武汉作为中国中部地区中心城市以及在"万里茶道"贸易中"东方茶港"的重要地位作用，加强旅游资源开发，完善旅游基础设施建设，推动国际旅游合作，带动"万里茶道"整体的旅游业发展。

2. 以"万里茶道"生产路段和莫斯科-圣彼得堡为轴线带动沿线地区旅游发展

"万里茶道"生产路段和莫斯科-圣彼得堡段集中了"万里茶道"中大量核心旅游吸引物，如中国段的武夷山、三清山、黄山、庐山，俄罗斯段的莫斯科克里姆林宫、红场、谢尔盖圣三一大修道院建筑群，圣彼得堡历史中心及其相关古迹群等世界遗产景观。因此，应以两路段为轴线，打造"万里茶道"生产路段和莫斯科-圣彼得堡旅游带，推动"万里茶道"中国段和俄罗斯段旅游资源开发和品牌建设。

3. 以乌兰巴托、伊尔库茨克、新西伯利亚、叶卡捷琳堡等地区为依托带动"万里茶道"中段的旅游发展

"万里茶道"蒙古国段和俄罗斯西伯利亚段等地区是"万里茶道"的资源"洼地"，虽然具有一定的旅游资源，但也存在着基础设施薄弱、人口密度较低、资源分布离散、开发成本较高等现实问题。因此，对中段地区的开发，应充分依托乌兰巴托、伊尔库茨克、新西伯利亚、叶卡捷琳堡等中心城市，着力打造贝加尔湖、乌兰巴托、亚欧分界线等具有开发潜力的旅游目的地，带动"万里茶道"中段的旅游发展。

第六章 "万里茶道"沿线国家入境
旅游流的时空演化

　　入境旅游具有国家形象塑造和文化软实力输出的重要功能，对于世界了解中国、中国走向世界具有重大意义。《推动共建丝绸之路经济带和21世纪海上丝绸之路的愿景与行动》明确提出各经济体要加强区域间的旅游合作，扩大旅游业的产业规模，鼓励沿线经济体积极举办旅游推广周、宣传月等旅游推广活动，合力打造彰显"一带一路"特征的国际精品旅游线路及旅游产品。为了促进我国与沿线各国的旅游交流，2016年国家旅游局将"万里茶道"确定为中国十大国际旅游品牌，我国沿线重点省份也纷纷加大旅游投入，积极开展了一系列特色旅游项目建设，推动对外经济的发展与入境旅游产业规模的提升（徐雨利等，2022）。然而，现有关于"万里茶道"入境旅游的研究较为薄弱，起步较晚、数量有限、内容偏于宏观、不够深入，对"万里茶道"沿线国家和地区的入境旅游流分布及市场开拓并未进行科学的分析和探讨。现有研究的缺陷不利于"万里茶道"国际旅游品牌的建立和沿线省区入境旅游的发展。有鉴于此，本章运用流量、流质和流速指数对中蒙俄三国入境旅游流的时空分布以及"万里茶道"中国段沿线9省区入境旅游流的时空演化特征进行分析，以期为"万里茶道"的旅游线路设计和旅游市场营销提供参考，亦为"万里茶道"国际旅游品牌建设提供启示和借鉴。

第一节 数据来源与研究方法

一 数据来源

蒙古国入境旅游相关数据来自《蒙古国统计年鉴》，俄罗斯入境旅游相关数据来自俄罗斯联邦国家统计局官方网站。"万里茶道"中国段沿线地区入境旅游人数、入境旅游收入来自《中国统计年鉴》（2001~2020年）以及沿线9省区统计年鉴。由于自2013年起，山西入境旅游采用新的统计口径，依据新的统计口径计算的入境旅游指标与其他地区不具有可比性，故山西的部分数据统计时间截至2012年。入境旅游者平均停留时间来源于《中国旅游统计年鉴》（2001~2018年）。

二 研究方法

（一）流量

通过绝对指标和相对指标考察中国、蒙古国、俄罗斯三国以及"万里茶道"中国段沿线9省区的入境旅游流流量特征，分别采用年度入境过夜旅游人数以及人数占比进行测量。

（二）流质

旅游流流质是反映旅游流质量优劣程度的重要指标（郭向阳等，2017），具体表达为特定规模旅游流流量所引起的资金流规模与客流规模的市场占有率之比（石张宇等，2017）。Q值越大，旅游流的流质越高。当$Q<1$时，代表低质旅游流；当$Q=1$时，代表良质旅游流；当$Q>1$时，代表优质旅游流（王公为、乌铁红，2016）。

$$Q = \frac{a_i}{b_i} = \frac{x_i^t / \sum_{i=1}^{n} x_i^t}{y_i^t / \sum_{i=1}^{n} y_i^t} \qquad (6-1)$$

式中：Q表示流质指数；a_i表示第i个国家（省份）入境旅游外汇收入的市场份额；b_i表示第i个国家（省份）入境旅游人数的市场份额；x_i^t表示

第 i 个国家（省份）在第 t 年的入境旅游外汇收入；y_i^t 表示第 i 个国家（省份）在第 t 年的入境旅游人数。

（三）流速

流速是反映旅游流在特定区域持续时间长短的重要指标，采用入境旅游者在旅游地平均停留时间进行衡量。

（四）数理统计指标

1. 赫芬达尔-赫希曼指数

赫芬达尔-赫希曼指数是反映特定区域内市场力量分化或集聚程度的重要指标（付业勤等，2013），采用该指数测算"万里茶道"沿线地区入境旅游流流量的集聚程度。

$$H_n = \sum_{i=1}^{n} (x_i/x)^2 \qquad (6-2)$$

式中：H_n 为赫芬达尔-赫希曼指数，n 代表沿线地区个数，x_i 表示 i 地区入境旅游流流量，x 表示"万里茶道"沿线地区入境旅游人数。H_n 越大，表示"万里茶道"沿线地区入境旅游流流量的集聚程度越高；反之，集聚程度越低。

2. 变异系数

变异系数是衡量区域内旅游流流质相对差异的核心指标，采用变异系数测量"万里茶道"沿线地区入境旅游流流质的相对差异及变化趋势。

$$C_v = \frac{\sqrt{\sum_{i=1}^{n} (Q_i - \overline{Q})^2/n}}{\overline{Q}} \qquad (6-3)$$

式中：C_v 代表变异系数，Q_i 代表各地区流质，$\overline{Q}$ 代表各地区流质均值。

第二节　中蒙俄入境旅游流时空演化分析

一　中国入境旅游流时空分布

（一）中国入境旅游流流量与流质特征

2001～2019 年，中国入境旅游流流量整体呈稳定但略有下降的态势，年均接待入境旅游人数 12791.56 万人次,平均占全球入境旅游人数的 7.13%,是全球主要的国际旅游目的地之一。在流质方面,中国入境旅游流的流质均值为 0.65,整体上属于低质旅游流,但总体呈上升的态势。尤其是 2014 年后,中国入境旅游由低质旅游流转为优质旅游流(见图 6-1)。

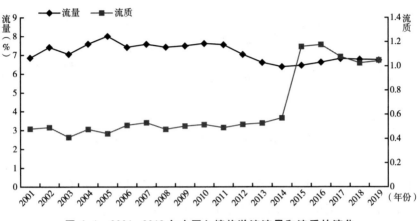

图 6-1　2001~2019 年中国入境旅游流流量和流质的演化

(二) 中国入境旅游流的客源市场分布

2000~2018 年海外入境中国游客人数的均值显示,近年来中国入境旅游流的主要客源市场分别为韩国、日本、俄罗斯、美国、蒙古国、马来西亚、菲律宾、新加坡、加拿大和印度等国,接待入境旅游人数分别为 419.55 万人次、299.61 万人次、221.07 万人次、217.28 万人次、120.95 万人次、120.30 万人次、101.80 万人次、97.58 万人次、73.00 万人次和 70.76 万人次。其中,俄罗斯和蒙古国分别列第 3 位和第 5 位(见图 6-2)。

二　蒙古国入境旅游流时空分布

(一) 蒙古国入境旅游流流量与流质特征

2001~2019 年,蒙古国入境旅游流流量整体呈上升的态势,2011 年接待入境旅游人数 627000 人次,为近年来接待高峰,此后略有下降。蒙古国入境旅游人数平均占全球入境旅游人数的 0.02%,占比较低,是边缘型的国际旅游目的地。在流质方面,蒙古国入境旅游流的流质均值为 0.97,整体上接近

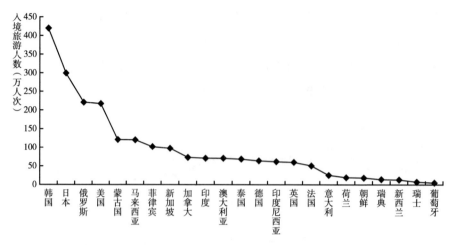

图 6-2 2000~2018 年中国入境旅游流主要客源市场分布

良质旅游流。2011~2019 年,蒙古国入境旅游流流量整体上处于下滑区间,间接导致了该国同期的流质指标出现上升(见图 6-3)。

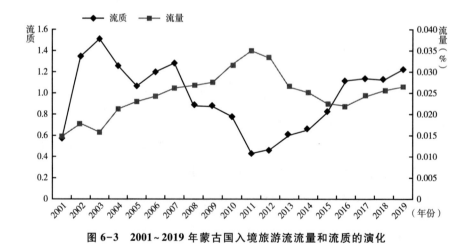

图 6-3 2001~2019 年蒙古国入境旅游流流量和流质的演化

(二)蒙古国入境旅游流的客源市场分布

2015~2019 年海外入境蒙古国游客人数的均值显示,近年来蒙古国入境旅游流的主要客源市场分别为中国、俄罗斯、韩国、日本、美国、哈萨克斯坦、德国、法国、澳大利亚和英国,接待入境旅游人数分别占蒙古国入境旅游总数的32.11%、22.17%、15.18%、4.59%、3.57%、3.19%、2.24%、2.02%、1.36%和1.31%。2020年后,受新冠疫情等因素的影响,中国赴蒙古国入境旅游人数大幅下降,俄罗斯成为蒙古国入境旅游的第一大市场(见表6-1)。

表6-1　2015～2022年蒙古国入境旅游流主要客源市场分布

单位:人次,%

国家	2015年	2016年	2017年	2018年	2019年	2020年	2021年	2022年	2015～2019年均值	2015～2022年均值
总量	386204	404163	469309	529370	577300	58859	33100	286282	473269	343073
中国	37.57	32.49	30.36	30.98	29.15	22.96	17.41	3.91	32.11	25.60
俄罗斯	18.31	20.80	22.77	24.39	24.58	50.35	37.84	53.50	22.17	31.57
韩国	12.23	14.25	15.96	15.90	17.54	8.60	6.98	18.65	15.18	13.76
日本	4.99	4.94	4.80	3.97	4.23	1.92	1.14	2.24	4.59	3.53
美国	3.74	3.92	3.55	3.37	3.26	1.95	4.74	2.99	3.57	3.44
哈萨克斯坦	3.74	3.31	3.03	3.05	2.82	2.56	2.20	6.13	3.19	3.35
德国	2.33	2.40	2.25	2.04	2.15	1.02	1.54	1.40	2.24	1.89
法国	2.07	2.23	2.14	1.85	1.83	0.52	0.64	1.00	2.02	1.54
澳大利亚	1.24	1.39	1.55	1.42	1.21	0.65	0.40	0.47	1.36	1.04
英国	1.59	1.52	1.28	1.12	1.03	0.51	0.55	0.55	1.31	1.02

三　俄罗斯入境旅游流时空分布

(一)俄罗斯入境旅游流流量与流质特征

2001～2019年,俄罗斯入境旅游流流量整体呈下降的态势,入境旅游人数平均占全球入境旅游人数的1.41%,相对于俄罗斯的国土面积和旅游资源而言,该国入境旅游流流量偏低。在流质方面,俄罗斯入境旅游流的流质均值为0.78,属于低质旅游流,但从发展演化上看,其流质整体呈现上升的发展态势(见图6-4)。

(二)俄罗斯入境旅游流的客源市场分布

2014～2019年海外入境俄罗斯游客人数的均值显示,近年来俄罗斯入境旅游流的主要客源市场分别为乌克兰、哈萨克斯坦、中国、芬兰、波兰、

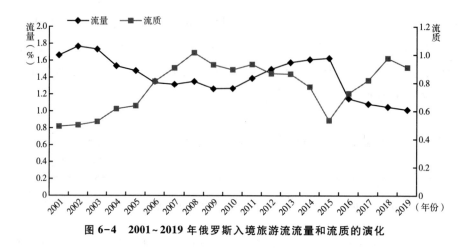

图 6-4　2001～2019 年俄罗斯入境旅游流流量和流质的演化

阿塞拜疆、德国、亚美尼亚、乌兹别克斯坦和蒙古国等国，接待入境旅游人数分别占俄罗斯入境旅游总数的 33.69%、15.02%、5.55%、4.65%、4.36%、3.49%、2.41%、2.30%、2.15% 和 1.48%（见表 6-2）。2020 年后，受新冠疫情等因素的影响，中国和蒙古国赴俄罗斯入境旅游人数大幅下降，乌克兰、哈萨克斯坦、阿布哈兹、塔吉克斯坦、乌兹别克斯坦等国成为俄罗斯入境旅游的主要市场。

表 6-2　2014～2019 年俄罗斯入境旅游流主要客源市场分布

单位：千人次，%

国家	2014 年	2015 年	2016 年	2017 年	2018 年	2019 年	均值	占比
总量	25438	26852	24571	24390	24551	24419	25037	
乌克兰	8436	8912	8569	8723	8202	7760	8434	33.69
哈萨克斯坦	3733	4711	3564	3485	3510	3564	3761	15.02
中国	874	1122	1289	1478	1690	1883	1389	5.55
芬兰	1380	1416	1319	1017	950	896	1163	4.65
波兰	1772	1725	1017	714	682	641	1092	4.36
阿塞拜疆	818	856	898	876	893	911	875	3.49
德国	584	553	566	580	645	690	603	2.41
亚美尼亚	601	552	596	584	566	551	575	2.30
乌兹别克斯坦	874	797	597	425	219	324	539	2.15
蒙古国	158	378	522	396	387	376	370	1.48

四 中蒙俄入境旅游流分析

通过以上分析可知，中蒙俄三国入境旅游流流质均小于1，属于低质旅游流；在流量方面，中国>俄罗斯>蒙古国，且中国流量优势明显。因此，在"万里茶道"品牌打造方面可将中国作为国际旅游市场开发的突破口和品牌建设的核心。此外，在客源市场分布上，韩国、日本、哈萨克斯坦、德国等国是中蒙俄三国具有一定重合度的入境旅游流来源（见表6-3），因此应将这些国家作为"万里茶道"主要的客源国和营销对象，推动"万里茶道"的市场开发和品牌建设。

表6-3 2001~2019年中蒙俄入境旅游

国家	流量(%)	流质	主要客源市场	中蒙俄共同客源市场
中国	7.13	小于1	韩国、日本、俄罗斯、美国、蒙古国、马来西亚、菲律宾、新加坡、加拿大和印度	韩国、日本、哈萨克斯坦、德国等
蒙古国	0.02	小于1	中国、俄罗斯、韩国、日本、美国、哈萨克斯坦、德国、法国、澳大利亚和英国	
俄罗斯	1.41	小于1	乌克兰、哈萨克斯坦、中国、芬兰、波兰、阿塞拜疆、德国、亚美尼亚、乌兹别克斯坦和蒙古国	

第三节 "万里茶道"中国段入境旅游流时空演化分析

一 "万里茶道"中国段入境旅游流流量的时空演化

(一) 入境旅游流流量年际演化分析

入境旅游流流量的绝对指标显示，2000~2019年"万里茶道"中国段沿线9省区入境旅游流流量整体上保持增长态势，个别省份受非典疫情及国际旅游市场波动的影响在2003年、2009年及2013年出现短暂回调，其余年份基本保持增长趋势（见图6-5）。

(二) 入境旅游流流量空间分布

入境旅游流流量的相对指标显示（见表6-4），2000~2019年，福建入

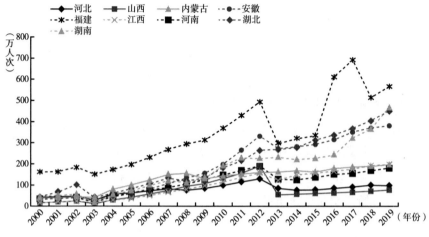

图 6-5   2000~2019 年"万里茶道"中国段沿线 9 省区入境旅游流流量年际演化

境旅游流流量在"万里茶道"中占绝对优势，平均占有率为 27%。湖北、安徽和湖南分别排第 2~4 位，平均占有率依次为 14%、12% 和 11%。此外，2000~2019 年，赫芬达尔-赫希曼指数总体呈下降态势，表明"万里茶道"中国段沿线 9 省区入境旅游流流量的集聚程度在下降。

表 6-4   2000~2019 年"万里茶道"中国段沿线 9 省区入境旅游流流量相对指标

年份	河北	山西	内蒙古	安徽	福建	江西	河南	湖北	湖南	赫芬达尔-赫希曼指数
2000	0.10	0.04	0.09	0.07	0.38	0.04	0.08	0.10	0.11	0.19
2001	0.09	0.04	0.08	0.08	0.34	0.04	0.08	0.14	0.11	0.18
2002	0.08	0.04	0.08	0.08	0.32	0.04	0.07	0.18	0.10	0.17
2003	0.08	0.03	0.12	0.08	0.43	0.05	0.05	0.12	0.04	0.23
2004	0.10	0.05	0.14	0.09	0.30	0.05	0.08	0.11	0.10	0.16
2005	0.09	0.06	0.14	0.09	0.28	0.05	0.08	0.10	0.10	0.15
2006	0.08	0.06	0.14	0.09	0.26	0.06	0.08	0.12	0.11	0.14
2007	0.08	0.07	0.14	0.10	0.25	0.06	0.08	0.12	0.11	0.14
2008	0.06	0.08	0.13	0.11	0.25	0.07	0.09	0.10	0.10	0.14
2009	0.07	0.08	0.10	0.12	0.24	0.08	0.10	0.10	0.10	0.13
2010	0.06	0.08	0.09	0.13	0.23	0.07	0.09	0.12	0.12	0.13
2011	0.06	0.08	0.08	0.14	0.23	0.07	0.09	0.12	0.12	0.13
2012	0.06	0.09	0.07	0.15	0.23	0.07	0.09	0.12	0.10	0.13
2013	0.05	0.03	0.10	0.17	0.18	0.08	0.08	0.17	0.14	0.14

续表

年份	河北	山西	内蒙古	安徽	福建	江西	河南	湖北	湖南	赫芬达尔－赫希曼指数
2014	0.05	0.03	0.10	0.17	0.19	0.09	0.07	0.17	0.13	0.14
2015	0.04	0.03	0.09	0.17	0.19	0.09	0.08	0.18	0.13	0.14
2016	0.04	0.03	0.08	0.15	0.29	0.08	0.07	0.16	0.11	0.16
2017	0.04	0.03	0.08	0.15	0.29	0.07	0.06	0.15	0.13	0.16
2018	0.04	0.03	0.08	0.16	0.22	0.08	0.07	0.17	0.15	0.14
2019	0.04	0.03	0.08	0.15	0.22	0.08	0.07	0.17	0.18	0.15
均值	0.07	0.05	0.10	0.12	0.27	0.07	0.08	0.14	0.11	
标准差	0.02	0.02	0.02	0.03	0.06	0.02	0.01	0.03	0.03	

依据"万里茶道"的线路安排,以流量相对指标均值进行排序,沿线9省区入境旅游流流量呈现"W"形轨迹,福建、湖南、安徽、湖北和内蒙古为区域流量高点;根据流量相对指标均值的大小进行排序,依次为福建、湖北、安徽、湖南、内蒙古、河南、江西、河北和山西(见图6-6)。

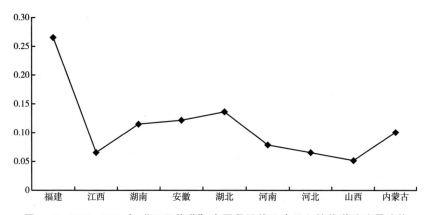

图6-6 2000~2019年"万里茶道"中国段沿线9省区入境旅游流流量均值

二 "万里茶道"中国段入境旅游流流质的时空演化

(一)入境旅游流流质年际演化分析

如表6-5所示,"万里茶道"沿线9省区入境旅游流流质整体偏低,只有福建的流质均值大于 1，其余省区的流质均值均小于 1。沿线地区入境旅游流流质的年际演化主要表现为两种形式：①基本稳定型，包括福建、江西、河南和山西，累计变化率分别为 - 7.34%、- 12.47%、10.37% 和 6.61%，年均变化率均小于1%；②稳步提升型，包括河北、内蒙古、安徽、湖北和湖南，累计变化率分别为 55.08%、47.16%、91.95%、38.86% 和 29.65%。

表 6-5　2000~2019 年"万里茶道"中国段沿线 9 省区入境旅游流流质指数

年份	河北	山西	内蒙古	安徽	福建	江西	河南	湖北	湖南	标准差
2000	0.79	0.70	0.75	0.63	1.29	0.89	0.89	0.75	1.13	0.21
2001	0.81	0.69	0.79	0.64	1.33	0.83	0.84	0.69	1.24	0.24
2002	0.83	0.71	0.80	0.64	1.40	0.70	0.83	0.65	1.29	0.28
2003	0.68	0.71	0.76	0.67	1.38	0.65	0.76	0.76	0.67	0.23
2004	0.77	0.64	0.74	0.66	1.45	0.65	0.83	0.74	1.33	0.30
2005	0.76	0.63	0.74	0.67	1.50	0.63	0.82	0.76	1.23	0.30
2006	0.80	0.68	0.78	0.67	1.52	0.67	0.86	0.72	1.23	0.30
2007	0.80	0.63	0.77	0.68	1.70	0.62	0.76	0.66	1.12	0.35
2008	0.75	0.65	0.76	0.70	1.67	0.64	0.73	0.76	1.14	0.33
2009	0.74	0.71	0.87	0.73	1.68	0.61	0.69	0.77	1.04	0.33
2010	0.74	0.74	0.87	0.74	1.67	0.63	0.70	0.85	0.98	0.31
2011	0.77	0.72	0.87	0.88	1.67	0.60	0.64	0.87	0.90	0.32
2012	0.82	0.74	0.94	0.91	1.66	0.60	0.62	0.88	0.80	0.31
2013	0.95		0.81	0.83	2.12	0.58	0.71	0.62	0.49	0.52
2014	0.99		0.84	0.92	2.16	0.53	0.82	0.63	0.51	0.53
2015	0.85		0.77	1.01	2.16	0.47	0.81	0.69	0.49	0.54
2016	0.91		0.88	1.12	1.49	0.49	0.82	0.77	0.58	0.31
2017	0.88		0.94	1.14	1.52	0.50	0.59	0.79	0.56	0.34
2018	1.13		1.17	1.49	0.95	0.67	0.75	1.02	0.72	0.28
2019	1.24		1.12	1.46	0.98	0.72	0.86	0.96	0.79	0.25
均值	0.85		0.85	0.86	1.57	0.63	0.77	0.77	0.91	
累计变化率(%)	55.08	6.61	47.16	91.95	-7.34	-12.47	10.37	38.86	29.65	
年均变化率(%)	2.75	0.33	2.36	4.60	-0.37	-0.62	0.52	1.94	1.48	

注：累计变化率是各年份变化率之和，年均变化率是各年份变化率的平均值。表 6-6 同理。

（二）入境旅游流流质空间分布

如图 6-7 所示，2000~2019 年，"万里茶道"中国沿线 9 省区入境旅游流流质位序变化不规则，呈震荡分布状态。福建入境旅游流流质稳定，长期处于首位，2018~2019 年略有下降；内蒙古、安徽、河北呈上升状态，分别从第 7 位、第 9 位、第 5 位上升至第 3 位、第 1 位、第 2 位；河南、湖北流质变化呈震荡状态，在第 2~8 位和第 3~8 位变化；湖南、江西流质分别从 2000 年的第 2、3 位下降至 2019 年的第 7、8 位；山西流质偏低，在第 5~9 位变化，2009~2012 年排第 7 位，2013 年及之后由于数据缺失，未参与排序。

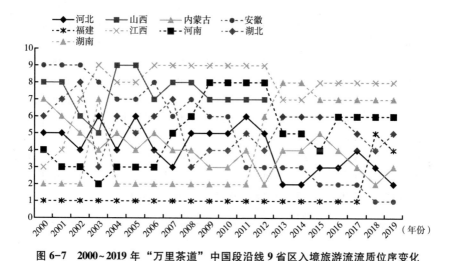

图 6-7　2000~2019 年"万里茶道"中国段沿线 9 省区入境旅游流流质位序变化

三　"万里茶道"中国段入境旅游流流速的时空演化

（一）入境旅游流流速年际演化分析

2000~2017 年，"万里茶道"沿线 9 省区入境旅游流流速变化表现出两种趋势，其中河北、山西、内蒙古、安徽、福建和湖北表现为流速下降，游客平均停留时间延长，年均变化率分别为 2.23%、1.94%、3.29%、3.91%、5.44% 和 1.90%；江西、河南和湖南表现为流速加快，游客平均停留时间减少，年均变化率分别为-1.17%、-1.77% 和-0.14%（见表 6-6）。

表6-6 2000~2017年"万里茶道"中国段沿线9省区入境旅游流流速及变化率

单位：天

年份	河北	山西	内蒙古	安徽	福建	江西	河南	湖北	湖南
2000	2.66	1.95	1.96	1.56	3.18	2.62	2.79	1.89	3.18
2001	2.59	1.90	2.07	1.58	3.37	2.66	2.46	1.81	3.43
2002	2.62	1.94	1.93	1.55	3.44	2.23	2.66	1.67	3.26
2003	2.26	2.06	2.00	1.69	3.65	2.15	2.37	1.97	1.75
2004	2.25	1.83	1.91	1.60	3.89	2.10	2.12	1.75	3.38
2005	2.36	1.65	2.29	1.68	4.00	2.04	2.16	1.83	3.18
2006	2.32	1.74	2.02	1.60	3.84	1.99	2.20	1.73	3.01
2007	2.37	1.78	2.11	1.68	4.40	2.00	2.21	1.78	3.04
2008	2.37	1.78	2.11	1.68	4.40	2.00	2.21	1.78	3.04
2009	2.27	1.88	2.37	1.96	4.38	2.02	2.02	1.98	2.75
2010	2.31	1.88	2.35	1.96	4.33	1.95	1.98	2.06	2.49
2011	2.48	1.89	2.50	2.65	4.33	2.03	2.18	2.15	2.51
2012	2.58	1.95	2.58	2.65	4.37	1.92	2.11	2.24	2.22
2013	3.35	2.10	3.04	2.68	4.83	2.20	2.38	2.24	1.89
2014	3.40	2.52	2.98	2.32	2.73	1.97	2.42	2.30	1.90
2015	3.67	2.58	3.07	2.32	2.47	1.98	2.28	2.33	1.81
2016	3.28	2.58	2.97	2.40	4.82	1.90	2.09	2.38	1.96
2017	3.63	2.61	3.12	2.78	5.10	2.06	1.97	2.52	1.94
累计变化率(%)	37.91	32.97	55.95	66.55	92.48	-19.84	-30.03	32.37	-2.33
年均变化率(%)	2.23	1.94	3.29	3.91	5.44	-1.17	-1.77	1.90	-0.14

（二）入境旅游流流速空间分布

如图6-8所示，2000~2013年，福建入境旅游流流速最慢，游客停留时间较长，排序基本在第9位；河北流速总体在减慢，在2013年排第8位；内蒙古在2000年的初始流速较快，而后总体在减慢，在2013年居于第7位；河南的流速在第2~7位波动，并于2013年居于第5位；湖北的初始流速较快，而后总体在减慢，于2013年居于第4位；江西的流速总体在加快，并于2013年居于第3位；山西的流速在第1~7位徘徊，于2013年居于第2位；湖南的流速在2000~2010年基本居于第8位，而后总体在加快，并于2013年居于第1位。

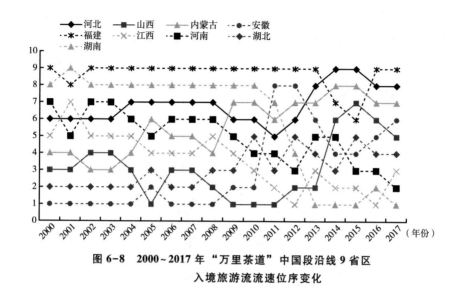

图 6-8　2000～2017 年"万里茶道"中国段沿线 9 省区
入境旅游流流速位序变化

四　"万里茶道"中国段入境旅游流的时空格局及影响因素

（一）"万里茶道"中国段入境旅游流时空格局

运用入境旅游人数、收入及游客平均停留时间等数据，基于流量、流质、流速指数以及数理统计指标，对"万里茶道"中国段沿线 9 省区入境旅游流的时空演化特征进行研究，结果如下。

（1）沿线 9 省区入境旅游流流量总体在上升，但在空间分布上不均衡，呈现"W"形轨迹，福建、湖南、安徽、湖北和内蒙古为沿线流量高点。

（2）沿线 9 省区入境旅游流流质演化表现不一，河北、山西、内蒙古、安徽、河南、湖北、湖南为流质提升，福建和江西为流质下降；在空间分布上各省区流质整体偏低，除福建外，其余省区均属于低质旅游流。

（3）沿线 9 省区入境旅游流流速的演化表现为两种情况，河北、山西、内蒙古、安徽、福建、湖北表现为流速下降，江西、河南、湖南表现为流速加快；在空间分布上各省区流速表现不规则，只有福建始终保持较低流速。

（4）在此基础上，基于流量、流质和流速指标的均值排序，对沿线 9 省区入境旅游流的整体特征进行刻画，各省区分别表现为：福建高流量、高流质、低流速；江西低流量、低流质、高流速；湖南高流量、高流质、低流速；湖北高流量、低流质、高流速；河南低流量、低流质、低流速；河北低流量、低流质、低流速；山西低流量、低流质、高流速；内蒙古低流量、高流质、低流速（见图6-9）。

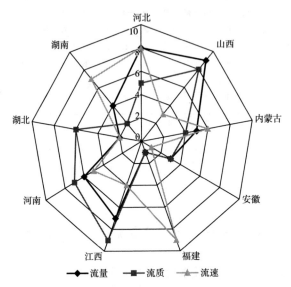

**图6-9 2000~2017年"万里茶道"中国段沿线
9省区入境旅游流特征**

（二）影响因素

（1）区位条件是影响"万里茶道"中国段沿线9省区入境旅游流流量差异的重要因素。福建是"万里茶道"的起点，毗邻港澳台，凭借良好的区位优势福建更容易获得来自港澳台以及东南亚的入境旅游流。河北、山西等省份位于内陆地区，远离客源市场，吸纳的入境旅游流相对较少。

（2）旅游资源是影响入境旅游流流量的重要条件。湖南、湖北是"万里茶道"连通南北的重要节点，具有大量自然和文化遗产，优质而丰富的旅游资源对入境旅游流具有较强的引导作用，为当地带来了较高的旅游流流量。江西、河北等地高等级旅游资源有限，对入境旅游流吸引作用较弱，入境旅游流流量相对较小。

（3）旅游业发展水平是导致沿线省区入境旅游流流质、流速变化的主要原因。近年来，安徽、湖北、河北等地旅游业发展相对较快，推动了入境旅游者旅游体验的改善和旅游消费的增加，促使入境旅游流的流质提升、流速下降；江西、河南等地由于资源属性、经济发展等原因，旅游业发展趋缓，对旅游消费的拉动作用有限，导致入境旅游流的流质下降或流速加快。

（三）启示

根据"万里茶道"中国段沿线9省区入境旅游流的时空演化特征，在"万里茶道"国际旅游品牌建设和入境旅游发展方面获得如下启示：第一，重视福建作为"万里茶道"起点的战略位置和区位优势，促进福建入境旅游的发展和市场营销，将福建打造成"万里茶道"重要的流量入口；第二，依托区位优势推进内蒙古入境旅游、边境旅游的发展和旅游产品建设，将内蒙古建设成"万里茶道"中国段的门户和桥头堡；第三，推动湖北、湖南等"万里茶道"旅游资源核心区的入境旅游发展，将相关地区建设成"万里茶道"旅游线路品牌的重要枢纽；第四，利用比较优势，加强江西、山西等入境旅游欠发达地区的旅游产品建设，将其打造成"万里茶道"的重要节点。

第七章　遗产廊道视角下"万里茶道"
中国段遗产资源分布

　　"万里茶道"不仅是一条明清时期以茶叶为主要贸易产品的国际商道，也是一条跨国文化遗产廊道，沿线分布着茶山、茶场、茶亭、古道、码头、会馆、古镇、茶叶店、寺庙等众多直接和相关的遗产资源。"万里茶道"中国段作为整个"万里茶道"的核心，占据和拥有大部分核心遗产资源，厘清"万里茶道"中国段的遗产资源分布情况，对于"万里茶道"申遗和国际旅游品牌打造具有重要的现实意义。

第一节　"万里茶道"遗产廊道

一　遗产廊道

（一）遗产廊道的概念

　　遗产廊道（heritage corridor）缘自"绿线公园""绿色廊道"等相关概念（陶犁，2012），是 20 世纪 60 年代在美国兴起的一种地区性的文化遗产保护与开发模式（陶犁、王立国，2013）。2001 年，北京大学学者率先将遗产廊道的概念引入国内（王志芳、孙鹏，2001）。遗产廊道是以一条线状"遗产区"的方式，把文化遗产保护、环境保护、休闲娱乐以及经济开发有机地融合在一起的遗产保护战略（李伟等，2004）。遗产廊道中通常以发展的文化中心、蓬勃发展的旅游业、旧住宅的更新再利用等为特色。遗产廊道突出了区域、人口、自然环境、历史等多元特征，为古迹和遗产的保护提供了一个崭新的视角，对促进遗产资源的可持续发展具有重要意义。遗产廊道工程重视历史人文内涵、自然生态系统与经济社会文化价值的相互协同。它是一项全面的遗产工程，将自然、经济社会、历史人文价值三者结合起来，采取多种方式追求遗产保护、区域发展、居民休闲以及文化旅游等目标（张定青等，2016）。

（二）遗产廊道的特征

"遗产廊道"这一理念具有多维的含义和特征，具体体现在以下几个层面。

第一，"遗产廊道"是一种呈现动态性演化特点的独特的线性文化景观（陶犁，2012）。"遗产廊道"是以特定遗产为主题背景、以特定环境为依托的线性遗产区域，多为中尺度，一般至少几公里，具有文化意义的河流、峡谷、运河、道路以及铁路线等。遗产廊道蕴含了大量有关遗产线路由来、发展及其与环境互动的宝贵证据，而线性空间则随着历史发展动态演变而扩展、变迁。

第二，"遗产廊道"是一种独特的线性空间，其构成元素错综复杂。"遗产廊道"在空间设定上属于国家、次区域或区域层次；在空间组织上由以运输线路为主体的走廊和城镇、聚落、遗产聚集区等构成的文化节点以及它们所向外延伸的区域。其空间尺度取决于文化遗产的影响"半径"以及文化遗产的扩散阻力。一条"遗产廊道"的形成过程中常伴随有商品交换、民族迁徙与融合以及文化传播与沟通等因素，并由此深刻塑造了沿途风景。沿线的聚落与城镇、道路与交通、建筑与遗迹、经济与环境等均以多种方式围绕着一定的廊道文化主题表现出来。

第三，"遗产廊道"作为超越时空的通道统一体，具备多重维度的价值与作用。与绿色廊道（green way）不同，遗产廊道将线性遗产区域的历史文化价值放到首位，主要强调区域的遗产保护和社区的经济发展，也兼顾自然生态系统的平衡，是一种追求遗产保护、区域振兴、居民休闲、文化旅游以及公众教育的综合保护形式。

（三）遗产廊道的类型

基于遗产廊道的线性要素特征，遗产廊道大致可以划分为如下几种类型。①河流线路型遗产廊道。在这一类型中，河流、峡谷既是廊道空间形成的主要脉络，又是影响遗产产生、发展和演化的主要因素，它通常有河流灌溉、交通运输、生计获取、人口流动、文化培育以及生态支持等诸多职能，比如伊利运河、黑石河峡谷、京杭大运河、长江三峡、黄河、金沙江等。②陆运式的遗产廊道。此类遗产廊道主要指人类发展历史上在特定区域形成的贸易线路或走廊，对沿线地区发展具有重要影响，如"丝绸之路""茶马古道""古蜀道""万里茶道"等线路。③其他类型遗产廊道。除上述两种类型外，还有些廊道是由于具备特定功能或人类特定活动而形成的线性遗产区域，如长城沿线遗产区域、红军长征路线、中东铁路遗产廊道等。

（四）"遗产廊道"应具备的条件

从"遗产廊道"所蕴含的文化内涵出发，结合中国的实际情况，"遗产廊道"建设应具备以下几个方面的要求。

（1）历史重要性。廊道内应具有塑造城镇、地区、国家历史的事件和要素，具有鲜明的史学意义和时空相关性，线条的主旋律和时空尺度清晰，许多线性景观仍存有早先重要事件和早期人们居住模式的痕迹。

（2）文化重要性。遗产廊道代表了早期人类的运动路线，并体现着一地文化的发展历程。它表现出了人的迁徙与交融，表现出了物质文明的多元化，表现出了文化的持续交融。

（3）自然资源的重要性。遗产廊道的自然要素应是人类居住地形成的基础，同时对整个廊道的形成和发展具有重要影响。

（4）建筑或工程上的重要性。廊道内的建筑具有形式、结构、演化上的独特性，或是特殊的工程运用措施，并成为人类发展史上的重要建筑或工程。

（5）经济重要性。廊道对沿线地区的产业分布、城镇发展、生计选择等方面产生直接影响，对沿线地区的经济社会发展具有显著的带动作用。

根据上述标准，"万里茶道"符合"遗产廊道"的各项要求，可以根据遗产廊道的资源评价、文化保护、景观建设、区域开发、线路管理等理论进行整体开发、保护与管理。

(五)"遗产廊道"与旅游开发之间的关系

遗产廊道是通过划定线性"遗产区"的方式,将文化遗产保护、环境治理、休闲娱乐以及经济开发有机地融合在一起的保护与开发模式。旅游开发是对文化遗产进行有效的保护、激活和使用的一种有效途径。二者之间具有密切的耦合关系,具体表现在以下方面。

第一,"遗产廊道"具备旅游开发的基础。遗产廊道除了其内在的历史、文化价值之外,通常还有经济、政治、社会、生态、审美、认知等多方面的价值(李飞、宋金平,2010),也是重要的旅游吸引物之一。此外,"遗产廊道"也是线性旅游产品的初级形态,它把独立的旅游景区景点、设施服务、城镇聚落、道路桥梁和环境生态等要素以特定主题连接在一起,构成一条线状或带状的旅游产品,具备旅游开发的基础和条件。

第二,旅游开发是创新遗产廊道保护与发展方式的有效手段(李创新等,2009)。遗产廊道因其时空跨度较大、结构复杂、功能多元等特点,在保护与发展中具有一定的艰巨性与特殊性。例如,很多遗产资源由于使用价值衰退,处于被埋没的状态,也有一些遗产廊道由于空间跨度大,需要大量的资金投入推进遗产保护,因此需要不断创新文化遗产区域保护与发展的路径与方法。旅游开发有利于唤醒遗产资源的沉淀价值,提升遗产廊道的影响力,获取遗产资源的保护资金,因此在实践中是推动遗产廊道建设、提升遗产廊道影响力的有效途径(龚道德等,2016)。

第三,旅游开发有助于挖掘遗产廊道的多元价值。遗产廊道是一个开放的遗产保护理念,其内涵与出发点是既要重视遗产保护,保证线性遗产的"原真性"与"完整性",又要重视线路区域整体发展以及线路与环境、社区之间的关系。旅游开发是一个综合性的活动,既有助于发掘遗产的历史文化价值,也有助于创造就业机会,促进社区居民的生计改善,带动沿线地区的经济社会发展,实现遗产廊道的多元价值诉求。

第四,遗产廊道旅游有助于推动旅游发展观念和方式的革新。传统的旅游开发理念是以景点景区为核心,以经济效益和效用为主要目标。遗产廊道是涉及多重目标的遗产保护战略,由于时空特性,其旅游开发、遗产保护和价值发掘必须采用新的角度和方法,也迫使遗产廊道旅游表现出新的特点，具体表现为：①从以景点景区为主的开发模式转向以"遗产廊道"为主的保护战略；②由"以决策为导向"的旅游计划方式，转向"以遗产为导向"的计划方式；③游客由注重交通、住宿、游览等旅游体验转变为注重历史、遗产等文化体验。

二 "万里茶道"遗产廊道中国段

"万里茶道"中国段包括生产路段、集散路段和外销路段，是中蒙俄"万里茶道"的核心区域，沿线地区包含茶山、茶场、茶亭、古道、码头、会馆、古镇等众多遗产资源。通过对"万里茶道"共同申报世界文化遗产工作的有关调研，发现"万里茶道"中国地区文化遗产的生产路段有 19个、集散路段有 24 个、外销路段有 6 个，总计 49 个。遗产的种类包括生产、运输、管理和服务四种类型。这些文物古迹是"万里茶道"的重要实物见证，对于研究茶叶贸易、茶文化具有重要意义，是值得进一步研究和保护的珍贵遗产资源。

(一)"万里茶道"中国段生产路段

"万里茶道"中国段生产路段主要指"万里茶道"不同时期的茶源地，包括福建省武夷山市，江西省铅山县、婺源县、九江市，湖南省安化县、岳阳市，安徽省黄山市，湖北省赤壁市、鹤峰县以及五峰土家族自治县。生产路段遗产分布如表 7-1 所示。

表 7-1　"万里茶道"遗产廊道中国段遗产分布（生产路段）

路段	省市县	遗产点名称	历史年代	构成要素
生产路段19个	福建省武夷山市	下梅村	清代至民国兴盛（18~20世纪初）	清代古民居群、祠堂、寺庙、茶庄仓库、村落街巷体系、当溪及两岸商铺
		武夷古茶园	清代以来（18世纪以来）	大坑口古茶园、蓑衣岭古茶园、喊山台古茶园、慧苑禅寺、佛国岩茶厂遗址
		武夷天游九曲茶事题刻	明至清代（17~18世纪）	建宁府衙门题刻、按察使司题刻、杨琳题刻、孔兴珫题刻、林翰题刻、清采办贡茶茶价禁碑
		闽赣古驿道分水关段	五代/宋代至民国（10~20世纪）	分水关遗址、孤魂总祭碑与祠、黄莲坑段古道及卷桥、大安岭段古道、大安亭遗址

续表

路段	省市县	遗产点名称	历史年代	构成要素
生产路段19个	江西省铅山县	河口镇明清古街	明清时期（16～19世纪）	一堡街、二堡街、三堡街、石板街及相连的巷道，沿街巷分布的各类公共建筑、商铺建筑、民居建筑、惠济渠及古桥、码头
	江西省婺源县	徽饶古驿道婺源浙岭段	唐至清（7～19世纪）	石板路1公里、堆婆石古墓、"吴楚分源"碑、一线泉碑、同春亭、鼻梁孔亭
		思口镇龙腾村及茶园	宋至清（10～20世纪）	龙腾古茶园、龙腾码头、石板路、"协和昌"茶庄、民居等古建筑
	江西省九江市	九江姑塘海关旧址	重建于1902年	征税处、行政管理处和宿舍三栋建筑，炮台台基及上山台阶、姑塘码头
	湖南省安化县	渠江大安村及茶园	村落始于明嘉靖年间（1550年前后），现存民居、茶园为19世纪末至20世纪初	3处村落建筑群、古道、桥梁、茶园
		缘奇桥	清康熙三十五年（1696）	石桥一座、石碑6块、古道、桥头民居
		鹞子尖古道	清康熙至乾隆年间修建（17～18世纪）	石板路、碑刻、摩崖石刻、茶亭遗址、墓葬（义冢群）
		永锡桥	清光绪四年（1878）	永锡桥、印月亭、碑廊
		唐家观古镇	明清—民国（17世纪至20世纪初）	东西向古街及沿街建筑群，石板路面古街长约500米，两侧古民居，砖木结构古宗祠、公馆、教会，三条连接江边码头的通道，茶叶章程、商务公约等石碑10余块
		安化茶厂早期建筑群	始建于清乾隆四十八年（1783），清同治八年重建（1869），20世纪初至20世纪50年代续建	厂房建筑30余栋、1栋清代木制茶叶加工作坊、3栋民国木质仓库、1栋50年代锯齿顶厂房、1座大门牌楼、1座楼阁式石塔
	湖南省岳阳市	大矶头遗址	清光绪五年（1879）	三级石质平台
	安徽省黄山市	黄山祁门红茶贸易史迹	清光绪元年（1875）	胡元龙培桂山房、祁门茶业改良场旧址、桃源村陈氏宗祠、阊江水路祁城码头、洪家大屋
	湖北省赤壁市	赤壁羊楼洞古镇	明清时期（16～19世纪）	明清石板街（3段千余米）、百余栋传统民居建筑、6处茶加工片区、10余处桥涵、并井与碑刻

路段	省市县	遗产点名称	历史年代	构成要素
生产路段19个	湖北省鹤峰县	鹤峰古茶道南村段	明清时期（16～19世纪）	2段石板路、燕喜洞、南府遗址、张桓侯庙遗址，以及多处桥、碑刻、石刻
	湖北省五峰土家族自治县	五峰古茶道汉阳桥段	明清时期（16～19世纪）	汉阳桥、石板路3公里、骡马店及客栈2处、寺庙遗址1处、茶栈1处、码头2处、碑刻和茶园多处

资料来源："万里茶道"申遗资料。

（二）"万里茶道"中国段集散路段

"万里茶道"中国段集散路段主要指"万里茶道"贸易中的经停地和集散地，包括湖北省武汉市、襄阳市，河南省南阳市、社旗县、汝州市、洛阳市、沁阳市，山西省泽州县、长治市、祁县、太谷县、晋中市、太原市、代县、大同市、右玉县以及河北省张家口市。集散路段遗产分布如表7-2所示。

表7-2 "万里茶道"遗产廊道中国段遗产分布（集散路段）

路段	省市县	遗产点名称	历史年代	构成要素
集散路段24个	湖北省武汉市	大智门火车站	1903年	火车站大楼
		江汉关大楼	1924年	江汉关大楼
		汉口俄商近代建筑群	19世纪末至20世纪初	新泰大楼、华俄道胜银行、汉口东正教堂、源泰洋行、汉口俄国领事馆、顺丰茶栈、巴公房子、李凡洛夫公馆等八处建筑
	湖北省襄阳市	襄樊城墙及码头	明清时期（16～19世纪）	18座码头和2处公馆
	河南省南阳市	南阳府衙	元至清（13～20世纪）	府衙大门、影壁、仪门、大堂、寅恭门、二堂、内宅门、三堂、后花园等建筑
	河南省社旗县	赊店古镇	明清时期（16～19世纪）	社旗山陕会馆、瓷器街（含福建会馆、蔚盛长票号、广盛镖局、厘金局、大昇玉茶庄等）、北大石桥、古码头
	河南省汝州市	半扎古镇	清（17～20世纪）	寨墙、寨门、文昌阁、关帝庙、民居、铺店、骡马店、石桥、古道、古井等，选址相关的万泉河等水系

续表

路段	省市县	遗产点名称	历史年代	构成要素
集散路段24个	河南省洛阳市	洛阳关林	明清时期（16~19世纪）	舞楼、大门、仪门、拜殿、大殿、二殿、三殿、石牌坊、碑亭、墓冢、钟楼、鼓楼等建筑，记载商人活动的碑刻
		潞泽会馆	清（18世纪）	舞楼、大殿、寝殿、钟楼、鼓楼、东西配殿、西跨院等建筑，记载商人活动的碑刻
		洛阳山陕会馆	清（17~18世纪）	琉璃照壁、山门、舞楼、石牌坊、拜殿、正殿、门楼、仪门、廊房、官厅、配殿等建筑，碑刻、石狮等附属文物
	河南省沁阳市、山西省泽州县	太行陉（河南、山西）	隋至民国（6~20世纪）	羊肠坂道碗子城段：拦车村、孟良寨遗址、碗子城遗址、"羊肠坂道"题刻、人工取水处、石造像、修路摩崖碑、茶棚遗址；窑头古坂道窑头村段：奎星楼、厘金局、民居、客栈、古道、捐资碑记等；窑头古坂道关爷坡段：关爷庙、古道、"茶池"、长城及城门等
	山西省长治市	中村潞商建筑群	明末至民国（17~20世纪）	申家大院7处院落、铺店、丝绸店、歇马店、布店、醋店、储茶院、染坊院、古驿道
	山西省祁县	祁县晋商老街	清至民国（17~20世纪）	渠家大院、长裕川茶庄、三晋源茶票号、何家大院、永聚祥茶庄、大玉川茶庄、巨盛川茶庄、大德诚茶庄、大盛川茶票庄、亿中恒钱茶庄、大德通茶票庄、合盛元茶票庄
	山西省太谷县	曹家大院	明晚期至清（16~20世纪）	曹家大院15个院落
	山西省晋中市	常家庄园	清（17~20世纪）	20余座院落、北部园林
	山西省太原市	太原大关帝庙	明至清（14~20世纪）	大关帝庙，一路两进院落：北门、正殿、春秋楼
	山西省代县	雁门关	明至清（14~20世纪）	关堡、古道
	山西省大同市	得胜口古堡群	明晚期至清（16~20世纪）	得胜堡、镇关堡、得胜口、四城堡
	山西省右玉县	杀虎口	明至清（14~20世纪）	杀虎堡、通顺桥、广义桥、西口古道

133

续表

路段	省市县	遗产点名称	历史年代	构成要素
集散路段24个	河北省张家口市	鸡鸣驿城	元至清（13～19世纪）	城市设施（城墙、城门）、商贸与管理设施（驿丞署、货栈、商铺、当铺等）、宗教建筑（关帝庙、财神庙、城隍庙等）
		宣化古城史迹	明清（14～19世纪）	城市设施（清远楼、镇朔楼、拱极楼）、宗教建筑（时恩寺、清真南寺、天主教堂）
		张家口堡	明清（15～20世纪）	古堡设施（城墙、城门、玉皇阁、街巷等）、商贸设施（祥发永账局、锦泉兴票号、立昌洋行、华丰成商号、康熙茶楼）、其他设施（关帝庙、培植学校等）
		察哈尔都统署旧址	清乾隆二十七年（1762）	大门、仪门、大堂、二堂、后寝、耳房、厢房等建筑
		大境门	明清（15～20世纪）	大境门、西境门、长城、来远堡遗址、烽火台、关帝庙、二郎神庙、卧龙亭等建筑

资料来源："万里茶道"申遗资料。

（三）"万里茶道"中国段外销路段

"万里茶道"中国段外销路段主要以内蒙古为中心，以呼和浩特市、多伦县、锡林浩特市、二连浩特市为代表（见表7-3）。虽然这些地区是"万里茶道"的消费地，但也发挥着经停地和集散地等重要作用。

表7-3 "万里茶道"遗产廊道中国段遗产分布（外销路段）

路段	省市县	遗产点名称	历史年代	构成要素
外销路段6个	内蒙古自治区呼和浩特市	呼市清真大寺	清康熙三十二年（1693）	寺门、大殿、望月楼、南北讲堂、过厅、沐浴室
		大召	明万历七年（1579）	主体建筑（由南向北）：山门、天王殿、钟鼓楼、菩提过殿、东西配殿、大雄宝殿、藏经楼、东西耳房、东西厢房；附属建筑：乃琼庙、山门、佛殿、藏经楼、东西配房
	内蒙古自治区多伦县	汇宗寺	清康熙三十年（1691）	汇宗寺主大殿广场：山门、天王殿、佛宫；章嘉仓广场：山门、天王殿、主大殿、东西配殿；附属建筑物：部分官仓、佛龛等
		多伦山西会馆	清乾隆十年（1745）	一路四进院落：山门、戏楼、过殿、议事厅、关帝庙

续表

路段	省市县	遗产点名称	历史年代	构成要素
外销路段6个	内蒙古自治区锡林浩特市	贝子庙	清乾隆八年（1743）	三路建筑：朝克沁殿、却日殿、拉布仁殿（明干殿）
	内蒙古自治区二连浩特市	伊林驿站遗址	清嘉庆二十五年（1820）	残存房基和围墙

资料来源："万里茶道"申遗资料。

三 "万里茶道"的遗产化过程

（一）萌芽阶段（2007~2012年）

2007~2011年，湖北省文物局在"第三次全国文物普查"期间，开展了"万里茶路"（湖北段）文化遗产专题调研，初步掌握了该地区"万里茶路"文化遗产的分布状况。湖北省文物局联合"万里茶路"沿途省市的文物部门和专家学者，于2012年在湖北赤壁举行了"万里茶路"文物保护学术讨论会。这次会议通过的《赤壁宣言》，初步确定了"万里茶路"中国段的主干线路。

（二）提升阶段（2013~2018年）

2013年5月，在河南社旗召开了第二次"万里茶路"文化遗产保护和利用研讨会，按照2013年3月习近平主席在俄罗斯的讲话精神，将"万里茶路"正式更名为"万里茶道"，并在此基础上提出了新的发展思路，并形成了《赊店共识》。2014年5月，福建武夷山举行第三次"万里茶道"保护和利用座谈会，8省区文物局一致推选湖北省作为"万里茶道"申遗的联络省、武汉市作为申遗的牵头城市。

自2015年开始，由湖北省文物局主持，先后在湖南益阳和湖北武汉举行了工作会议，初步就"万里茶道"省级文化遗产的遴选和认定问题达成了共识。湖北省文物局于2016年6月受国家文物局委托，完成了"万里茶道"文化遗产普查和保护与经营的科研课题。2016年7月，由湖北省文物局主持，8省区在北京举行了一次研讨会，并决定将《万里茶道（中国段）申报中国世界文化遗产预备名单》的编写工作交给中国建筑设计研究院建筑历史研究所（负责国际丝绸之路国际申遗工作的单位）完成。随后，在河北张家口召开会议，最终敲定了"万里茶道世界遗产申报地"的实地考察计划，并开始了"万里茶道世界遗产"的申报工作。

2016年11月，"万里茶道"项目被列入《国家大遗址保护"十三五"专项规划》。2017年5月，《万里茶道（中国段）申报中国世界文化遗产预备名单文本》正式提交给国家文物局。2017年8月底，"万里茶道申遗工作学术研讨会"在内蒙古二连浩特召开，会议首次邀请了蒙古国相关文化遗产保护专家出席，同时，还讨论了"万里茶道"LOGO开发、与茶企合作等事宜。2017年12月，中蒙俄三国文物保护部门在国际古迹遗址理事会第19届全球代表大会上就共同推动万里茶道申遗工作达成初步共识。同月，"万里茶道"申遗巡回展在湖北省博物馆首展。2018年7月，国家文物局把"万里茶道文化遗产研究与保护工程"正式列入《丝绸之路经济带和21世纪海上丝绸之路文化遗产保护与交流合作专项规划（2018—2035）》，充分体现了国家文物局对此项工作的重视和支持。2018年11月，中国古迹遗址理事会、湖北省文物局、武汉市申遗办在武汉组织召开"中蒙俄万里茶道联合申遗工作协调会"。中国古迹遗址理事会、国际古迹遗址理事会蒙古国家委员会签订了《关于合作开展万里茶道申遗工作的备忘录》。

（三）稳步推进阶段（2019年至今）

2019年3月8日，国家文物局将"万里茶道"列入《中国世界文化遗产预备名单》（文物保函〔2019〕250号），标志着"万里茶道"申遗工作取得阶段性成果。2019年11月，根据《关于合作开展万里茶道申遗工作的备忘录》，受蒙古国邀请，"万里茶道"联合考察组赴蒙古国考察万里茶道（蒙古国段）遗产点情况，帮助蒙古国梳理万里茶道（蒙古国段）遗产点，并就联合申遗相关事宜与蒙古国ICOMOS主席Urtnasna进行了充分沟通，为下一步联合申遗奠定了基础。2020年12月，"万里茶道联合申遗城市联席会议"在武汉召开，会议通过了《万里茶道联合申报世界文化遗产城市联盟三年行动计划（2021—2023 年）》《"万里茶道"八省（区）文物局申遗工作三年行动计划（2021—2023 年）》，沿线节点城市政府代表签署了《万里茶道保护和联合申报世界文化遗产城市联盟章程》，正式成立了"万里茶道保护和联合申报世界文化遗产城市联盟"。

为切实加快"万里茶道"申遗工作的进度，从 2021 年 5 月开始，"万里茶道"申遗牵头省份湖北省和牵头城市武汉市，整合湖北省申遗办、武汉市申遗办和"万里茶道"城市联盟秘书处等组织，成立"万里茶道联合申遗办公室"，实行集中联合办公等措施，明确申遗目标和任务，倒排工期，挂牌工作，与沿线各省份共同努力，力争早日实现申遗工作的突破。2021 年 10 月 12 日，国家文物局印发了《大遗址保护利用"十四五"专项规划》，指出"重点打造丝绸之路、秦直道、蜀道、万里茶道、南粤古驿道、湘桂古道、河西走廊等国家遗产线路"。"万里茶道"被列入重点打造的国家遗产线路名单。

2021 年 12 月 15 日，"万里茶道世界文化遗产价值和申遗策略研讨会暨申遗工作推进会"在安徽祁门召开。对照 2020 年 12 月公布的《"万里茶道"八省（区）文物局申遗工作三年行动计划（2021—2023 年）》，会议全面总结了 2021 年"万里茶道"申遗各项工作，明确了联合申遗的目标、任务和策略。该会议正式确定安徽省加入"万里茶道"联合申遗省份，黄山市加入"万里茶道"申遗城市联盟。2023 年 4 月 22 日，"万里茶道"沿线城市申遗成果展在第二届中国（武汉）文化旅游博览会上精彩亮相，普及"万里茶道"遗产价值和 9 省区申遗辉煌成果，传扬茶文化，助力申遗工作加速冲刺。

第二节 "万里茶道"中国段物质遗产分布

"万里茶道"中国段沿线的文化遗产点众多，分布在生产、集散、外销三个不同路段。沿线的节点城市及遗产点分布情况如表 7-4 所示。

表 7-4 "万里茶道"中国段节点城市及遗产点分布

路段	地理文化区域	省市州	遗产点名称
生产路段	武夷山——鄱阳湖平原	福建南平	下梅村、武夷古茶园、武夷天游九曲茶事题刻、闽赣古驿道分水关段
		江西上饶	河口镇明清古街、徽饶古驿道婺源浙岭段、思口镇龙腾村及茶园
		江西九江	九江姑塘海关旧址
	皖南山地	安徽黄山	胡元龙培桂山房、祁门茶业改良场旧址、桃源村陈氏宗祠、阊江水路祁城码头、洪家大屋
	梅山山地——洞庭湖平原	湖南益阳	渠江大安村及茶园、缘奇桥、鹞子尖古道、永锡桥、唐家观古镇、安化茶厂早期建筑群
		湖南岳阳	大矶头遗址
		湖北咸宁	赤壁羊楼洞古镇
	武陵山地——江汉平原	湖北恩施	鹤峰古茶道南村段
		湖北宜昌	五峰古茶道汉阳桥段
集散路段	江汉平原	湖北武汉	大智门火车站、江汉关大楼、汉口俄商近代建筑群
		湖北襄阳	襄樊城墙及码头
		河南南阳	南阳府衙、赊店古镇
		河南平顶山	半扎古镇
		河南洛阳	洛阳关林、潞泽会馆、洛阳山陕会馆
		河南焦作	太行陉(河南)
	山西盆地群	山西晋城	太行陉(山西)
		山西长治	中村潞商建筑群
		山西晋中	祁县晋商老街、曹家大院、常家庄园
		山西太原	太原大关帝庙
		山西忻州	雁门关
		山西大同	得胜口古堡群
		山西朔州	杀虎口
	阴山山脉	河北张家口	鸡鸣驿城、宣化古城史迹、张家口堡、察哈尔都统署旧址、大境门
外销路段	内蒙古高原	内蒙古呼和浩特	呼市清真大寺、大召
		内蒙古锡林郭勒	汇宗寺、多伦山西会馆、贝子庙、伊林驿站遗址

资料来源：笔者根据相关资料整理获得。

一 "万里茶道"中国段生产路段物质遗产

(一) 福建南平

1. 下梅村

梅溪发源于武夷山梅岭,全长50公里。下梅村位于梅溪的下游、武夷山市东部,是"万里茶道"的起始点之一。下梅茶商和晋商一起缔造了辉煌的茶市,"每日行筏三百艘,转运不绝",利用茶叶贸易,下梅村成为商业、金融、物流的集散中心。下梅村的物质遗产主要建于18~20世纪初,包括清代古民居群、祠堂、寺庙、茶庄仓库、村落街巷体系、当溪及两岸商铺(见图7-1)。

图7-1 下梅村

资料来源:笔者拍摄。

2. 武夷古茶园

武夷古茶园是"万里茶道"最早的茶叶原料产地之一,坐落在福建省武夷山地区(见图7-2)。传统武夷岩茶按产地不同分为正岩、半岩和洲茶

（见图7-3）。其中，正岩茶区的产地主要为紫色砂砾岩，是武夷山岩茶品质最好的产茶区，一般指"三坑两涧"。其中，"三坑"是指慧苑坑、牛栏坑和大坑口，而"两涧"则为流香涧和悟源涧。现存的大坑口古茶园、蓑衣岭古茶园、喊山台古茶园、慧苑禅寺、佛国岩茶厂遗址入选"万里茶道"遗产提名点。

图7-2　武夷山古茶园（1）

资料来源：笔者拍摄。

图7-3　武夷山古茶园（2）

资料来源：笔者拍摄。

3. 武夷天游九曲茶事题刻

武夷天游九曲茶事题刻位于福建省武夷山市，建于 17~18 世纪，其中建宁府衙门题刻、按察使司题刻、杨琳题刻、孔兴琏题刻、林翰题刻、清采办贡茶茶价禁碑入选"万里茶道"遗产提名点。

4. 闽赣古驿道分水关段

分水关古驿道与关隘地处武夷山市洋庄乡大安村闽赣交界处，始建于五代闽国，是研究"万里茶道"线性文化遗产和武夷山古代交通、运输、商业、关防、兵制、铺驿制的重要实物资料。其中，分水关遗址、孤魂总祭碑与祠、黄莲坑段古道及卷桥、大安岭段古道、大安亭遗址入选"万里茶道"遗产提名点。

（二）江西上饶

1. 河口镇明清古街

江西省铅山县河口镇历史悠久，声名显赫，是江西四大名镇之一，也是中国历史文化名镇。明清时期，河口镇依托独特的地理位置，通过造纸、茶叶等贸易带来了百业之繁盛，曾有"买不完的汉口，装不完的河口"之说。晋商将武夷山、上饶等地出产的茶叶通过陆路运至河口镇，经过加工后走水路运往北方。由此，河口镇也成为"万里茶道"由南至北、由陆路转水路的重要枢纽之一。明清古街位于河口古镇北部，是古镇最重要的商业街区和江西保存最完整的古街之一，也是以河兴商、以商兴街的代表（郑大中，2014）。河口镇素有"九弄十三街"之称，临河古街道是过去的主要街道，从城东的古街入口处算起，经一堡街、二堡街到三堡街，全长约 2500 米。街道平均宽约 6 米，街面多以长条青、麻石或鹅卵石铺成。目前保存较为完好的街道约 1500 米，基本上保留了古商业街的格局。一堡街、二堡街、三堡街、石板街及相连的巷道，沿街巷分布的各类公共建筑、商铺建筑、民居建筑，惠济渠及古桥、码头入选"万里茶道"遗产提名点。

2. 徽饶古驿道婺源浙岭段

浙岭是新安江四大源头之一，也是鄱阳湖、长江、新安江、钱塘江水系的分水岭。徽饶古驿道婺源浙岭段位于江西省婺源县浙源乡岭脚村北，全长约 12 公里，是连接饶州与徽州、通往杭州的主要通道。该段古驿道均用青石砌就，最宽处达 4 米多。其中，岭脚村、虹关村、察关村等段落至今基本保存完整，并保留有茶亭、同春亭、一线泉碑、鼻梁孔亭、燕窝亭、宋村桥、祭酒桥（又名察关桥）、文昌阁等文物点 10 余处。其中，石板路 1 公里、堆婆石古墓、"吴楚分源"碑、一线泉碑、同春亭、鼻梁孔亭入选"万里茶道"遗产提名点。

3. 思口镇龙腾村及茶园

思口镇龙腾村及茶园建于 10~20 世纪，位于鄱阳湖东部山地，是"万里茶道"生产路段的种植、加工类遗存。龙腾村及茶园展现了婺源茶叶生长环境和茶叶种植、采摘、加工的全过程，是了解婺源茶叶的重要窗口。其中，龙腾古茶园、龙腾码头、石板路、"协和昌"茶庄、民居等古建筑入选"万里茶道"遗产提名点。

（三）江西九江姑塘海关旧址

九江坐拥长江与鄱阳湖的黄金水路，凭借山、江、湖相辅相成的地理条件以及达江通海的水运能力，成为历史上中国的三大茶市之一。九江姑塘海关旧址位于濂溪区姑塘镇原姑塘村境内的码头、鄱阳湖的入江口，与大孤山（又名鞋山）隔水相望。1861 年，清政府在英、法胁迫下成立九江海关，在此设立九江海关姑塘分关，使它成为鄱阳湖进入长江唯一的通商口岸和商品集散地，当时有"日有千人作揖，夜有万盏灯明"之景，姑塘分关亦被称为"万里茶道第一关"。征税处、行政管理处和宿舍三栋建筑，炮台台基及上山台阶，姑塘码头入选"万里茶道"遗产提名点。

（四）安徽黄山

祁门境内的遗产资源反映了"万里茶道"后期祁门红茶生产、制造和销售的史实，展示了安徽茶商在"万里茶道"中的贡献和作用，体现了茶叶贸易对安徽茶叶产区经济社会发展的影响，也凸显了近代中国通过茶产业奋斗自强的产业实践（汪琼、郑建新，2022），具备"万里茶道"遗产资源的典型特征。主要遗产资源包括以下方面。

1. 胡元龙培桂山房

清光绪以前，祁门不产红茶，只产绿茶、青茶等茶叶类型，且销路不畅。胡元龙轻视功名，注重工农业生产，18 岁时辞去把总官职，在贵溪村的李村坞筑 5 间土房，栽 4 株桂树，名之曰"培桂山房"，在此垦山种茶。光绪元年（1875），胡元龙在培桂山房筹备建立茶厂，以祁门茶为原料，聘请宁州制茶师傅按宁红工艺制作红茶。经过持续的改良和完善，到了光绪八年（1882），最终制成具有祁门特色的优质红茶（朱生东、李德明，2013）。胡元龙也因此成为祁红的创始人之一。

2. 祁门茶业改良场旧址

安徽省模范茶场成立于 1915 年，是中国的第一家茶叶科研机构，被誉为中国茶叶史上的"黄埔军校"，吴觉农、胡浩川、冯绍裘、庄晚芳等茶界大师都曾在这里担任重要职位。1934 年，模范茶场更名为"祁门茶业改良场"。

3. 桃源村陈氏宗祠

陈氏宗祠位于祁门县桃源村。陈氏来桃源定居后，随着家族繁衍，先后兴建了 9 座祠堂，它们分别是大经堂、持敬堂、保极堂、慎徽堂、思正堂、大本堂、叙五祠等，号称"一门九祠"，至今保存着明清时期的古建筑风貌。

4. 阊江水路祁城码头

祁门红茶（简称"祁红"）通过祁城码头经阊江运到江西鄱阳湖，之后到九江，再转运至武汉，踏上"万里茶道"，远销海内外。祁城码头包括城区码头（三里街、湖桥头）、塔坊码头、程村碣码头、溶口码头、芦溪码头、倒湖码头等六大码头。

5. 洪家大屋

洪家大屋位于祁门县城敦仁里弄堂，为茶商洪炯所建，太平天国时期曾经作为曾国藩行辕。洪家大屋整体建筑坐北朝南，为二进二层砖木结构，占地面积近 2000 平方米，为典型的清代徽派民居。洪家大屋共有大小屋宇数十间，承恩堂居中，后有养心斋，左有承泽堂、思补斋，右有荆奕堂、笃素堂、三世大夫第，前设谷厂和又新书屋。所有房屋均连成一体，房房相连，屋屋相通，设计巧妙。现除三世大夫第、谷厂和又新书屋外，其余均保存完好，其平面布局、构架、木作、砖雕都独具匠心。其中，洪家大屋 2013 年获批全国重点文物保护单位。

(五）湖南益阳

1. 渠江大安村及茶园

渠江大安村及茶园位于湖南省益阳市安化县渠江镇大安村，始建于明嘉靖年间（1550 年前后），分布在大安片区和黄茶片区，占地 500 多亩。渠江大安村及茶园是"万里茶道"上三大茶叶主产区之一的湘西梅山茶产区的重要组成部分，是安化黑茶始祖"渠江薄片"的原产地，至今仍是安化的核心产区。渠江大安村及茶园反映了安化黑茶的生长地理环境和种植、加工的全过程，形成了完整的"村落+茶园+古道"茶产区遗存体系，并自古至今持续使用，是安化悠久产茶传统传承至今的生动见证和典型。渠江大安村及茶园主要遗存有村落建筑群、古道、古茶园、古茶亭、古石碑、古石桥、古井及一定数量与茶相关的不可移动文物，其中 3 处村落建筑群、古道、桥梁、茶园入选"万里茶道"遗产提名点。

2. 缘奇桥

缘奇桥位于安化县江南镇中洞村与新化县圳上镇元溪村交界处的黄花溪上，建于清康熙三十五年（1696），以浙江商人为主捐修。缘奇桥长 30.8米、宽 4.8 米、高 5.8 米，为青石单拱桥，是安化茶乡古道从古县城梅城进入鹞子尖古道的起点。其中，石桥一座、石碑 6 块、古道以及桥头民居入选"万里茶道"遗产提名点。

3. 鹞子尖古道

鹞子尖古道位于湖南省安化县江南镇，因古道穿越洞市鹞子尖岭而得名，是梅山地区一条重要的茶叶运输之路。古道从新化、安化二县交界处的洞市黄花溪缘奇桥开始，自南向北分别为大坪歇伙铺、甘露亭、爵公桥、洞市老街、永锡桥、思贤桥、江南镇资江岸边五福宫码头，全程长约 30 公里。清朝时期，鹞子尖古道是梅山地区一条重要的茶叶运输之路。鹞子尖古道上茶文物及相关遗产类型丰富，遗存要素完整，其中的古茶园、古茶亭、古村落、古关隘、古集市、古宗祠、风雨廊桥、古茶行、古码头等遗产资源串联成了一条完整的茶叶产业链，全面反映了古代湘西梅山产茶区茶叶生产、运输、加工、贸易及市场管理等诸多环节状况，是"万里茶道"的重要节点。其中，石板路、碑刻、摩崖石刻、茶亭遗址、墓葬（义冢群）

入选"万里茶道"遗产提名点。

4. 永锡桥

永锡桥位于安化县江南镇锡潭村,建于清光绪四年(1878),形制为两台三墩四跨,棱形分水,六层鹊木(见图7-4)。桥长83米、高12.8米、宽3.7米,桥身木构架为重檐歇山式,小青瓦屋面,桥廊为悬臂挑梁木结构梁架,桥北伴有桥亭和碑廊,碑廊内立有青石古碑42块。其中记事及序碑3块,其余均为捐款碑。捐款碑中有一块是清代老茶庄捐款碑,记载了清代安化44家老茶行的名号,其中天顺长、源远长、宝聚公、裕庆成等为晋商茶号。永锡桥是"万里茶道"上通过麻溪的重要桥梁,2013年获批全国重点文物保护单位。永锡桥、印月亭和碑廊入选"万里茶道"遗产提名点。

图7-4 永锡桥

资料来源:笔者拍摄。

5. 唐家观古镇

唐家观古镇建于17世纪至20世纪初，地处安化县东坪镇资江中游北岸，曾是安化黑茶最大的集散地，也是"万里茶道""茶马古道"等茶叶贸易线路汇聚的重要节点。鼎盛时期，唐家观茶商曾在益阳、岳阳、长沙、汉口、上海设有五大转运站和31个茶行，是名副其实的茶叶贸易重镇。古镇东西向古街及沿街建筑群，石板路面古街长约500米，两侧古民居，砖木结构古宗祠、公馆、教会，三条连接江边码头的通道，茶叶章程、商务公约等石碑10余块入选"万里茶道"遗产提名点。

6. 安化茶厂早期建筑群

安化茶厂早期建筑群坐落于安化县东坪镇酉州村，位于资江中游北岸，是安化茶叶重要的生产、加工和仓储场所。安化茶厂早期建筑群所含文物遗存要素完整、类型丰富，记载和见证了安化茶厂的历史轨迹，保留了安化茶叶从手工制作到工业化生产的变迁历程，充分展现了安化茶厂自身的发展变化，积淀了茶厂厚重的历史文化底蕴，是真实展现、有效阐释"万里茶道"（中国段）价值的重要实物遗存。同时，该遗址对于研究安化茶叶制作和产业化历史，对于探索安化地区的经济商贸、交通运输、对外交流等方面都具有极为重要的意义。其中，厂房建筑30余栋、1栋清代木制茶叶加工作坊、3栋民国木质仓库、1栋50年代锯齿顶厂房、1座大门牌楼、1座楼阁式石塔入选"万里茶道"遗产提名点。

（六）湖南岳阳大矶头遗址

大矶头俗称寡妇矶，位于长江南岸的云溪区陆城镇白泥湖村马鞍山头，建于清光绪五年（1879），距今有140余年历史，2013年被列入全国重点文物保护单位。大矶头遗址占地约1500平方米，用花岗岩条石砌成，平面呈1/4圆弧，弧长150米。大矶头从下至上建有三级台阶。第一级从长江礁石拔起，高1.7米、宽2.1米。第二级高2.9米、宽2.05米，石壁上有三条浮雕蜈蚣极为生动精美，寓意着蜈蚣镇龙妖，使长江之龙不再兴风作浪，过往船只平安无恙。第三级高2.6米、宽3.5米，是与马鞍山腰平接的人工建筑物。在第三级收坎上竖立有108根石柱栏杆，并用铁链相连，在日本侵华时遭损毁，除几根残损柱栏外，大部分已不复存在。三级石质平台入选

"万里茶道"遗产提名点。

（七）湖北咸宁赤壁羊楼洞古镇

羊楼洞古镇位于湖北省赤壁市西南 30 公里处，始建于明万历年间，是"万里茶道"中重要的节点市镇，因"四面多山，其形如洞，相传昔有牧者建楼饲羊于此"而得名。自唐太和年间皇诏普种山茶开始，羊楼洞就开始培育、加工茶叶，茶文化历史悠久，底蕴丰富。羊楼洞以老青茶为原料，经蒸汽高温压制成青砖茶，产品主要销往我国内蒙古、新疆、西藏等边疆地区以及蒙古国、俄罗斯等国（孙志国等，2012），羊楼洞也因此被称为"砖茶之乡"。古镇现存一条以明清建筑为主的古街，主街宽 4 米、长 2200 米，伴有数条丁字小巷，街面全部以青石铺设（见图 7-5）。其中，明清石板街（3 段千余米）、百余栋传统民居建筑、6 处茶加工片区、10 余处桥涵以及并井与碑刻入选"万里茶道"遗产提名点。

图 7-5　羊楼洞古镇石板街

资料来源：笔者拍摄。

（八）湖北恩施鹤峰古茶道南村段

"万里茶道"宜红古茶道鹤峰段线路长、遗址多，承载着明清时期土司地区对茶叶贸易管理的丰富实物遗存和文献资料。南村位于鹤峰县中部、五里乡的中西部，距集镇 10 公里，距县城 55 公里，341 省道穿村而过。南村段茶道节点密集，反映了土司社会形态与政治制度下土汉民族交往交流交融的过程，在整个"万里茶道"上具有唯一性与不可替代的作用。其中，2 段石板路、燕喜洞、南府遗址、张桓侯庙遗址，以及多处桥、碑刻、石刻入选"万里茶道"遗产提名点。

（九）湖北宜昌五峰古茶道汉阳桥段

五峰古茶道位于湖北省五峰土家族自治县，全长 100 余公里，贯穿五峰东西全境，是明清时期五峰外运茶叶、接入湖北西部茶区与中俄"万里茶道"的主要通道。其连绵不断的石板路和青石台阶，连接着鹤峰、来凤、巴东、长阳、石门等县。沿途存有古石桥 13 座、摩崖石刻 7 处、碑刻 26 通。古道两旁分布着大大小小的驿站、骡马店、茶店、作坊、厂房、商铺、码头、关隘等遗址遗存，是鄂西南宜红茶外运的一条重要通道，也是山里山外经济相互融通、人文相互影响的一条特殊的文化线路。汉阳桥正是五峰古茶道上一处造型别致、建造精湛、保存完好的古石桥。该桥始建于清同治元年（1862），由汉阳茶商出资建造，迄今已有 160 余年。历经一个半世纪的风雨侵蚀，它依然稳健横卧在汉阳河上。汉阳桥、石板路 3 公里、骡马店及客栈 2 处、寺庙遗址 1 处、茶栈 1 处、码头 2 处、碑刻和茶园多处入选"万里茶道"遗产提名点。

二 "万里茶道"中国段集散路段物质遗产

（一）湖北武汉

汉口占据"两江交汇、九省通衢"的独特区位条件，处于中国茶叶产区的中心地带，闽、赣、湘、鄂等省份的茶叶均以此为集散和中转枢纽。依靠便利的水路和陆路交通，加之金融业、运输业的发达，汉口一跃成为"万商云集，商品争流"的繁荣商埠，也成为"万里茶道"沿线上的茶叶贸易重镇，素有"东方茶港"之称。武汉也因此成为"万里茶道"中国段遗址数量最多的节点城市，保存至今的大量建筑遗址分布在沿江大道、鄱阳街、洞庭街、珞珈山街、胜利街、车站路、黎黄陂路、兰陵路、合作路等区域。

1. 大智门火车站

大智门火车站又名京汉火车站，建于 1903 年，是京汉铁路南端的起始站，也是我国尚存的早期少数火车站之一（滕菲，2014）。大智门火车站坐落于京汉大道与车站路交会处，整体建筑造型为法国古典主义的风格，共五个屋顶，中部建有四个塔堡，墙面、窗、檐等处以线条和几何图形装饰。在"万里茶道"的历史上，大智门火车站有着举足轻重的作用。京汉铁路是俄国茶商将大量茶叶从汉口运出的重要通道，1906 年京汉铁路通车后，销往西北地区和俄罗斯的汉口茶叶，大多选择从铁路北上，到东北后通过中东铁路和西伯利亚大铁路运到圣彼得堡。2001 年，大智门火车站被国务院批准列入第五批全国重点文物保护单位（钟星、甘超逊，2019）。

2. 江汉关大楼

江汉关大楼位于汉口沿江大道与江汉路交会处，建于 1924 年，整栋由主楼及其顶部的钟楼组成，建筑四周有数量不等、风格独特的廊柱环绕装饰。钟楼外墙用花岗岩石垒砌，钟面嵌于四壁。整个造型设计融合了欧洲文艺复兴时期建筑风格和英国钟楼建筑形式，庄重典雅，极富艺术感染力，一度成为汉口城市的标志。江汉关大楼见证了从汉口开埠到抗日战争爆发的历程，也见证了"万里茶道"湖北段从繁荣到衰落的过往。

3. 汉口俄商近代建筑群

汉口俄商近代建筑群建于 19 世纪末 20 世纪初，由新泰大楼、华俄道胜银行、汉口东正教堂、源泰洋行、汉口俄国领事馆、顺丰茶栈、巴公房子、李凡洛夫公馆等 8 处建筑组成。历史悠久、繁盛两个世纪的"万里茶道"的作用虽然已消失，但这些建筑遗存依然诉说着"万里茶道"曾经的传奇。

（二）湖北襄阳襄樊城墙及码头

襄阳作为汉水流域的主要水路、陆路枢纽，素有"南船北马，七省通衢"之称。自 19 世纪五六十年代起，到 20 世纪 20 年代末，两湖地区的大部分茶叶由汉江经襄阳港出口到蒙古和西伯利亚地区，因此襄阳也就成了

"万里茶道"中一个重要水陆中枢与节点城市。襄樊城墙始建于明朝，为襄城重要城防设施。襄樊码头位于襄阳市襄城和樊城汉水沿岸，其前身是春秋时期建立起来的渡口性质的北津和东津，它是襄樊两城市历史上一项重要的交通设施。襄樊会馆群，是"万里茶道"中主要商帮转运、交易、休息的商业会所。此三类遗址遗迹入选"万里茶道"遗产提名点。

（三）河南南阳

在"万里茶道"中，河南处于水运转陆运、平原向山区的过渡地带，是整个贸易的交通枢纽和集散中心。南阳作为水陆转运的重要节点，留下了丰富的茶道文化遗存——古城镇街区、古衙署会馆、古码头渡口、古驿站关口。

1. 南阳府衙

清代南阳府辖两州十一县，是"万里茶道"的水陆转运节点，具有无可替代的重要地位。南阳府衙曾是南阳知府的衙门，兴建于 1271 年，从元朝开始历经多个历史时期，基本保留了明清时期的建筑形制和风格，是古代地方衙门的代表和缩影。其中，府衙大门、影壁、仪门、大堂、寅恭门、二堂、内宅门、三堂、后花园等建筑作为"万里茶道"集散路段的重要管理设施，列入申遗预备名单遗产点。

2. 赊店古镇

作为"南船北马"交接点上的赊店古镇，是"万里茶道"上的交通枢纽及首要水陆转运码头。全国 16 个省份的商人纷纷来此建房设店，开展商业经营。清乾隆年间，赊店已成为长 3 里、阔 4 里的繁华巨镇，形成了 72 条商业街、36 条胡同的格局，分行划市，相聚经营，聚集了 20 多家骡马店、40 多家过载行、500 多家商号，聚居与流动人口达 13 万人。为了维护商业市场的良好秩序、加强同乡情谊，各省份商人纷纷集资在此兴建会馆，成一时之风。赊旗店现存山陕会馆、湖北会馆、江西会馆、福建会馆、广东会馆、直隶会馆、湖南会馆、安徽会馆等 10 余座。其中，尤以最早寓居此地的山陕商贾集资兴建的"山陕会馆"最为雄伟壮观。社旗山陕会馆、瓷器街（含福建会馆、蔚盛长票号、广盛镖局、厘金局、大昇玉茶庄等）、北大石桥、古码头入选"万里茶道"遗产提名点。

（四）河南平顶山半扎古镇

半扎古镇位于蟒川镇半扎村，处于历史上有名的"宛洛古道"之上，有"住不完的半扎店，吃不完的大营饭"之说。半扎筑寨时间始于清同治元年，竣工于同治四年，是抵御外敌的重要防御工事，也见证了古镇的沧桑历史。半扎古镇兴盛于清代，村内的街道、会馆、石桥、院落至今保持着清代时期的风貌，是"万里茶道"上重要的传统村落之一。其中，寨墙、寨门、文昌阁、关帝庙、民居、铺店、骡马店、石桥、古道、古井等入选"万里茶道"遗产提名点。

（五）河南洛阳

1. 洛阳关林

洛阳关林位于洛阳市南7公里，北依隋唐故城，南临龙门石窟，西接洛龙大道，东傍伊水清流，为海内外三大关庙之一，是我国唯一的"冢、庙、林"三祀合一的古代经典建筑群（见图7-6）。其中，舞楼、大门、仪门、拜殿、大殿、二殿、三殿、石牌坊、碑亭、墓冢、钟楼、鼓楼等建筑以及记载商人活动的碑刻入选"万里茶道"遗产提名点。

2. 潞泽会馆

"潞泽"二字取自明清时期山西潞安府（今长治）、泽州府（今晋城）的简称。潞泽会馆（俗称东会馆）位于河南省洛阳市旧城东关新街，现为洛阳民俗博物馆，该馆始建于1744年，占地面积约15000平方米，原为潞安府、泽州府山西商人在洛阳的聚会之所。其中，舞楼、大殿、寝殿、钟楼、鼓楼、东西配殿、西跨院等建筑以及记载商人活动的碑刻入选"万里茶道"遗产提名点。

3. 洛阳山陕会馆

洛阳山陕会馆位于洛阳市老城区九都东路，始建于清代康熙、雍正年间，由山西、陕西富商捐资而建，距今已有300余年的历史。洛阳山陕会馆是河南省西部地区少数现存的清朝初期建筑，其建筑布局、形式、结构与技法独具特色，是洛阳历史上商业发达、经济繁荣的见证，也是"万里茶道"商贸体系的重要组成部分。会馆内的琉璃照壁、山门、舞楼、石牌坊、拜殿、正殿、门楼、仪门、廊房、官厅、配殿等建筑，碑刻、石狮等附属

图 7-6　洛阳关林

资料来源：笔者拍摄。

文物入选"万里茶道"遗产提名点。

（六）河南焦作太行陉

太行陉（河南段）自古以来是豫晋茶货贸易的重要通道。其中，窑头古坂道南起沁阳北部太行山口，北接山西省长治市（古称上党），是经贸、文化往来的重要通道。窑头村一线位于太行陉西侧，距离山西省的天井关最近。当年，坂道两侧店铺林立，车马店众多。如今不少墙壁上仍保留着完好的拴马石，是客商在此歇脚时拴系骡马所用。窑头古坂道窑头村段（含奎星楼、厘金局、民居、客栈、古道、捐资碑记等）、窑头古坂道关爷坡段（含关爷庙、古道、"茶池"、长城及城门等）入选"万里茶道"遗产提名点。

（七）山西晋城太行陉

碗子城是太行陉（山西段）中"羊肠坂道"上一处关隘，位于山西晋城市泽州县晋庙铺镇碗城村，与河南沁阳常平乡毗邻，自古为兵家必争之地。碗子城形似碗口，南临悬崖，北靠崇山，北门上额书"南通伊洛"，南门上额书"北达京师"。虽然城堡不大，但也是官府向南来北往的商人征收银税的省界关隘。碗子城遗址、"羊肠坂道"题刻等入选"万里茶道"遗产提名点。

（八）山西长治中村潞商建筑群

潞商是山西东南部太行山上党区域内（包括晋城）商人的简称。潞商起家早于晋中商人，早期以经营盐铁为主，中期以铁业、丝绸占主导，后期则以手工业制品为主。到明朝中期，潞商已经成为国内举足轻重的商帮之一。长治中村申家大院7处院落、铺店、丝绸店、歇马店、布店、醋店、储茶院、染坊院、古驿道入选"万里茶道"遗产提名点。

（九）山西晋中

1. 祁县晋商老街

祁县商人是"万里茶道"晋商的主要来源之一，因此在清代，茶产业成为祁县的主导产业之一。到清末和民国初年，祁县兼营茶业、票号的商号已超过30家。祁县古城的东、南、西、北4条大街统称为"晋商老街"，是祁县商号的主要集聚区。街道两侧分布有茶庄、票号、当铺等数百家商铺旧址，也有渠家大院、何家大院等晋商的豪宅大院，这些遗址遗迹古朴雄浑，保存完好（胡仙荣，2012），是清朝时期晋商辉煌的历史见证。其中，渠家大院、长裕川茶庄、三晋源茶票号、何家大院、永聚祥茶庄、大玉川茶庄、巨盛川茶庄、大德诚茶庄、大盛川茶票庄、亿中恒钱茶庄、大德通茶票庄、合盛元茶票庄入选"万里茶道"遗产提名点。

2. 曹家大院

太谷曹家是"万里茶道"上的主要晋商之一，也是晋中为数不多的持有"龙票"的大商家之一，在买卖城开设了锦泰亨、锦泉涌等商号。曹家大院又名三多堂，位于晋中市太谷县北洸村，整体的布局呈"寿"字形，是"万里茶道"晋中段的重要文物遗存。曹家大院内房屋记载数量有277间，距今已有400多年的历史。曹家大院15个院落入选"万里茶道"遗产提名点。

3. 常家庄园

常家庄园位于榆次市东阳镇车辋村，是素有"儒商世家"之称的常氏家族的宅院建筑群。常家庄园占地 12 万余平方米，是规模最大的晋商大院，也是中国最大的庄园式建筑群。常家庄园由堡门、堡墙、街道、宅院建筑群、园林、商铺以及街心牌楼、堡池、池桥等组成，布局严谨，整齐有序，功能性很强。常家庄园中 20 余座院落、北部园林入选"万里茶道"遗产提名点。

（十）山西太原大关帝庙

山西太原大关帝庙主体建筑为明代遗迹，余者为清代遗物。大关帝庙坐北朝南，为前后两进院落，占地面积 3300 余平方米。庙内建筑共 11 座，采用中轴线左右对称的格局，从南至北依次为山门、正殿、春秋楼，中轴线两侧依次为钟鼓楼、东西廊房、东西厢房、东西配楼等建筑（柴玉梅，2007）。其中，北门、正殿、春秋楼等入选"万里茶道"遗产提名点。

（十一）山西忻州雁门关

雁门关地处山西省忻州市代县县城以北约 20 公里处的雁门山中，是长城上的重要关隘，以"险"著称，被誉为"中华第一关"，有"天下九塞，雁门为首"之说。雁门关与宁武关、偏头关合称为"外三关"。雁门关是"万里茶道"从山西进入内蒙古的主要关隘之一，城门、布满车辙的古道均体现了"万里茶道"在忻州段的印记。其中，关堡、古道入选"万里茶道"遗产提名点。

（十二）山西大同得胜口古堡群

大同为明代汉蒙通商的重要门户，也是"万里茶道"从山西进入蒙古草原的交通要道和商贸枢纽城市。得胜口古堡群是全国保存最完整、面积最大的边塞古堡群，由兼具军民商三重功能的得胜堡、承载边境贸易的市场堡、军事防御功能的镇羌堡和进行通关课税的得胜口组成了一组阶梯形的建筑，见证了汉族与北方少数民族数百年来的交往交流交融过程。其中，得胜堡、镇关堡、得胜口、四城堡入选"万里茶道"遗产提名点。

（十三）山西朔州杀虎口

杀虎口，亦称"西口"，位于山西省朔州市右玉县北，是明清时期的重要税卡，也是长城关隘中唯一集军事和商业于一体的边贸重镇。杀虎口是连接中原与草原的咽喉之地，也是"万里茶道"山西段的西北端口和交通枢纽。杀虎口的历史遗迹保存至今，由于年久风化等原因受到一定侵蚀，但主要遗产资源依然保存完整。杀虎堡、通顺桥、广义桥、西口古道入选"万里茶道"遗产提名点。

（十四）河北张家口

张家口，亦称"东口"，是张库大道的起点，也是"万里茶道"北方地区最为重要的集散中心和中转站。因其处在"万里茶道"集散路段与外销路段的交界处，张家口对沿线地区的经贸发展和不同民族间的交往交流交融发挥着尤为重要的作用（曹铮等，2019）。

1. 鸡鸣驿城

鸡鸣驿城位于河北省张家口市怀来县鸡鸣驿乡，因背靠鸡鸣山而得名。鸡鸣驿城是迄今为止在国内发现保存最为完好、规模最大且功能最为完整的邮驿建筑群，具有重要的历史、文化价值。城内五条纵横交错的街道大致将驿城分为12个区。城市设施（城墙、城门）、商贸与管理设施（驿丞署、货栈、商铺、当铺等）以及宗教建筑（关帝庙、财神庙、城隍庙等）入选"万里茶道"遗产提名点。

2. 宣化古城史迹

宣化古城历史悠久。明洪武四年（1371），宣府成为万全都指挥使司治所。永乐七年（1409），置总兵官驻宣府城，成为明朝长城九镇之———宣府镇的"镇城"所在地。清康熙三十二年（1693），设宣化府。清中后期，宣化由军事重镇逐渐转变成商贸城市。清代《古今图书集成》中写道："北方宣化府，市中，贾店鳞比，各有名称，各行交易铺沿长四五里许，贾皆争居。"宣化以钟楼和四牌楼为中心形成东西、南北大街。宣化城内等各种行业门类齐全，商业和手工业非常发达。随着张库大道的繁盛，宣化成为当时北方地区重要的贸易物资集散地之一。宣化古城是迄今中国北方现存古城中规模较大、等级较高、保存较好的一座城池，具有极高的文物价值。其中，清远楼、镇朔楼、拱极楼、时恩寺、清真南寺、天主教堂入选"万里茶道"遗产提名点。

3. 张家口堡

张家口堡始建于明宣德四年（1429），是张家口市区内最早的城堡之一，也是我国明清建筑城堡中保存最完好的城堡，有"明清建筑博物馆"的美称。自 1727 年签订《恰克图条约》以来，张家口成为对外通商蒙古草原的重要关卡。张库大道的兴盛使张家口堡由军事城堡转为商业城镇，成为豪商巨贾、金融票号、商家店铺集聚之处，展现了"万里茶道"对沿线城镇功能转变的巨大推动作用。张家口堡的古堡设施（城墙、城门、玉皇阁、街巷等）、商贸设施（祥发永账局、锦泉兴票号、立昌洋行、华丰成商号、康熙茶楼）以及其他设施（关帝庙、培植学校等）入选"万里茶道"遗产提名点。

4. 察哈尔都统署旧址

察哈尔都统署建于清乾隆二十七年（1762），是设置时间最早、唯一兼辖副都统的都统署，也是目前全国唯一幸存的清代都统署。察哈尔都统署承担着一定的"万里茶道"茶叶贸易的管理职能，负责颁发茶叶等出口商品的营业执照，同时负责保护张库大道上的商旅安全，并承担着剿匪的职责（李现云、董奇，2019a）。察哈尔都统署旧址的大门、仪门、大堂、二堂、后寝、耳房、厢房等建筑入选"万里茶道"遗产提名点。

5. 大境门

大境门，又称"路陆商埠""旱码头"，是居庸关外京西第一座较大的长城关口，也是游牧民族与农耕民族之间交往交流交融的重要节点。自明代隆庆和议以来，大境门成为最为活跃的蒙汉互市场所之一，也是著名商道张库大道的起始点。"万里茶道"兴起之后，大镜门成为中俄茶叶贸易的象征性标志之一。其中，大境门、西境门、长城、来远堡遗址、烽火台、关帝庙、二郎神庙、卧龙亭等建筑入选"万里茶道"遗产提名点（李现云、董奇，2019b）。

三 "万里茶道"中国段外销路段物质遗产

（一）内蒙古呼和浩特

1. 呼市清真大寺

清真大寺建于清康熙三十二年（1693），是归化城穆斯林礼拜的场所，也是当地原有 8 座清真寺中建筑年代最早、规模最大的一座。清真大寺藏有《古兰经》30 卷，是研究伊斯兰教的重要文献，具有重要的研究价值。随着"万里茶道"的兴盛，不同民族、物产、宗教、文化等在归化城交汇，清真大寺成为见证穆斯林商人在"万里茶道"贸易中活跃的重要实物遗存（李艳阳、董奇，2019c）。其中，寺门、大殿、望月楼、南北讲堂、过厅、沐浴室入选"万里茶道"遗产提名点。

2. 大召

大召，又称"无量寺"，位于明代归化城南，现位置为玉泉区大召前街，距市中心 2.5 公里，是归化城贸易活动集散地的代表性设施。大召建成于明万历八年（1580），是明清以来北方地区藏传佛教的弘法中心，在归化城的形成和商贸集聚进程中发挥了重要作用。大召建成后，以此为中心逐渐形成了大召前街、北门、南茶坊等商业街区（李艳阳、董奇，2019a），沿街店铺林立，热闹非凡。晋商在武夷山等地采购的茶叶，通过"万里茶道"运输至归化，再改用驼队穿越荒原沙漠，最后抵达边境口岸恰克图交易。大召也成为"万里茶道"外销路段的藏传佛教信仰关联类遗存。大召的主体建筑（由南向北）山门、天王殿、钟鼓楼、菩提过殿、东西配殿、大雄宝殿、藏经楼、东西耳房、东西厢房等入选"万里茶道"遗产提名点。

（二）内蒙古锡林郭勒

1. 汇宗寺

清康熙三十年（1691），康熙在多伦淖尔附近会见内外蒙古各部王公和台吉，史称"多伦会盟"，并应蒙古王公所请，答应"愿建寺以彰盛典"，并于翌年开始修建寺庙。多伦会盟促成了以汇宗寺、善因寺、山西会馆为代表的清代古建筑群的建设，也开创了多伦作为旅蒙商之都 200 余年的繁荣。汇宗寺，又称"豪宗寺"，意为青色的庙宇，因其殿顶覆以青蓝色琉璃瓦而得名，又因其居于后建的"善因寺"之东而俗称"东大仓"。雍正十年（1732），外蒙古哲布尊丹巴活佛因故移居多伦淖尔，使得多伦一度成为整个蒙古地区藏传佛教的中心。山门、天王殿、主大殿、东西配殿等入选"万里茶道"遗产提名点。

2. 多伦山西会馆

多伦诺尔是去往蒙古腹地和俄国恰克图的必经之地，是当时名副其实的茶叶中转、仓储和运输的重要集散地之一。清代的多伦淖尔经济繁荣，商贾云集，为便于经济贸易活动，山西籍旅蒙商人于乾隆十年（1745）筹资修建山西会馆。山西会馆素有"塞外商埠"之称，为当时内蒙古地区仅有的外省会馆之一，也是山西旅蒙商在多伦做生意时结社、聚会、议事、消遣的主要场所（李艳阳、董奇，2019b）。多伦山西会馆是"万里茶道"外销路段上的一处商贸类遗迹，是旅蒙晋商茶叶贸易活动的见证者，也是与茶路商业活动紧密相关的关帝信仰得以传播的重要场所。山西会馆一路四进院落（含山门、戏楼、过殿、议事厅、关帝庙）入选"万里茶道"遗产提名点。

3. 贝子庙

贝子庙，又名"崇善寺"，蒙古语名"班智达葛根庙"，位于锡林浩特市北部"额尔敦陶力盖"敖包下，是内蒙古藏传佛教的四大庙宇之一。贝子庙始建于清乾隆八年（1743），历经七代活佛精修而成。贝子庙中的朝克沁殿、却日殿、拉布仁殿（明干殿）入选"万里茶道"遗产提名点。

4. 伊林驿站遗址

二连浩特是茶叶之路、草原丝绸之路上的重要交通节点。伊林驿站坐落于二连浩特市东北9公里处的盐池西北坡，是目前国内少有的现存驿站遗址。清朝时期，伊林驿站是晋商前往蒙古草原和俄罗斯进行商贸交易的重要站点（刘阿芳等，2021）。作为"万里茶道"外销路段的交通、服务设施类遗存，伊林驿站遗址见证了"万里茶道"形成、发展、繁荣、衰落的整个过程，也因此入选了"万里茶道"遗产提名点。

第三节 "万里茶道"中国段茶叶类非物质文化遗产分布

茶叶类的非物质文化遗产是记录和展示"万里茶道"发展和变迁的重要载体，也是"万里茶道"遗产廊道体系中不可或缺的遗产资源。

一 “万里茶道”中国段茶叶类国家级非物质文化遗产

“万里茶道”中国段茶叶类非物质文化遗产是有关茶叶采摘、制作、饮用等方面的技艺和习俗，涉及红茶、绿茶、青茶、黄茶、黑茶、白茶六大茶类及花茶等再加工茶，共 13 项国家级非遗，具体分布情况如表 7-5 所示。

表 7-5 “万里茶道”中国段茶叶类非物质文化遗产（国家级）

路段	地理文化区域	省市	遗产点名称
生产路段	武夷山——鄱阳湖平原	福建南平	建窑建盏烧制技艺
		福建南平	武夷岩茶（大红袍）制作技艺
		江西上饶	绿茶制作技艺（婺源绿茶制作技艺）
		江西九江	红茶制作技艺（宁红茶制作技艺）
	梅山山地——洞庭湖平原	湖南益阳	黑茶制作技艺（千两茶制作技艺、茯砖茶制作技艺）
		湖南岳阳	黄茶制作技艺（君山银针茶制作技艺）
		湖北咸宁	黑茶制作技艺（赵李桥砖茶制作技艺）
	武陵山地——江汉平原	湖北恩施	绿茶制作技艺（恩施玉露制作技艺）
		湖北宜昌	黑茶制作技艺（长盛川青砖茶制作技艺）
	黄山	安徽黄山	绿茶制作技艺（黄山毛峰）
		安徽黄山	绿茶制作技艺（太平猴魁）
		安徽黄山	红茶制作技艺（祁门红茶制作技艺）

注：除建窑建盏烧制技艺外，其余 12 项国家级非遗已于 2022 年 11 月被联合国教科文组织以“中国传统制茶技艺及其相关习俗”条目列入人类非物质文化遗产名录。

资料来源：笔者整理获得。

（一）建窑建盏烧制技艺

建窑是我国古代著名的窑场之一，创烧于晚唐五代时期，兴盛于两宋，元代趋于衰落。建盏是建窑最具代表性的产品，也是宋代最上乘的斗茶茶具之一，影响一代茶风。建窑烧制的建盏一度作为贡品，受到宫廷的青睐，并流传至日本、韩国、东南亚等国家和地区。

建窑建盏的烧制过程复杂，通常包括选瓷矿、粉碎、淘洗、配料、陈腐、练泥、揉泥、拉坯、修坯、素烧、上釉、装窑、焙烧等 13 道工艺，最后制成一枚建窑建盏。建窑产品主要包括青瓷、青白瓷和黑瓷三大类。青瓷器形主要是碗和碟,其次是壶、罐、熏炉、多角瓶等,烧造地点集中在庵尾山窑址。青白瓷器形有碗、碟、盘、炉、罐、壶、瓶、器盖等,烧造地点集中在营长乾窑址,时代约为宋末元初。黑瓷器形以碗为主,为建窑最具代表性的产品,也包括少量灯盏、钵、高足杯、罐、瓶等器形,烧造地点分布在建窑各处。建盏釉色品类多、色彩多样,代表性的釉色有乌金、兔毫、油滴、鹧鸪斑和曜变等,并有柿红釉、酱釉、铁锈斑等其他杂色(朱旺龙,2009)。2011 年,建窑建盏烧制技艺入选第三批国家级非物质文化遗产名录(高峰、贾恒阳,2023)。

(二) 武夷岩茶(大红袍)制作技艺

武夷岩茶(大红袍)是福建武夷山的一大特色,因早春茶芽萌发时,远望通树艳红似火,若红袍披树,故名"大红袍"。"大红袍"的"岩骨花香"是由武夷山独特的土壤、气候、温湿度等自然环境和传统的制作技艺造就的。武夷茶的制作历史悠久,从汉代至清代逐渐完善,形成了武夷岩茶制作的精湛技艺。"大红袍"的传统制作技艺源于明末清初,共有 10 道工序,即采摘、萎凋、做青、炒揉、初焙、晾索、拣剔、复焙、团包和补火,在此期间经历了数代制茶师傅的技艺传承。"大红袍"口味丰富,既有绿茶的清香,又有红茶的甘醇,具有"岩骨花香"的乌龙茶神韵。同时,随着"大红袍"制作工艺的改进和影响力的扩大,武夷山地区产生了祭祀茶神、喊山、斗茶赛等习俗以及包含 27 道程序的武夷茶艺,形成了广泛的群众基础。2006 年 5 月 20 日,武夷岩茶(大红袍)制作技艺经中华人民共和国国务院批准列入第一批国家级非物质文化遗产名录。

(三) 绿茶制作技艺(婺源绿茶制作技艺)

婺源地处赣、浙、皖三省交界,依山傍水、气候湿润、土地肥沃,很适宜茶树生长。婺源绿茶的生产源远流长,早在唐朝陆羽《茶经》中即有"歙州茶生于婺源山谷"的记载(汪茂忠等,2004),说明婺源当时已经成为歙州最重要的产茶地。

婺源绿茶制作技艺主要包括采摘、摊青、杀青、清风、揉捻、烘炒、初干、再干等多道工序,其工艺要求十分严格。婺源绿茶每年在春分前后开采,按一芽一叶标准。开采第一天有在篮底垫红纸、茶园放花炮的习俗。

清明后，按一芽二叶标准，采摘时需做到"三不采"，即不采雨水叶、红紫叶和虫伤叶。茶叶的采摘坚持分期分批采，先发先采，后发后采，不符合标准不采，采下的鲜叶不过夜等原则。鲜叶采摘后，按标准划分等级摊放在不同竹篾盘上。最高等级的鲜叶摊放厚度不超过2厘米，以下等级的鲜叶摊放厚度不超过3.5厘米。接着将摊青后的青叶放入铸铁锅中高温杀青。每锅放入约2斤青叶，铁锅温度控制在140~160℃，用手翻动杀青，时间控制在2分钟左右。茶叶杀青后，立即在竹篾盘上均匀薄摊，使其散发热气、不产生闷气，然后将杀青叶在竹篾盘中扬簸几次，清除碎片灰尘。揉捻是绿茶塑造外形的一道工序，分为冷揉与热揉。冷揉，即杀青叶经过摊凉后揉捻。热揉则是杀青叶不经摊凉而趁热进行的揉捻。揉好的茶叶要及时上竹制烘笼烘坯或入锅炒坯，温度在100~120℃。烘炒后的茶叶，放在120℃的铸铁锅中烘干，温度从120℃逐步降低至90℃、80℃。经过烘干的茶叶含水量降低，再进行炒干就不会结成团块，然后将初干后的绿茶放在铸铁锅内炒干，锅温90~100℃。待叶子受热后，逐渐降低至60℃，炒至含水率在6.0%~6.5%，出锅倒入竹圃，待冷却筛去粉末，即可包装储藏。婺源绿茶品种丰富多样，从外形上来看，有眉形、针形、颗粒形、螺旋形、花形等几种。由于其特殊的生产技术，婺源绿茶味高色翠、汤青叶绿、滋味浓郁、耐泡，素有"头泡清香、二泡浓郁、三泡有增无减、四泡也醇香"之美誉（吕富来，2022）。2014年，婺源绿茶制作技艺入选第四批国家级非物质文化遗产代表性项目名录。

（四）红茶制作技艺（宁红茶制作技艺）

修水产茶，迄今已有1200余年的历史。因修水县古称"义宁州"，其产红茶故名"宁红"。修水县茶叶种植自然条件优越，栽培技术优良，为宁红茶的卓越品质奠定了基础。宁红制作历史悠久，始于清代中叶，盛于道光年间，红茶贸易界有"宁红不到庄、茶叶不开箱"之说。宁红茶属全发酵类中小叶种红茶，条索紧结秀丽、色泽乌润、叶形匀整、汤色红亮、滋味甘醇浓郁，是工夫红茶中的代表。宁红茶制作严谨，分为初制、精制等10余道工序。初制工序主要包括萎凋、揉捻、发酵、烘干，精制工序主要为筛分、拣剔、复火、匀堆装箱，并逐渐形成了轻萎凋、重揉捻、足发酵等独特技艺。2021年，宁红茶制作技艺入选第五批国家级非物质文化遗产代表性项目名录。

（五）绿茶制作技艺（黄山毛峰）

由于独特的自然环境和气候条件，黄山自古以来就是中国名茶的主要产区之一。清代光绪元年，徽州漕溪人采用杀青、揉捻、毛火、足火等一套创新技艺，制成"白毫披身，芽尖似峰"的新茶叶，故取名"毛峰"，一经上市便广受好评。此后，毛峰的种植面积逐步扩大，遍及整个黄山，黄山出产的茶叶也相应改名为"黄山毛峰"。2008年，黄山毛峰制作技艺入选我国第二批国家级非物质文化遗产保护名录。

（六）绿茶制作技艺（太平猴魁）

安徽省黄山市黄山区产茶历史悠久，此前这里名为太平县，故所产的茶称为"太平茶"，在长江一带极为流行。有茶商请茶农将尖茶中枝头整齐的芽叶单独拣出，高价销售，获得重利。家住猴岗的茶农王魁成受到启发，从采鲜叶开始就精挑细选，由此太平县猴坑、猴岗一带所产的茶叶品质为尖茶之魁，因而以"太平猴魁"命名。2008年，太平猴魁制作技艺入选第二批国家级非物质文化遗产名录。

（七）红茶制作技艺（祁门红茶制作技艺）

祁门红茶产自安徽省祁门县，历史悠久，可追溯至南北朝时期。清代光绪初年，由于国际市场上绿茶销售受阻，胡元龙等有识之士开始试制红茶，并取得成功。因祁红独特的"玫瑰香"或"苹果香"，祁门红茶有"祁门香"的美誉，祁门也因此获得"中国红茶之乡"的称号。祁红的制作技艺主要分初制与精制两个部分，初制主要由萎凋、揉捻、发酵、烘干组成，精制主要由筛分、切断、风选、拣剔、复火、匀堆组成。独特的制作技艺和超凡出众的品质使祁红蜚声中外。2008年，祁门红茶制作技艺列入第二批国家级非物质文化遗产名录。

（八）黑茶制作技艺（千两茶制作技艺）

黑茶是茶类中唯一可以长期存放的品种，其生产主要由手工操作。黑茶以质优取胜，制作标准严格，精益求精，要求选茶准、烘茶干、装茶满、踩茶紧，生产流程环环相扣。2008年，黑茶制作技艺被列入第二批国家级非物质文化遗产名录，其中包括湖南省安化县千两茶制作技艺、益阳市茯砖茶制作技艺和四川省雅安市南路边茶制作技艺。这些黑茶都具有历史悠久、文化底蕴深厚、制作技艺科技含量高等特点。湖南省安化县素有"中国茶乡"之称，其生产的安化黑茶是历史名茶，明代起民间便有黑茶"无安化字号不买"之说。安化千两茶（又称花卷茶），最早出现在清朝同治年间，千两茶制作工艺独特，采用正宗上等安化黑毛茶原料，经蒸、踩、捆、压等数十道工序加工而成，其形如柱，每支净重为老秤一千两（约合 36.25公斤），俗称"千两茶"。千两茶加工工艺的特殊性，不在于"制"而在于"炼"，技术要求高，劳动强度大，全程共 23 道程序，总工时近一年。制成的千两茶造型独特，汤色金黄如桐油，口感厚重，香气以松香为主，是中国茶中少有的一次性成型的单体重量较大的茶产品。

（九）黑茶制作技艺（茯砖茶制作技艺）

茯砖茶产于湖南省益阳市，其前身为陕西"泾阳砖"。1953 年，茯砖茶在安化试制成功，是黑茶类中唯一具有发花工艺且能产生有益菌的一个茶种。"益阳茯砖茶"的主要消费市场是我国西北地区，在内蒙古、新疆等地区被誉为"生命之茶"，是边销茶中的大宗产品，茶产量占全国的1/4。茯砖茶以优质黑毛茶为原料，经过筛制、渥堆、发酵、压制成型、发花、烘干等工序制作而成。茯砖茶中独含的两种活性物质——茯茶素 A 和茯茶素 B，具有促进人体新陈代谢，显著降低脂肪、血脂、胆固醇、甘油酯、血糖、血压等功效。茯砖茶集医药价值、收藏价值于一体，对人们的物质和文化生活产生了深刻的影响。

（十）黄茶制作技艺（君山银针茶制作技艺）

君山银针产于湖南省岳阳市洞庭湖中的君山岛，是全国十大名茶之中唯一的黄茶。君山岛倚长江，傍洞庭，三面环水，风景独特，生态优良。因长江与洞庭湖的千年孕育，君山岛集阳光、雨露、晨雾、大江、大湖于一身，长年云雾弥漫，特别适合茶树生长。

君山茶，始于唐代，清代纳入贡茶，旧时曾经用过黄翎毛、白毛尖等名，后来，因为它的茶芽挺直，布满白毫，形似银针而得名"君山银针"。君山银针茶于清明前三四天开采，以春茶首轮嫩芽制作，且须选肥壮、多毫、长 25~30 毫米的嫩芽，经拣选后，以大小匀齐的壮芽制作银针。君山银针茶制法特点至今仍保留了古代"岳州黄翎毛"的传统，制作工艺流程包括杀青、摊放、初烘、摊凉、初包、复烘、再摊、复包、足干、拣剔等工序，历时约 72 小时。制成的君山银针茶外形芽壮多毫，带有淡黄色茸毫，有"金镶玉"之誉。冲泡后，香气清鲜，汤色浅黄，滋味甜爽，叶底明亮。2021 年，君山银针茶制作技艺入选第五批国家级非物质文化遗产。

（十一）绿茶制作技艺（恩施玉露制作技艺）

恩施玉露香鲜爽口，色泽苍翠绿润，是我国现存唯一的蒸青针形绿茶，主要产于恩施市芭蕉侗族乡和恩施市舞阳坝五峰山一带。2014 年 12 月，恩施玉露制作技艺入选第四批国家级非物质文化遗产扩展项目名录。

恩施玉露制作技艺历史悠久，于清朝康熙年间（1662~1722）由施南府黄连溪一蓝姓茶商，按陆羽所著《茶经》中的"蒸之、焙之"工艺垒灶制茶。所制茶叶条索挺直、色绿、毫峰如玉，茶味鲜爽，故称"玉露"。早在清朝就与西湖龙井、武夷岩茶、黄山毛峰等一起被列入清代 40 支名茶品目，后又被列入中国现代名茶品目。恩施玉露制作技艺及品质奇特，主要体现在以下方面。一是采摘。要求选择芽长、叶窄、节间短的茶树品种，需在清明节前的晴天午前露水干涸后采摘；采摘标准为一芽一叶或一芽二叶初展，且要细嫩匀称，全芽长 2.5 厘米左右（朱林飞，2011）。二是制作技艺。恩施玉露采用蒸青灶和焙炉作为工具，以高温蒸汽穿透叶组织破坏酶活性的生化原理和茶叶滚转成条的规律为理论体系，最终形成恩施玉露"蒸青"、"针形"和"富硒"三大特色。蒸青环节最具特色，将鲜叶均匀薄摊在蒸青屉中，叶片互不重叠。蒸青适度的叶子呈灰绿色，手捏叶子柔软如棉，叶面光滑并发出清香。再经扇凉、炒头毛火、揉捻、铲二毛火、整形上光、拣选，完成全部制作工序，用牛皮纸包好，置于石灰缸中封藏。三是品质。外形色泽润绿，条索匀整、紧圆、光滑、挺直如松针，汤色嫩绿明亮，滋味香醇回甘，叶底绿亮匀整。

（十二）黑茶制作技艺（赵李桥砖茶制作技艺）

赵李桥砖茶制作兴起于唐朝，历经宋、元、明、清各朝逐步完善，到清朝中期，其砖茶制作技艺已日臻成熟。赵李桥砖茶的制作工艺主要来源于羊楼洞砖茶，先后由饼茶、帽盒茶逐渐拓展，发展成以青砖茶、米砖茶为主的产品体系。赵李桥青砖茶以"砖"形为代表形状，色泽青褐，香气纯正，汤色红黄，滋味香浓，其中以"川"字牌青砖茶为代表，深受消费者喜爱。饮用青砖茶需将茶砖捣碎，放入容器中加水煎煮，具有生津解渴、清心提神、助消化等功效。由于具有易保存、去油腻等特点，赵李桥砖茶尤其适合高热量饮食地区人群饮用，是内蒙古、新疆、甘肃、宁夏等西北地区人群的生活必需品之一（朱林飞、程歌，2014）。羊楼洞砖茶远销至内蒙古、新疆、欧洲等地，是中俄"万里茶道"上的主要贸易产品，影响了汉口和九江两大茶市的发展。2015 年，国际茶叶委员会分别授予赤壁市和羊楼洞为"万里茶道源头"和"世界茶叶第一古镇"的称号。

赵李桥青砖茶制作技艺主要包括选叶、初制、渥堆发酵、陈化、复制、压制和烘制等多道程序。青砖茶初制工艺又被称为老青茶毛茶加工过程，是形成青砖茶品质特征的初始起步阶段，其主要加工工序分别为：茶树种植生长、采割、运青、晾青、揉捻、晒干、老青茶毛茶。渥堆工艺过程俗称为"发酵"，是形成青砖茶产品独特口感滋味、香气等内质要求的关键性工艺阶段，此阶段又分为两个工艺过程，即小堆渥堆和大堆渥堆。渥堆工艺过程时间最短需要 6 个月，最长 2~5 年。青砖茶复制工艺是相对前面初制过程而产生的生产过程，是形成半成品、进行产品质量把关控制的重要加工阶段。此阶段为批量产品统一茶叶品质，完成净度、筛分规格控制，承前启后确保青砖茶产品质量的重要加工过程，因此又被称为青砖茶质量把关的过程。青砖茶压制工艺过程是青砖茶产品初步成型的加工过程，是青砖茶品质特点形成的重要转化过程。青砖茶烘制工艺过程是青砖茶产品去掉蒸制过程中所吸收的水分，干燥产品，确保外形整洁、内质香气和品感滋味定型的重要加工工艺过程。青砖茶的贮存是青砖茶产品进入商品化过程中的重要阶段，也是青砖茶品质不断提升的过程。一般来说，青砖茶越陈越香的上升过程依靠的是合理的贮存条件来实现的。新出烘的青砖茶产品一般会有一股燥热，很适合内蒙古牧民们熬制奶茶的需求。对内地消费者品饮来说必须有一段贮存的过程，当然是越久越好，但是如果贮存条件不好可能会适得其反。

（十三）黑茶制作技艺（长盛川青砖茶制作技艺）

明洪武元年（1368），何氏先祖何德海始创"长盛川青砖茶制作技艺"，首制帽盒茶为青砖茶鼻祖。相传，何氏在运送茶叶过程中，天降大雨，茶叶被偶然发酵，发酵后的茶叶口感醇厚、滑润。何氏家族开始研究茶叶发酵工艺，并逐步稳固工艺流程，长盛川青砖茶制作技艺开始形成。长盛川青砖茶以长江流域鄂西南武陵山区高山优质富硒茶树鲜叶为原料，经长时间独特发酵后高温蒸压而成。汤色澄红清亮，浓酽馨香，味道纯正，回甘隽永。明末清初，随着"万里茶道"的兴起，何氏家族与晋商渠家联手扩大经营，得朝廷御赐"红色双龙票"。长盛川湖北青砖茶经汉水，越黄河，行销西北和欧亚各国，沿途相继成立了260余家茶庄，衍生出"长顺川""玉盛川"等50多个"川"字系列品牌，一度成为"万里茶道"上的主要流通商品，备受"万里茶道"沿线各国和地区的追捧，被誉为"万里茶道上的瑰宝""草原上的生命之饮"。

抗战时期，鄂南长盛川茶庄毁于战火，宜昌长盛川茶庄店面虽然被毁，但其生产依旧持续。20世纪80年代，何氏建字辈兄弟着手在宜昌恢复青砖茶传统制作工艺。经过精心筹备，2013年，湖北长盛川青砖茶研究所在宜昌正式成立，致力于传承长盛川青砖茶传统制作技艺。传统长盛川青砖茶从采收到成品，经过77道工序，全部由手工完成。在机器生产时代，虽然生产设备和工艺得到了显著改善，但传统的制造技术仍然得到了较好的保存，渥堆发酵、烘干、包装等工序仍保持着传统的手工技术（黄柏权、黄祥深，2019）。

二 "万里茶道"中国段茶叶类省级非物质文化遗产

"万里茶道"中国段茶叶类省级非物质文化遗产共有25项，具体分布情况如表7-6所示。

表7-6 "万里茶道"中国段茶叶类非物质文化遗产（省级）

路段	地理文化区域	省市	遗产点名称
生产路段	武夷山——鄱阳湖平原	福建南平	白茶制作技艺(政和)、工夫茶制作技艺(政和)、茶百戏、白茶制作技艺(建阳)、丹桂茶制作技艺、福建乌龙茶制作技艺(北苑茶)
		江西上饶	铅山河红茶制作技艺、婺源茶艺
		江西九江	武宁采茶戏、瑞昌采茶戏、九江采茶戏、九江桂花茶饼制作技艺、庐山云雾茶制作技艺
	梅山山地——洞庭湖平原	湖南益阳	黑茶制作技艺(安化天尖茶制作技艺)
		湖北咸宁	采茶戏(通山采茶戏)、红茶制作技艺(杨芳林瑶山红茶制作技艺)
	武陵山地——江汉平原	湖北宜昌	五峰采花毛尖茶制作技艺、远安鹿苑茶、绿茶制作技艺(栾师傅制茶技艺、团黄贡茶制作技艺)、红茶制作技艺(宜昌宜红茶制作技艺、五峰宜红茶制作技艺、利川红茶制作技艺、鹤峰宜红茶制作技艺、宜都宜红茶制作技艺)
集散路段	山西盆地群	山西晋中	寿阳茶食技艺
		山西太原	乾和祥茶庄茉莉花茶拼配加工、包装技艺,晋商茶路上的故事
		山西忻州	宁武县毛健茶制作技艺
外销路段	内蒙古高原	内蒙古呼和浩特	蒙古族饮茶习俗

资料来源：笔者整理。

（一）白茶制作技艺（政和）

政和地处福建省北部，位于南平、宁德两地交会处，东邻寿宁，西与建阳相邻，南与建瓯、屏南毗邻，北与松溪、浙江庆元交界，是我国白茶主产区，也被称作"中国白茶之乡"。政和制茶渊源极深，最早可追溯至唐朝，到宋代政和已成为北苑贡茶的主产区。政和产的银针茶备受推崇，被文人誉为"北苑灵芽天下精"。

政和白茶的制作工艺独特，为保持原茶叶状态，不炒不揉，经过萎凋和干燥两道工序，既不破坏酶的活性，又不促进氧化作用，且保持毫香显现、汤味鲜爽。政和白茶性清凉，具有三抗三降（抗辐射、抗氧化、抗肿瘤、降血压、降血脂、降血糖）作用。政和白茶因产地环境优越，加上精湛的加工工艺,形成"清鲜、纯爽、毫香"的独特风格,深受消费者青睐。政和白茶的优良品质源于其得天独厚的地理、气候条件以及精湛的制作技艺。2017年,白茶制作技艺(政和)被列入福建省第三批省级非物质文化遗产代表性项目名录扩展项目名录。

(二) 工夫茶制作技艺(政和)

政和工夫茶为福建省三大工夫茶之一,也是福建红茶中最具高山茶种特色的条形茶。政和县是政和工夫茶的主要产地,辐射周边的松溪县和浙江的庆元县。19世纪中叶,政和工夫茶进入兴盛之期,年产量上万担,产品绝大部分销往欧洲。到19世纪末(清光绪年间),因政和发现大白茶茶树品种,并以"压条法"繁育成功,政和叶之翔、杨作辑等一批茶商大胆采用大白茶鲜叶为原料制作红茶,品质优于一般红茶,于是正式命名"政和工夫",声名重新大振。

政和大白茶被评为国家优良品种,为政和最独特之茶叶品种。其芽叶肥壮,茸毛特多,茶多酚、氨基酸、咖啡碱、儿茶素含量高于其他茶树品种。生产的政和工夫茶条索紧结重实,色泽乌润,金毫显露,汤色红艳明亮,具有浓郁的花果香,滋味浓厚鲜纯,具有浓强鲜的品质特征,深受消费者青睐。2017年,工夫茶制作技艺(政和)入选福建省第五批省级非物质文化遗产代表性项目名录扩展项目名录。

(三) 茶百戏

闽北是我国历代重要的产茶区,不仅气候环境适宜茶树生长,更孕育着丰富的茶文化。茶百戏又称汤戏、茶戏、水丹青等,是现今挖掘并流传于闽北一带(主要是武夷山、建阳、建瓯)的一种能使茶汤的纹脉形成物象的茶艺,其特点就是仅用茶粉和水通过冲泡和搅拌能在茶汤中显现出文字和图案。茶百戏在唐代已初现雏形,宋代茶百戏的形成和发展达到鼎盛时期。茶百戏得益于朝廷的推崇和杨万里、陆游、欧阳修、苏轼等大批文人的推广与传播。元代后由于点茶法逐渐被泡茶法取代,分茶不再盛行,明清时期闽北一带仍有点茶、分茶流传,近代后点茶法基本失传。自20世纪末以来,经过不断的研究探索,终于在2009年发掘并恢复了这一古老技艺。茶百戏的恢复再现,丰富了当代茶文化内涵,对于研究点茶文化具有不可替代的重要价值。同时，茶百戏是液体表现字画的独特方式，赋予作品灵动和变幻的特征，使中国字画表现的载体由单一的固体材料发展到液体材料，具有不可替代的艺术价值。茶百戏作为传统体育、游艺与杂技项目入选福建省第五批省级非物质文化遗产代表性项目名录。

茶百戏所用的原料多为团饼茶，演示过程要经过炙茶、碎茶、碾茶、罗茶、候汤、烫盏、取茶粉、注汤、调膏、再注汤、击拂、分茶等十几道工序。茶百戏所用原料可以是乌龙茶、红茶、白茶、黄茶、黑茶类的团饼，游艺器具则需要有茶炉、茶臼、茶碾、茶筛、茶瓶、茶盏（盘）、茶筅、茶罗、茶勺、水盂等。茶百戏的代表性作品有茶百戏图《月光曲》《马到成功》《玉女峰》等山水、花鸟作品。

（四）白茶制作技艺（建阳）

建阳是中国白茶的发源地之一，也是贡眉小白茶、水仙白的原产地，产区主要是在漳墩、水吉、回龙、小湖等地，主要品种有水仙和小菜茶。建阳特有的红壤、黄壤土层深厚肥沃，适合白茶种植。建阳属亚热带季风气候，光热资源丰富，森林覆盖率高，年降雨量充沛，温差大，年平均气温18℃，尤为适宜优质茶树生长。建阳小白茶主要生长在荒野高山，采摘周期比大白品类长10天左右，更有利于茶叶内质的积累，使香气馥郁度和滋味的醇厚度更高。因菜茶混合生长，品种繁多，其制成的小白茶口感丰富多变，具有更高的品饮价值和收藏价值。建阳水仙白茶汤色橙黄、香如兰花、鲜醇甘爽，素有"水仙茶质美而味厚""果香为诸茶冠"的美誉。

保证建阳白茶品质的有如下关键环节。第一点为鲜叶采摘。掐采易导致鲜叶断口变红，因此需采用提手采摘方式，以获得品相较好的鲜叶，保证白茶的外形。第二点为独特的摊晾风干萎凋工艺。在建阳4~5月昼夜温差较大时，采用室内自然萎凋、复式萎凋等多种形式，让茶青慢慢风干，这个过程中茶叶芳香物质形成，进行内含物质转化和积累，有利于保证建阳白茶独有的醇厚甘爽的口感。另外白茶属于微发酵茶，有后发酵的空间，随着存放时间的延长茶叶内质不断进行转化，茶汤的滋味越发醇和。2019年，白茶制作技艺（建阳）入选福建省第三批省级非物质文化遗产代表性项目名录扩展项目名录。

（五）丹桂茶制作技艺

桂花是中国十大名花之一，属木（樨）科，是常绿乔木。浦城丹桂在南北朝时期已经有文字记载。在长期的历史发展过程中，浦城桂花形成了深厚的文化内涵和鲜明的地方特色，并建立起独具特色的丹桂产业。浦城人民不仅喜桂爱桂、植桂赏桂，还创造出许多与丹桂有关的芳香美食、生产技艺、传统习俗、园林艺术、文艺作品等一系列文化活动，其中最有特色的是木樨茶（丹桂蜜浸）。丹桂茶制作手工技艺有拍打、捡花、烫花、漂洗、沥干、拌糖、装罐等工序。2009 年，丹桂茶制作技艺被列入福建省第三批省级非物质文化遗产代表性项目名录。

（六）福建乌龙茶制作技艺（北苑茶）

北苑茶为我国茶叶发展史上的著名御茶之一，起源于五代十国时期。933 年，建州建安县（今建瓯市）茶园主张廷晖在凤凰山开辟茶园种植茶树。由于战事频仍，茶园生计难以为继，他便将其供奉给闽王，使之成为皇家茶园。因茶园位于闽国北部，故名"北苑茶园"，出产的茶叶亦称为"北苑茶"。北苑茶多采用龙凤图案模具进行蒸青，因此北苑茶又有"龙凤茶""龙团凤饼"等称号。北苑茶制作工序要求严格，一般有采茶、拣茶、蒸茶、榨茶、研茶、造茶、过黄、烘焙 8 道。2011 年，福建乌龙茶制作技艺（北苑茶）入选福建省第二批省级非物质文化遗产代表性项目名录扩展项目名录。

（七）铅山河红茶制作技艺

河红茶全称为河口红茶，由于明清时期闽赣皖各地名茶均在铅山河口镇包装集散后分销各地，因此将武夷山脉各产茶地精制的红茶统称为"河红"。河红茶滋味醇厚、甘甜爽滑，汤色红亮、浓郁、清澈、有光圈，杯底留香浓郁，稠度高，回甘快，茶汤甜醇，浓泡有黏稠感，广受国内外消费者好评。当时河红茶的产地分布在武夷山脉南北麓的崇山峻岭之间，具体产地主要分为两大块，一是武夷山桐木关南北坡的正山小种红茶产区，二是沿闽赣边界的武夷山脉产茶区（外山小种）。这些茶叶运至河口精制，形成一个以河口镇为中心的红茶制作区域。据《铅山县志》记载，明宣德、正德年间，铅山有小种河红、特贡、贡毫、贡玉、花香等名茶行销市场。

至万历年间,"河红"茶声名远播,外地商人纷纷前来河口订购。据《铅山乡土志》记载,清乾隆、嘉庆年间,铅山的茶叶生产和贸易进入鼎盛时期,全县茶叶种植面积达三万亩,茶产量达一万担。当时海运禁通,赣闽皖浙等省份所产茶芽也大都先行制成毛茶,运至河口加工成河红茶投放市场。当时河口镇大约有 5 万人,直接从事茶叶加工的人员就达 3 万人之众,河口一地的茶行就有 48 家,全县茶叶外销金额每年"不下二百万金"。河红茶作为中国最早的出口外销红茶,畅销国际市场近 200 年,培养出的"河帮茶师"技艺精湛,世代相传,成为中国近代和现代茶叶界的一支重要的技术力量,铅山也因此成为中国明清时期的红茶贸易及技术中心。河红茶制作技艺系纯手工操作,主要分为采摘、萎凋、揉捻、发酵、复揉、熏焙、毛拣、筛分、精拣、包装十大工序。2010 年,该技艺被列入江西省第三批省级非物质文化遗产名录。

(八)婺源茶艺

婺源产茶历史唐载《茶经》,宋称绝品,明清入贡。婺源茶艺始于唐宋,盛于明清,是在民间饮食习俗基础上,经历程式化、艺术化的漫长整合过程而形成的具有地方特色和文化内涵的茶艺形式。婺源茶艺是婺源独特的以茶待客的一种礼仪,体现了"敬、和、俭、静"的道德规范和人生理想,极具地方民俗特色和文化内涵。因客而异,婺源茶艺有农家茶、新娘茶、文士茶、富室茶等不同茶艺体系,在服饰、冲泡程序和手法上各具特色。2005 年,婺源茶艺被列入江西省第一批省级非物质文化遗产名录。

(九)武宁采茶戏

武宁采茶戏最早起源于"茶歌",即"采茶调",是赣西北及鄂南一带群众喜闻乐见、久盛不衰的地方戏剧种。它从茶歌到板凳戏,再发展成为有表情和动作的小旦、小丑的"二小戏",并经民间艺人不断创新、移植,唱腔亦从散曲和小调转向板腔体,逐步形成具有浓郁地方特色的武宁采茶戏。武宁采茶戏有上河、下河两大流派,四大声腔,只用锣鼓伴奏。民间艺人由于不受丝弦伴奏的羁绊,在歌唱中把民间小调糅合到耍花腔中,衍变为"九板十八腔"。武宁采茶戏也具有一些独特的表演手法,如旦角举手不超眉、生不出单指、旦不出双指等,特别是艺人独创的"三步头、九四头、倒脱靴、荷花出水、小推磨、大站门、小站门、一条龙"等多种表演形式颇具特色。2008 年，武宁采茶戏被列入江西省第二批省级非物质文化遗产名录。

（十）瑞昌采茶戏

瑞昌采茶戏历史悠久，它是黄梅采茶戏与江西民间茶灯戏结合而形成的地方剧种，俗称"糯米采茶"。瑞昌采茶戏唱腔柔美，富于情感，形式短小，在板式、结构、调式、旋律上具有独特的地方特色。内容大多以民间流传的传说和故事为素材，如姊妹摘茶、商贾蔡鸣凤辞店、米行伙计张朝宗告经承、喻老四推车赶会、灾民李乙卖女等。瑞昌采茶戏唱腔丰富，不仅有完整的正本唱腔，还有近百首各具特色的小调。有些声腔是当地百姓熟悉的地方土调，演员与观众互动性强，戏声、人气融为一体，成为当地百姓喜闻乐见的民间采茶戏表演形式（罗思影，2009）。2008 年，瑞昌采茶戏被列入江西省第二批省级非物质文化遗产名录。

（十一）九江采茶戏

九江采茶戏俗称"茶灯戏""茶戏"，雏形始于明末清初。明朝末年，流行于九江、瑞昌等地的灯彩和传入九江的赣东铅山茶灯戏结合在一起，推动了赣北茶灯戏的形成。乾隆年间，茶灯戏与盛行于赣北地区的黄梅采茶腔结合在一起，逐渐形成了具有赣北地区特色的地方剧种之一。九江采茶戏以质朴通俗见长，因其曲调清新、韵味甜美，深受当地群众的喜爱。曲种分南河、北河两大流派。九江采茶戏的传统剧目素有"三十六大本，七十二小出"之说。大型剧目有《香珠记》《白扇记》《血衣记》《七针记》《荞麦记》《二龙山》《告京臣》等，小型剧目有《卖鞋》《卖角箩》《染围裙》《苦媳妇》等，以及反映劳动人民聪明才智的《葛麻写退》《皮瞎子算命》等。2008 年，九江采茶戏被列入江西省第二批省级非物质文化遗产名录。

（十二）九江桂花茶饼制作技艺

明清期间，随着九江商贾贸易的日益繁荣，茶饼作为一种糕点由茶坊生产转向作坊生产，同时在配料上采用瑞昌、武宁的茶油，加入本地的桂花，使茶饼的质量、口味更佳。九江桂花茶饼源于宋代江州的姑塘镇。它是用茶油、饴糖、芝麻、桂花制成的一种香甜酥脆、入口松爽的茶点，是江西省四大传统糕点之一。来往商客把桂花茶饼视为江州特产，带回家乡馈赠亲友，九江桂花茶饼随之享誉大江南北。2010 年，九江桂花茶饼制作技艺被列入江西省第三批省级非物质文化遗产名录。

（十三）庐山云雾茶制作技艺

庐山云雾茶又称"江州茶""庐山茶""云雾茶""钻林茶"，自明代始称"庐山云雾茶"，因原产地（庐山）终年云雾弥漫而得名，属绿茶类。庐山云雾茶历史悠久，先后经 1700 余年培育提纯，形成庐山独有的茶树品种。据《庐山区志》记载，庐山云雾茶始产于汉代，由庐山道僧选育野茶培育，至宋代列为贡茶，史有"雾里清泉煮香茗"的记载。《九江府志》记载："……茶出于德安、瑞昌、彭泽，唯庐山所产，味香可啜。该山，尤以云雾茶为最惜，不可多得耳……"庐山云雾茶制作工序要求非常严格，主要分为采摘、杀青、抖散、揉捻、初干、搓条、提毫、再干等 8 道工序。庐山云雾茶既有独特的风味，又有怡神解泻、帮助消化、杀菌解毒、预防肠胃感染、抗坏血病的保健作用，深受消费者的欢迎。2013 年，庐山云雾茶制作技艺被列入江西省第四批省级非物质文化遗产名录。

（十四）黑茶制作技艺（安化天尖茶制作技艺）

安化天尖茶属湘尖系列，有天尖、贡尖、生尖，称为"三尖"，其均以每年谷雨时节采摘的鲜嫩茶叶为原料精制而成，可以泡饮，亦可煮饮。天尖茶外形条索紧结，较圆直，嫩度较好，色泽乌黑油润，香气醇和带松烟香，汤色橙黄，滋味醇厚，叶底黄褐尚嫩。天尖茶全手工加工，原始操作，无污染、无添加、原生态。竹篾篓包装，丝茅插孔，透气性良好，有利于天尖茶的氧化后熟，同时可祛除异味，保持茶品原味陈香。天尖茶选用谷雨前后的一芽一叶春茶纯手工工艺制作，经过筛分、风选、拣剔、软化、揉捻、烘焙、拼堆、包装等工序，生态环保，包装原始古朴。天尖茶制作技艺由白沙溪茶厂一脉传承，至今已传承到第 6 代。2016 年，安化天尖茶制作技艺被列入湖南省非物质文化遗产保护名录。

（十五）采茶戏（通山采茶戏）

通山地处鄂东南，气候温和，土壤肥沃，具有悠久的种茶历史，是中国古老的茶区之一。通山采茶戏源于采茶歌,与采莲船、高跷、竹马、花鼓、蚌壳精等民间舞蹈及其所唱的灯歌相结合,应时而生、形式活泼、相互唱和。通山采茶戏在表演、剧目、声腔等方面都不同程度地受到汉剧的影响,如起坝、走鞭、趟马、亮相、云手、整冠、理髻等表演程式都是从汉剧学习而来。2013 年,通山采茶戏入选湖北省第四批省级非物质文化遗产名录。

(十六) 红茶制作技艺 (杨芳林瑶山红茶制作技艺)

"瑶山红茶"因起源于通山县杨芳林乡瑶山 (瑶族先祖发祥地) 一带,故而得名。杨芳林乡种植茶叶有近 1300 年历史。《康熙通志》记载:"茶出通山者上……而杨芳林茶为最。"1850 年,杨芳林瑶山红茶问世。1854 年,茶商黄贻中与英商代表合资设立春源和茶庄,将瑶山红茶直销英国伦敦,英国皇室和贵族争相品饮,英国社会各阶层趋之若鹜,从此瑶山红茶成为英伦时尚饮品。当时的世界地图不标通山县城,却必标"杨芳林"这个以茶闻名的中国古镇。杨芳林瑶山红茶需以当地特产茶种的"牛尿茶"为原料,选择标准为立夏前后的嫩茶、颜色略带微红且叶宽肉厚。主要制作流程包括选茶、杀青 (晒)、揉、发酵等环节,每道工序均要求手工制作完成,其中杀青、发酵时间以及揉茶的手法极为讲究。2016 年,杨芳林瑶山红茶制作技艺入选湖北省第五批省级非物质文化遗产代表性项目名录。

(十七) 五峰采花毛尖茶制作技艺

湖北省五峰土家族自治县位于北纬 30 度黄金茶产业带,素有"中国名茶之乡"之称。采花乡地处五峰土家族自治县的西北,因境内的采花台得名。采花乡群山叠翠,云雾缭绕,空气清新,雨水丰沛,十分适宜茶树生长,是典型的高山茶区。采花毛尖属于绿茶类,外形细秀匀直,长短均衡,形如新月,色泽绿润,白毫披身,内质香高持久,滋味鲜醇回甘,每年清明前后的 20 多天采摘最佳。每斤干茶含嫩芽约 4 万个,堪称茶中极品毛尖王。一经冲泡就分为上下两层,上层花开富贵,底层鱼翔浅底,俗称"一花一世界"。五峰采花毛尖茶选用湖北五峰境内海拔 600 米以上高山生态茶园的优良茶叶精制而成,色泽墨绿润泽,香气高而持久,滋味浓醇爽口,汤色嫩绿透亮,呈现"三高一低"的名优茶品质特征:高氨基酸、高水浸出物、高氨酚比和低咖啡碱。以上"三高一低"的品质特征使采花毛尖茶口感醇爽回甘，滋味醇和。2009 年，五峰采花毛尖茶制作技艺被列入湖北省第二批省级非物质文化遗产名录。

（十八）远安鹿苑茶

鹿苑茶出产在距湖北省远安县鸣凤镇西北 7.5 公里处的鹿苑村，因鹿苑寺而得名。远安鹿苑茶属微发酵黄小茶类，色泽金黄，香气馥郁芬芳，汤色杏黄明亮，滋味醇厚甘凉。鹿苑茶鲜叶采摘时间一般在清明节前后 15 天，采摘标准是一叶一心，要求叶片均匀、干净、细嫩、新鲜，不带鱼叶、老叶和幼果。鹿苑茶的制作工艺以揉捻后久堆焖黄的方式制作，一般包括杀青、炒二青、闷堆、拣剔、炒干五大环节。精制后的鹿苑茶为环状条索，色泽金黄，白毫挺立，兰草香味持久，滋味醇厚甘凉，叶底嫩黄匀整、纯净。2009 年，远安鹿苑茶入选湖北省第二批省级非物质文化遗产名录。

（十九）绿茶制作技艺（栾师傅制茶技艺、团黄贡茶制作技艺）

1. 栾师傅制茶技艺

栾礼周自 1983 年开始制作手工茶，其精制手工茶逐渐受到消费者的青睐。栾师傅手工茶细啜襟灵爽，微饮齿颊香，色、香、味、形俱佳。奇特的自然环境和优良的茶树品种加上精湛的加工工艺造就了栾师傅手工茶的独特品质。栾礼周鲜叶采用国家级良种"宜昌大叶种"春季的芽叶为原料，融合三峡地区历代炒制技艺精髓和家族传承下来的制茶"诀窍"为一体，手工制作而成。栾师傅制茶技艺"诀窍"为"鲜、火、凉、快、慢"，包含采摘、摊青、杀青、摊凉、揉捻、初焙整形、摊凉、隔末、复焙 9 道工序，制作过程有抓、翻、托、抖、撒、压、摊、荡、揉、搓、抛等 11 种手法，一锅到底、一气呵成。栾师傅手工茶品质特点：条索挺直，显毫明显，色泽翠绿，油润有光；口味浓郁，滋味鲜爽耐泡，回甘快而明显，汤色黄绿明亮，隔夜不变，叶底鲜活完整，具有"形秀丽、汤绿亮、绿豆味、板栗香"的独特风格。2016 年，栾师傅制茶技艺入选湖北省第五批省级非物质文化遗产代表性项目名录扩展项目名录。

2. 团黄贡茶制作技艺

团黄贡茶始创于唐武德九年（626），因其"色澄碧而清冽，味馥郁而沁芳"成历代朝廷贡茶,茶人遂有"北有团黄·南有龙井"之说。团黄贡茶主产地英山县杨柳湾镇翻身湾村,产地山高林密,泉多溪长,年平均温度15℃,平均年降水量1400毫升,生态环境优越。团黄贡茶历经千年传承,形成了独特的地域特征、原料特征、工艺特征和产品特征。团黄贡茶品质特点是栗香浓郁、条索紧秀、醇厚温和、耐冲泡。2016年,团黄贡茶制作技艺入选湖北省第五批省级非物质文化遗产代表性项目名录扩展项目名录。

(二十) 红茶制作技艺（宜昌宜红茶制作技艺、五峰宜红茶制作技艺、利川红茶制作技艺、鹤峰宜红茶制作技艺、宜都宜红茶制作技艺）

宜红茶,又名宜红工夫茶,主产于湖北省宜昌、宜都、利川、鹤峰、五峰以及湖南省的石门、慈利、桑植、大庸（张家界）等地,是我国三大传统出口工夫茶品种之一。1824年,广东商人钧大福来五峰渔洋关传授红茶采制技术,并开设茶庄,在当地收购原料、制作红茶。制作好的红茶从渔洋关经宜昌再转运至汉口,通过"万里茶道"销往俄罗斯及欧洲其他国家,打开了宜红出口外销的通道。1861年,汉口成为通商口岸后,英国即设立洋行,大批购买红茶。由于产地原因,从宜昌转汉口外销的红茶被命名为"宜昌红茶",简称"宜红"（刘洪林,2015）。1876年,伴随宜昌被列为对外通商口岸,宜红茶的出口销量大增,且受到海外市场欢迎。

宜红茶发源于五峰,距今已有近200年历史。五峰属于亚热带季风气候,海拔600~1200米,年均气温13~18℃,年均降水量1500毫米,土壤肥沃,pH值弱酸性,富含锌、硒等多种对人体有益的微量元素,空气中富含负氧离子,被誉为大自然的天然氧吧,极其适宜茶树生长。利川红茶条索紧细有金毫、色泽乌润、汤色红亮、滋味醇厚、香气持久,是国家地理标志产品。鹤峰宜红茶是由适合生产本品的茶树新芽叶经过萎凋、揉捻（切）、发酵、干燥等典型工序精制而成（肖京子、徐仲溪,2010）。宜都宜红茶产自长江与清江交汇的丘陵山区,香气甜香高长持久,滋味醇厚鲜爽,汤色红艳明亮,茶汤有"冷后浑"现象,是中国条形红茶的代表之一。宜红古茶道作为茶叶转运仓库、茶商聚集地和宜红茶重要集散地,是中俄"万里茶道"的重要组成部分。2020年,宜昌宜红茶制作技艺、五峰宜红茶制作技艺、利川红茶制作技艺、鹤峰宜红茶制作技艺、宜都宜红茶制作技艺入选湖北省第六批省级非物质文化遗产代表性项目名录扩展项目名录。

（二十一）寿阳茶食技艺

寿阳茶食是山西寿阳著名的汉族小吃，是一种 3~4 厘米厚、状如酥皮月饼的包馅点心。寿阳茶食技艺包括和皮面、和酥面、拌馅料、皮包酥、开皮、分面剂、包馅、成型、盖章、烘烤、出炉、凉制 12 道程序，是寿阳茶食文化的代表。2017 年，寿阳茶食技艺入选山西省第五批省级非物质文化遗产代表性项目名录。

（二十二）乾和祥茶庄茉莉花茶拼配加工、包装技艺

乾和祥茶庄始创于 1918 年，是与北京"源长厚"、天津"振兴德"等齐名的八大老字号茶庄之一，一度成为太原最大的茶叶销售机构。茉莉花茶是乾和祥茶庄销售的主要品种之一，乾和祥的茉莉花茶条索紧细，锋苗显露，汤色明亮，香气浓郁，滋味鲜醇，口感爽滑，成为乾和祥茶庄独树一帜的代表性产品之一，获得了顾客极高的评价。除茶叶的品质优良外，乾和祥以口传心授、手手相传的方式，在销售中形成了独有的茉莉花茶拼配技术、纯手工斗型包装技艺，成为茶庄的一大特色，并彰显出传统文化的魅力和深厚底蕴（崔晓农，2013）。2013 年，乾和祥茶庄茉莉花茶拼配加工、包装技艺入选山西省第四批非物质文化遗产代表性项目名录。

（二十三）晋商茶路上的故事

晋商不仅是"万里茶道"的先驱，也是"万里茶道"的核心运营力量。晋商在这一条茶路上留下了一串串动人的故事，至今仍然在沿线国家和地区广为流传，从不同角度反映了三晋商人不畏艰难险阻、勇于开疆拓土的魄力和英雄气概。这些故事、传说有的反映晋商能经营、善管理的创新精神和聪明智慧；有的表现诚信为本、以义制利的经商理念和商业道德；有的彰显以人为本、助人为乐的善事义举和道德情怀；有的表达民族交往、和睦相处的文化影响和人文精神。"万里茶道"上的晋商故事生动感人，富有传奇色彩，在国内外有着广泛的影响和厚重的历史文化价值。"万里茶道"上晋商的传奇与故事宛如一颗颗璀璨的明珠撒落在江河湖海、沙漠草原。他们的精神像一座座丰碑耸立在中华大地、欧亚大陆上。收集和整理这些故事,对于保护和传承"万里茶道"上的晋商文化资源,弘扬晋商精神意义重大。2013年,晋商茶路上的故事入选山西省第四批省级非物质文化遗产代表性项目名录。

(二十四)宁武县毛健茶制作技艺

宁武县又称凤凰城,隶属于山西省忻州市。宁武县毛健茶制作技艺分为挑拣、煮青、脱水、揉捻、发酵、清洗、晾晒等环节。首先要将茶叶用90摄氏度的开水煮熟,然后将茶叶放入特制的柳编筐中晾干;脱干水后的茶,再由人工进行揉捻;发酵使用的是传统的手工方式,即将茶叶放在瓮子中蒸熟,放置三四天后将茶叶拿出来盖上被子,防止茶叶脱水,最后一天要更换2~3次,越是接近发酵尾声,更换的频率越高;发酵之后便是进入清洗环节,清洗之后再进行自然晾干。此时的茶依旧属于半成品,还需要再进行二次加工才能形成茶饼、茶砖等毛健茶成品。毛健茶制作技艺采用祖传实木机械制作,整个流程都是用木质工具制作完成,如柳编筐、瓮子、实木碾等。毛健草中含有丰富的黄酮、氨基酸、磷、镁、钙、钠、铁等多种元素,经常饮用毛健茶有抑菌、抗病毒、护肝等作用,而且它特有的成分还能治疗痛风、降血脂等。因此,从药用价值方面看,毛健茶也被称为"药茶"。2017年,宁武县毛健茶制作技艺被列入山西省第五批省级非物质文化遗产代表性项目名录。

(二十五)蒙古族饮茶习俗

蒙古族在历史上以畜牧、游牧业为主要的生产和生活方式。由于所处的地理环境、生存和生产方式的独特性,蒙古族以五畜(牛、马、骆驼、绵羊和山羊)的肉、奶为主要食物来源,饮品以奶茶和液态奶为主,其中奶茶占主导地位。蒙古奶茶的主要原料是砖茶和鲜奶。其中,砖茶多为青砖茶,大部分产自湖北,以"川"字牌为代表性品牌。砖茶成为蒙古奶茶主要原料的原因在于其驱寒助消化的功效,符合生活在蒙古高原寒冷地区的蒙古族民众的身体需求,因此砖茶传入蒙古地区后迅速得到人们的青睐,不仅成为当地民众生活中的主要饮品,更是替代了三餐饭食,形成以蒙古奶茶为主的日常饮食习惯(娜日苏,2019)。

蒙古奶茶的主要原料为纯净水、牛、羊和骆驼等家畜的鲜奶、砖茶和食盐。牧人们将纯净水倒入锅（茶壶）里，并放入适量的砖茶加以熬制，熬到一定程度后再把适量的鲜奶、食盐放入其中。蒙古奶茶香醇可口、咸甜适宜，含有丰富的维生素 C、单宁、蛋白质、酸、芳香油、茶碱等营养成分，具有暖胃、解渴、充饥、助消化等功能。2018 年，蒙古族饮茶习俗入选内蒙古自治区第六批非物质文化遗产名录。

第八章　遗产廊道视角下"万里茶道"
中国段的旅游业发展研究

遗产廊道亦称线性文化遗产、文化廊道或文化线路，是一种拥有特殊文化资源集合的线性景观。作为一条以茶叶贸易为主题的线性文化遗产，"万里茶道"将茶源地、茶叶集散地、节点市镇以及消费地等不同功能的区域连接起来，成为包括生产类遗产、交通类遗产、管理类遗产、服务类遗产、非物质文化遗产在内的跨区域、跨国界的茶文化遗产廊道。"万里茶道"中国段涵盖了"万里茶道"贸易路线的生产路段、集散路段和部分外销路段，集中了"万里茶道"中核心的遗产资源和旅游资源，探究沿线地区的旅游业发展现状和旅游开发的适宜性情况，对于"万里茶道"国际旅游品牌打造以及推动沿线地区旅游业发展至关重要。

第一节　"万里茶道"中国段沿线地区旅游业发展现状

"万里茶道"中国段途经福建、江西、湖南、湖北、安徽、河南、山西、河北、内蒙古9省区，经过南平、九江、武汉、黄山、洛阳、太原、晋中、呼和浩特、二连浩特等20余个重要节点城市，沿线地区的基本情况和旅游业发展现状如下。

一　福建南平

南平地处福建省北部、闽江源头，位于闽、浙、赣三省交界处，是福建省面积最大的设区市,具有中国南方典型的"八山一水一分田"的地形特征。南平拥有灿烂辉煌的历史文化、丰富多彩的人文风情、雄伟秀丽的山川风貌,是福建省乃至华东地区的旅游资源优势区域之一,其优质的资源禀赋为文化旅游产业提供了得天独厚的发展条件。境内的武夷山是我国4个世界自然与文化"双遗产"地之一,集5A级旅游景区、国家级风景名胜区、国家级自然保护区、国家级旅游度假区和国家森林公园于一体,自然景观、人文景观和生态景观交相辉映,以"碧水丹山""奇秀甲东南"蜚声海内外。

近年来,基于武夷山的资源和产业发展优势,南平积极与周边县市、省市开展旅游经济协同合作,优化资源配置,拓展闽北旅游空间,构建大武夷旅游区,实现了由点到面、由局部到整体的区域范围内的梯度开发,逐步实现了区域旅游一体化,带动了南平旅游业的全面发展。2019年,南平共接待旅游总人数5829.90万人次,比上年增长16.8%。其中,接待入境旅游人数49.36万人次,增长6.2%;接待国内旅游人数5780.54万人次,增长16.9%。接待入境旅游人数中,外国游客17.77人次,下降1.2%;台湾同胞20.29万人次,增长13.0%;香港同胞9.40万人次,增长4.0%;澳门同胞1.90万人次,增长26.5%。全市旅游景区景点接待旅游人数3547.78万人次,增长20.9%。其中,64个A级旅游景区接待旅游人数2486.70万人次,增长15.6%。旅游总收入985.60亿元,增长24.7%。其中,国内旅游收入962.18亿元,增长25.1%;旅游外汇收入3.39亿美元,增长6.0%(见表8-1)。

表8-1 2010~2019年南平旅游业发展数据

年份	旅游总人数 (万人次)	国内旅游人数 (万人次)	入境旅游人数 (万人次)	旅游总收入 (亿元)	国内旅游收入 (亿元)	旅游外汇收入 (亿美元)
2010	1317.37	1300.03	17.34	155.93	151.38	0.67
2011	1573.47	1545.73	27.74	191.18	184.36	1.05
2012	1839.29	1808.77	30.52	225.35	217.17	1.29
2013	2105.90	2076.34	29.56	258.53	251.35	1.16
2014	2503.10	2474.28	28.82	312.46	303.81	1.41

年份	旅游总人数 （万人次）	国内旅游人数 （万人次）	入境旅游人数 （万人次）	旅游总收入 （亿元）	国内旅游收入 （亿元）	旅游外汇收入 （亿美元）
2015	2925.48	2896.18	29.30	371.63	363.29	1.28
2016	3441.72	3416.01	25.71	463.57	452.86	1.55
2017	4149.76	4112.73	37.03	592.11	574.71	2.58
2018	4991.82	4945.34	46.48	790.08	768.93	3.20
2019	5829.90	5780.54	49.36	985.60	962.18	3.39

资料来源：2011~2020年《南平统计年鉴》。

二 江西上饶

上饶市生态环境优良，人文积淀丰厚，拥有武夷山（江西铅山部分）、三清山、龟峰等世界遗产和全球重要农业文化遗产万年稻作文化系统等得天独厚的旅游资源。近年来，上饶坚持"旅游强市"发展战略，以"全域旅游"和"旅游+"为抓手，通过旅游供给侧结构性改革丰富产品业态，提升品牌影响力，推动旅游业提质增效和高质量发展。上饶旅游接待总人数、旅游综合收入、门票收入、游客满意度综合指数等指标连续多年居江西省首位。其中，旅游综合收入占全市GDP的比重为62.2%，跻身全国前五；中国旅游城市总排名第22位，上饶已成为名副其实的旅游型城市（万田户、彭海芳，2020）。2019年，上饶接待旅游总人数2.1亿人次，比上年增长16.7%；实现旅游总收入2160.00亿元，增长18.6%。入境旅游人数142.00万人次，增长16.4%；旅游外汇收入6.30亿美元，增长19.6%（见表8-2）。

表8-2　2010~2019年上饶旅游业发展数据

年份	旅游总人数 （万人次）	国内旅游人数 （万人次）	入境旅游人数 （万人次）	旅游总收入 （亿元）	国内旅游收入 （亿元）	旅游外汇收入 （亿美元）
2010	1986.80	1975.60	11.20	143.30	140.78	0.38
2011	2914.50	2897.50	17.00	215.30	211.07	0.64

年份	旅游总人数 （万人次）	国内旅游人数 （万人次）	入境旅游人数 （万人次）	旅游总收入 （亿元）	国内旅游收入 （亿元）	旅游外汇收入 （亿美元）
2012	4176.51	4151.43	25.08	312.83	306.89	0.95
2013	5401.02	5368.64	32.38	433.59	425.76	1.29
2014	7018.89	6973.58	45.31	572.66	561.59	1.83
2015	9344.40	9281.90	62.50	807.07	790.20	2.60
2016	12200.00	12116.80	83.20	1126.00	1101.82	3.50
2017	16013.00	15911.40	101.60	1480.90	1452.48	4.30
2018	18000.00	17878.00	122.00	1820.60	1784.18	5.27
2019	21000.00	20858.00	142.00	2160.00	2115.02	6.30

资料来源：2011~2020 年《上饶统计年鉴》。

三 江西九江

九江，简称"浔"，古称柴桑、江州、浔阳，是一座有着 2200 多年建城史的文化名城。九江地处长江、京九铁路两大经济开发带的交会处，是长江中游地区的枢纽港口城市，是中国首批 5 个沿江对外开放城市之一，也是东部沿海开发向中西部推进的过渡地带，号称"三江之口，七省通衢"，有"江西北大门"之称（续宇彤、刘昭华，2021）。九江总面积 19084.61 平方公里，占江西省总面积的 11.3%，辖庐山市、共青城市、浔阳区、濂溪区、柴桑区、武宁县、修水县等区域。九江集名江（长江）、名山（庐山）、名湖（鄱阳湖）、名城（浔阳）于一体，是一座历史悠久的文化名城和中国优秀旅游城市。九江拥有世界级文化景观庐山和我国最大的淡水湖鄱阳湖，已形成以庐山为龙头，包括"六区"（牯岭、山南、沙河、永修、浔阳、共青）、"两点"（石钟山、龙宫洞）、"一线"（鄱阳湖水上旅游线）的区域旅游空间格局。2019 年，九江接待旅游总人数 9105.36 万人次，其中入境旅游人数 37.65 万人次，国内旅游人数 9067.71 万人次。全年旅游总收入为 1161.25 亿元，比上年增长 13.6%，其中旅游外汇收入 1.67 亿美元，国内旅游收入 1149.32 亿元（见表 8-3）。

表 8-3 2010~2019 年九江旅游业发展数据

年份	旅游总人数 （万人次）	国内旅游人数 （万人次）	入境旅游人数 （万人次）	旅游总收入 （亿元）	国内旅游收入 （亿元）	旅游外汇收入 （亿美元）
2010	1977.88	1952.83	25.05	142.95	136.96	0.90
2011	2206.66	2179.00	27.66	173.21	167.00	0.94
2012	3047.91	3018.00	29.91	219.24	213.00	1.00
2013	3465.72	3435.00	30.72	269.38	263.00	1.05
2014	4360.92	4329.57	31.35	392.03	385.25	1.12
2015	5295.85	5270.05	25.80	534.93	527.61	1.13
2016	6456.57	6428.95	27.62	744.78	736.85	1.15
2017	6723.13	6692.93	30.20	833.71	825.94	1.18
2018	8051.97	8018.66	33.31	1022.63	1013.16	1.37
2019	9105.36	9067.71	37.65	1161.25	1149.32	1.67

注：2015 年入境旅游人数为入境过夜游客人数，不包括一日游人数。

资料来源：2011~2020 年《江西统计年鉴》。

四 湖南益阳

益阳亦称"丽都"或"银城"，位于长江中下游平原的洞庭湖南岸，地处湖南省北部，居雪峰山的东端及其余脉带，是长江中游城市群重要成员、洞庭湖生态经济区核心城市之一，也是长株潭"3+5"城市群之一，先后获得省级园林城市、最适宜人居城市、全国优秀旅游城市、湖南省历史文化名城等称号，是江南富饶的"鱼米之乡"和"中国黑茶之乡"。益阳土地面积 1.23万平方公里，辖赫山区、资阳区、安化县、桃江县、南县、沅江市、大通湖管理区 7 个区（县、市）和国家级益阳高新技术产业开发区。益阳历史悠久，人文荟萃，本底生态环境条件良好，旅游资源丰富，具有适宜旅游业发展的人文和自然环境，初步形成了集食、住、行、游、购、娱于一体的旅游接待服务体系，成为湖南重要的旅游目的地之一（民革岳阳市委员会调研组，2012）。2019 年，益阳接待旅游总人数 4299.54 万人次，其中国内旅游人数4295.74 万人次，入境旅游人数 3.80 万人次；旅游总收入 383.83 亿元，其中国内旅游收入 383.01 亿元，旅游外汇收入 0.12 亿美元（见表 8-4）。

表 8-4　2010~2019 年益阳旅游业发展数据

年份	旅游总人数（万人次）	国内旅游人数（万人次）	入境旅游人数（万人次）	旅游总收入（亿元）	国内旅游收入（亿元）	旅游外汇收入（亿美元）
2010	1286.45	1281.00	5.45	71.11	69.92	0.18
2011	1421.78	1415.00	6.78	90.46	89.00	0.22
2012	1703.85	1696.00	7.85	111.64	110.00	0.26
2013	1887.04	1884.00	3.04	124.73	124.00	0.12
2014	1972.12	1971.00	1.12	129.22	129.00	0.04
2015	2179.13	2178.00	1.13	146.27	146.00	0.04
2016	2498.67	2496.00	2.67	146.64	146.00	0.09
2017	3006.00	3003.00	3.00	260.60	260.00	0.09
2018	3475.07	3471.00	4.07	284.73	284.00	0.11
2019	4299.54	4295.74	3.80	383.83	383.01	0.12

资料来源：2011~2020 年《湖南统计年鉴》。

五　湖南岳阳

岳阳古称巴陵、岳州，拥有 2500 多年的建城史，是湖南 14 个地级市（州）中唯一的非省会国家历史文化名城。岳阳位于湖南省东北部，北通巫峡，南极潇湘，是一江（长江）、四水（湘、资、沅、澧）、三省（湘、鄂、赣）的多元交汇点，有京广大动脉（京珠高速、107 国道、京广铁路）贯通南北，城陵矶码头通江达海，地理位置优越，交通便利。岳阳自然资源和人文资源相互交融，是集名山（君山）、名水（洞庭湖）、名楼（岳阳楼）、名人（屈原、范仲淹等）、名文（《岳阳楼记》等）于一体的旅游胜地。截至2020 年 5 月，岳阳共有 5A 级旅游景区 1 个，4A 级旅游景区 6 个，3A 级旅游景区 16 个，全国乡村旅游重点村 1 个（汨罗市西长村），中国文旅融合示范县 1 个（平江），全国重点文物保护单位 22 个，已形成观光旅游、度假旅游、体育旅游、休闲旅游等文化旅游发展板块（徐昡，2021）。2019 年，岳阳接待旅游总人数 6860.58 万人次，其中接待国内旅游人数 6817.97 万人次，接待入境旅游人数 42.61 万人次；实现旅游总收入 665.48 亿元，其中国内旅游收入653.27 亿元，旅游外汇收入 1.71 亿美元（见表 8-5）。

表 8-5　2010~2019 年岳阳旅游业发展数据

年份	旅游总人数 （万人次）	国内旅游人数 （万人次）	入境旅游人数 （万人次）	旅游总收入 （亿元）	国内旅游收入 （亿元）	旅游外汇收入 （亿美元）
2010	1560.72	1548.00	12.72	102.29	99.74	0.38
2011	2255.21	2238.00	17.21	137.98	135.00	0.45
2012	2787.97	2767.00	20.97	175.26	171.00	0.68
2013	3400.42	3378.00	22.42	236.94	231.00	0.98
2014	3902.27	3878.00	24.27	276.59	271.00	0.92
2015	4305.10	4278.00	27.10	320.75	312.00	1.35
2016	5034.79	5007.00	27.79	414.49	405.00	1.37
2017	4892.32	4862.00	30.32	437.22	428.00	1.39
2018	5761.95	5725.00	36.95	568.18	558.00	1.47
2019	6860.58	6817.97	42.61	665.48	653.27	1.71

资料来源：2011~2020 年《湖南统计年鉴》。

六　湖北咸宁

咸宁东临赣北，南接潇湘，西望荆楚，北倚武汉，位居中部崛起"两纵两横"和湖北"两圈一带"战略规划的重要区域，是武汉、长沙、南昌三大省会城市经济区的地理中心（吴高岭，2012）。咸宁辖一市（赤壁市）、四县（嘉鱼、崇阳、通山、通城）、一区（咸安区）及一个国家高新技术产业开发区（原咸宁经济开发区）。咸宁是一座宜游宜居的生态休闲旅游城市，享有"中国魅力之城""中国温泉之城"等殊荣，是全国最适宜人居的200 个城市之一。截至 2021 年，全市共有 A 级旅游景区 41 个（其中 5A 级旅游景区 1 个，4A 级旅游景区 12 个），星级饭店 39 家，旅行社 42 家，工农业旅游示范点 15 个（国家级 3 个），星级农家乐 120 家（其中中国金牌农家乐 31 家，四星级农家乐 23 家，五星级农家乐 11 家）。2019 年，咸宁接待旅游总人数 7636.78 万人次，比上年增长 13.9%，其中入境旅游人数 3.44 万人次，增长 4.9%；旅游总收入 394.14 亿元，增长 15.0%，其中旅游外汇收入 0.12 亿美元，增长 9.1%（见表 8-6）。

表8-6　2010～2019年咸宁旅游业发展数据

年份	旅游总人数 （万人次）	国内旅游人数 （万人次）	入境旅游人数 （万人次）	旅游总收入 （亿元）	国内旅游收入 （亿元）	旅游外汇收入 （亿美元）
2010	1157.00	1155.95	1.13	59.41	59.05	0.05
2011	1502.00	1500.98	1.32	77.52	77.16	0.06
2012	2103.00	2101.48	1.27	108.01	107.70	0.05
2013	2650.00	2649.08	1.28	130.43	130.11	0.05
2014	3365.00	3363.29	1.71	172.00	171.62	0.06
2015	4090.00	4087.87	2.13	206.00	205.52	0.08
2016	4750.00	4747.48	2.52	242.70	242.06	0.09
2017	5733.01	5730.00	3.01	293.15	292.50	0.10
2018	6706.28	6703.00	3.28	342.75	342.00	0.11
2019	7636.78	7633.34	3.44	394.14	393.32	0.12

资料来源：2011～2020年《咸宁统计年鉴》。

七　湖北恩施土家族苗族自治州

恩施土家族苗族自治州，简称"恩施州"，位于湖北省西南部，东连荆楚，南接潇湘，西临渝黔，北靠神农架，土地面积2.4万平方公里，辖恩施、利川两市和建始、巴东、宣恩、来凤、咸丰、鹤峰六县。恩施于1983年8月19日建州，是共和国最年轻的自治州，也是湖北省唯一的少数民族自治州。恩施文化底蕴深厚，是最早的古人类之一"建始县直立人"的生活地，巴文化的发祥地，巴渝文化和巴楚文化的融汇地，世界文化遗产"唐崖土司城"遗址地。恩施境内自然风光壮丽，拥有雄奇秀美的世界地质奇观"恩施大峡谷"、世界第一溶洞"腾龙洞"、世界第一暗河"龙桥暗河"、国家级森林公园"坪坝营国家森林公园"等自然景观，素有"世界硒都""祖国南方后花园""华中药库"等美誉。截至2021年，恩施州共有A级旅游景区35个，其中5A级旅游景区3个，4A级旅游景区19个。三星级及以上饭店48家，旅行社121家。2019年，恩施州接待旅游总人数7117.71万人次，旅游总收入530.45亿元（见表8-7）。旅游业已成为恩施州的重要支柱产业之一（冯耕耘、杨倩，2021）。

表 8-7　2010~2019 年恩施土家族苗族自治州旅游业发展数据

年份	旅游总人数 （万人次）	国内旅游人数 （万人次）	入境旅游人数 （万人次）	旅游总收入 （亿元）
2010	1093.14	1062.50	30.64	50.49
2011	1430.50	1400.50	30.00	87.26
2012	2198.63	2162.90	35.73	119.20
2013	2474.42	2441.74	32.68	129.38
2014	3100.41	3064.90	35.51	200.01
2015	3700.50	3660.82	39.68	249.72
2016	4366.34	4319.53	46.81	300.48
2017	5132.89	5091.98	40.91	367.46
2018	6216.34	6172.36	43.98	455.40
2019	7117.71	7117.05	0.66	530.45

注：恩施州数据不全，故只有四列。

资料来源：2011~2020 年《恩施州统计年鉴》、2011~2020 年《中国区域经济统计年鉴》。

八　湖北宜昌

宜昌古称"夷陵"，位于我国湖北省西南部，左靠重庆、右接武汉、上连巴蜀、下临荆襄，素有"三峡门户""川鄂咽喉"之称，地理位置十分重要。宜昌山川秀美，人文荟萃，自然与人文景观水乳交融，地域特色鲜明。宜昌旅游资源丰富，代表性景观包括长江三峡、葛洲坝水利枢纽工程、黄陵庙、龙泉洞、三游洞、金狮洞、桃花村和西陵峡等物质景观，也包括以屈原、王昭君、关羽为代表的名人文化资源和以土家风情、巴人遗风为代表的民俗文化资源。2019 年，宜昌接待旅游总人数 8900.51 万人次，比上年增长 15.0%。其中，国内旅游人数 8852.98 万人次，增长 15.1%。入境旅游人数 47.53 万人次，增长 1.2%，外国人 36.87 万人次，增长 4.4%；香港、澳门和台湾同胞 10.66 万人次，下降 8.5%。实现旅游总收入 985.65 亿元，增长 13.4%。其中，旅游外汇收入 1.98 亿美元，增长 1.1%；国内旅游收入 971.62 亿元，增长 13.5%（见表 8-8）。

表 8-8 2010~2019 年宜昌旅游业发展数据

年份	旅游总人数 （万人次）	国内旅游人数 （万人次）	入境旅游人数 （万人次）	旅游总收入 （亿元）	国内旅游收入 （亿元）	旅游外汇收入 （亿美元）
2010	1542.23	1519.00	23.23	104.04	100.34	0.55
2011	1930.29	1905.43	24.86	141.16	137.36	0.60
2012	2638.90	2606.00	32.90	200.38	195.90	0.71
2013	3320.34	3286.00	34.34	260.12	255.00	0.83
2014	4084.58	4049.00	35.58	336.17	331.00	0.98
2015	4732.00	4693.00	39.00	450.36	443.00	1.24
2016	5655.00	5612.00	43.00	602.05	592.00	1.48
2017	6618.00	6573.00	45.00	714.07	703.00	1.68
2018	7737.95	7691.00	46.95	869.00	856.00	1.96
2019	8900.51	8852.98	47.53	985.65	971.62	1.98

资料来源：2011~2020 年《宜昌统计年鉴》。

九 湖北武汉

武汉又称江城，地处长江中下游平原、江汉平原东部，是国家区域中心城市（华中）、副省级市和湖北省省会。世界第三大河长江及其最大支流汉水横贯市境中央，将武汉城区一分为三，形成了武昌、汉口、汉阳三镇隔江鼎立的格局。全市面积 8569.15 平方公里，现辖 13 个城区，3 个国家级开发区，境内江河纵横、湖港交织，上百座大小山峦，166 个湖泊坐落其间，水域面积占全市面积的 1/4，构成了极具特色的滨江滨湖水域生态环境。武汉文化积淀深厚，拥有盘龙城、琴断口、黄鹤楼、行吟阁、阅马场、武汉关、中山舰、木兰山等著名遗址和古迹。盘龙文化、荆楚文化、知音文化、黄鹤文化、木兰文化、码头文化、首义文化、里弄文化、水文化、桥文化、科教文化等各类文化赋予了武汉丰富的城市文化内涵和多样化的城市人文景观。2019 年，武汉接待旅游总人数 31898.31 万人次，比上年增长 10.8%，其中国内旅游人数 31586.27 万人次，入境旅游人数 312.04 万人次；旅游总收入 3570.79 亿元，增长

12.9%，其中国内旅游收入 3421.52 亿元，旅游外汇收入 21.60 亿美元
（见表 8-9）。

表 8-9　2010~2019 年武汉旅游业发展数据

年份	旅游总人数 （万人次）	国内旅游人数 （万人次）	入境旅游人数 （万人次）	旅游总收入 （亿元）	国内旅游收入 （亿元）	旅游外汇收入 （亿美元）
2010	8945.13	8852.34	92.79	753.73	721.40	4.76
2011	11752.03	11636.12	115.91	1054.10	1014.74	6.06
2012	14218.59	14067.70	150.89	1396.00	1342.17	8.52
2013	17183.48	17022.11	161.37	1690.00	1633.40	9.14
2014	19297.33	19126.75	170.58	1949.46	1892.06	9.34
2015	20735.33	20532.98	202.35	2197.41	2115.23	13.37
2016	23321.04	23096.10	224.94	2505.72	2405.13	15.15
2017	25964.01	25713.70	250.31	2812.82	2698.53	16.93
2018	28789.22	28512.47	276.75	3163.11	3037.55	18.97
2019	31898.31	31586.27	312.04	3570.79	3421.52	21.60

资料来源：2011~2020 年《武汉统计年鉴》。

十　湖北襄阳

襄阳位于湖北省西北部，东邻随州，南界荆门、宜昌，西连神农架林区、十堰市，北接河南省南阳市，是湖北省政府确立的省域副中心城市和中国历史文化名城。襄阳文化旅游资源丰富，已形成以古隆中为龙头的三国文化旅游片区、以襄阳古城为龙头的古城文化旅游片区、以九路寨为龙头的大荆山生态文化旅游片区、以鱼梁洲为龙头的汉江观光休闲与水陆空体育运动文化旅游片区。2019 年，襄阳旅游总人数 6029.44 万人次，比上年增长 9.6%。其中，入境旅游人数 5.22 万人次，下降 4.7%；国内旅游人数 6024.22 万人次，增长 9.6%。旅游总收入 448.72 亿元，增长 7.5%，其中，旅游外汇收入 0.24 亿美元，下降 27.3%；国内旅游收入 446.98 亿元，增长 7.7%（见表 8-10）。

表 8-10　2010~2019 年襄阳旅游业发展数据

年份	旅游总人数 （万人次）	国内旅游人数 （万人次）	入境旅游人数 （万人次）	旅游总收入 （亿元）	国内旅游收入 （亿元）	旅游外汇收入 （亿美元）
2010	1383.95	1379.48	4.47	89.46	87.71	0.26
2011	1809.31	1804.55	4.76	117.83	116.05	0.27
2012	2353.65	2348.80	4.85	150.69	148.85	0.29
2013	2829.09	2824.20	4.89	180.81	179.00	0.30
2014	3257.36	3252.50	4.86	221.43	219.20	0.37
2015	3550.07	3544.80	5.27	262.20	259.80	0.37
2016	3995.49	3990.20	5.29	297.27	294.70	0.37
2017	4546.41	4541.01	5.40	340.45	338.43	0.31
2018	5499.98	5494.50	5.48	417.25	415.00	0.33
2019	6029.44	6024.22	5.22	448.72	446.98	0.24

资料来源：2011~2020 年《襄阳统计年鉴》。

十一　安徽黄山

黄山古称新安、歙州、徽州，位于安徽省最南部，地处华东腹地、新安江上游，东临上海、杭州、宁波，西临南昌、九江，北靠合肥、南京，南至福州、厦门。黄山地理位置优越，市场条件好。随着高速公路、高铁等交通基础设施的改善，黄山的市场影响力显著提升，可辐射江、浙、沪、皖、鄂等省市超过 3 亿人口的客源市场。

黄山的开发建设历史久远，始于唐宋，以后历代均有续建，一直延续至今。1934 年，黄山建设委员会成立，标志着政府作为主要力量参与黄山开发的开端，其间政府单位接待游客占较大比重。1979 年，邓小平同志视察黄山，高瞻远瞩地指出，"黄山是发展旅游的好地方，是你们发财的地方"，"要有点雄心壮志，把黄山旅游的牌子打出去"（张和敬，1999）。自此，黄山旅游开始了蓬勃发展的新时期。1988 年 12 月，黄山风景区管委会成立。1996 年，黄山旅游发展股份有限公司成立。这些管理机构的成立为黄山旅游的迅速发展提供了更好的管理主体和推动力量。2019 年，黄山接待旅游总人数 7402.24 万人次，其中入境旅游人数 286.94 万人次，国内旅游人数 7115.30 万人次。旅游总收入 659.45 亿元,其中旅游外汇收入 9.30 亿美元,国内旅游收入 595.20 亿元(见表 8-11)。

表 8-11　2010~2019 年黄山旅游业发展数据

年份	旅游总人数 (万人次)	国内旅游人数 (万人次)	入境旅游人数 (万人次)	旅游总收入 (亿元)	国内旅游收入 (亿元)	旅游外汇收入 (亿美元)
2010	2544.73	2439.70	105.03	202.14	182.27	3.01
2011	3054.39	2923.03	131.36	251.02	226.01	3.85
2012	3641.26	3480.99	160.27	302.98	272.37	4.82
2013	3732.59	3572.00	160.59	314.54	284.36	4.87
2014	4165.09	3988.24	176.85	354.38	321.01	5.43
2015	4665.86	4470.80	195.06	400.71	363.41	6.04
2016	5187.09	4971.90	215.19	450.10	405.46	6.72
2017	5777.19	5539.60	237.59	506.11	455.47	7.50
2018	6486.59	6223.80	262.79	572.76	517.07	8.42
2019	7402.24	7115.30	286.94	659.45	595.20	9.30

资料来源:2011~2020 年《黄山统计年鉴》。

十二　河南南阳

南阳古称宛,位于河南省西南部,地处豫、鄂、陕三省交界地带,是河南省面积最大、人口最多的省辖市。南阳因举世闻名的南水北调中线工程水源地和渠首所在地而家喻户晓,曾获"中国历史文化名城""中国优秀旅游城市""国家园林城市"等荣誉称号。南阳历史悠久,地形奇特,交通便利,具有良好的经济地理区位,形成了丰富的旅游资源和旅游设施优势。从文化旅游资源来看,南阳拥有楚文化、汉文化、三国文化、商文化、官署文化、曲艺文化、红色文化、玉文化、医药文化等人文旅游资源;从自然旅游资源来看,南阳拥有中生代时期的西峡恐龙蛋化石群、伏牛山自然保护区主景区宝天曼和老界岭以及南水北调工程渠首、丹江水库和独山、白河景区等资源。2019 年,南阳接待旅游总人数 4672.99 万人次,其中国内旅游人数 4670.00 万人次,入境旅游人数 2.99 万人次;旅游总收入 380.32 亿元,其中国内旅游收入 379.69 亿元,旅游外汇收入 0.09 亿美元(见表 8-12)。

表 8-12   2010~2019 年南阳旅游业发展数据

年份	旅游总人数（万人次）	国内旅游人数（万人次）	入境旅游人数（万人次）	旅游总收入（亿元）	国内旅游收入（亿元）	旅游外汇收入（亿美元）
2010	1252.37	1251.10	1.26	88.43	88.02	0.06
2011	1451.23	1449.81	1.42	101.33	100.91	0.06
2012	1783.42	1781.82	1.60	134.76	134.29	0.07
2013	2029.28	2027.61	1.68	156.48	156.00	0.08
2014	1969.26	1967.55	1.71	157.07	156.57	0.08
2015	2629.23	2627.39	1.84	206.94	206.36	0.09
2016	2943.03	2941.00	2.03	233.70	233.00	0.10
2017	5648.02	5643.00	5.02	281.19	280.30	0.13
2018	4047.78	4045.00	2.78	326.79	325.82	0.14
2019	4672.99	4670.00	2.99	380.32	379.69	0.09

资料来源：2011~2020 年《河南统计年鉴》。

十三   河南平顶山

平顶山位于河南省中部，西依八百里伏牛山，东临黄淮平原，因市区紧依"山顶平坦如削"的平顶山而得名。全市总面积 7882 平方公里，现辖 2 市 4 县 4 区。平顶山既是资源型工业城市，也是中国优秀旅游城市、国家园林城市、国家森林城市，还曾获得中国曲艺城、中国书法城、中国汝窑陶瓷艺术之乡等殊荣。境内山水风光秀美，30 余条河流穿境而过，163 座水库（其中大型 5 座）星罗棋布，尧山（石人山）奇俊秀美，温泉绵延百里，白龟湖、白鹭洲等国家级湿地公园碧波荡漾、候鸟云集。平顶山历史底蕴深厚，文旅资源丰富，截至 2022 年全市共有全国重点文物保护单位 31 处、不可移动文物 5000 多处，拥有千手观音证道祖庭香山寺、千年古刹风穴寺、汝官窑遗址、苏轼父子三人的安息地三苏园、明代县衙叶县县署等代表性景观。2019 年，平顶山接待旅游总人数 3254.92 万人次，其中国内旅游人数 3249.00 万人次，入境旅游人数 5.92 万人次。全市旅游总收入 302.52 亿元，其中国内旅游收入 301.13 亿元，旅游外汇收入 0.19 亿美元（见表 8-13）。

表 8-13　2010~2019 年平顶山旅游业发展数据

年份	旅游总人数（万人次）	国内旅游人数（万人次）	入境旅游人数（万人次）	旅游总收入（亿元）	国内旅游收入（亿元）	旅游外汇收入（亿美元）
2010	897.63	896.10	1.53	68.91	68.60	0.05
2011	1071.93	1069.87	2.06	85.25	84.83	0.06
2012	1263.45	1261.02	2.43	108.53	108.09	0.07
2013	1450.49	1447.81	2.68	136.22	135.75	0.08
2014	1371.96	1369.21	2.75	123.25	122.77	0.08
2015	1871.11	1868.29	2.82	163.82	163.28	0.08
2016	2104.76	2096.00	8.76	186.88	186.28	0.09
2017	4237.99	4235.00	2.99	219.19	218.60	0.09
2018	2836.08	2833.00	3.08	259.94	259.29	0.09
2019	3254.92	3249.00	5.92	302.52	301.13	0.19

资料来源：2011~2020 年《河南统计年鉴》。

十四　河南洛阳

洛阳位于河南省西部，西依秦岭、东临嵩岳、北靠太行，地跨黄河、淮河、长江三大流域，伊、洛、瀍、涧、黄五条河流纵横其间，自古有"河山拱戴，形胜甲于天下"的说法，是一座山水交融、古今辉映的优秀旅游名城。作为华夏文明的重要发祥地、丝绸之路的东方起点，洛阳历史上先后有 13 个王朝在此建都，因此有"十三朝古都"之称，是我国建都时间最早、历时最长、朝代最多的都城。截至 2021 年，洛阳共有全国重点文物保护单位 51 处、河南省文物保护单位 115 处、不可移动文物 9000 余处、馆藏文物 42 万余件。夏都二里头、偃师商城、东周王城、汉魏故城、隋唐洛阳城五大都城遗址沿洛河一字排开，"五都荟洛"举世罕见；龙门石窟、中国大运河（回洛仓和含嘉仓遗址）、丝绸之路（汉魏故城、隋唐洛阳城定鼎门、新安汉函谷关遗址）3 项 6 处世界文化遗产穿越千年、熠熠生辉；佛教传入中国后官办的第一座寺院白马寺，全国唯一"林、庙"合祀的关公祭祀之所关林，隋唐洛阳城国家历史文化公园、明堂、天堂、应天门、九州池等大遗址保护展示工程，无不彰显着洛阳厚重的历史文化底蕴。洛阳的文化资源是推动文旅产业进一步发展的重要资源储备，也是洛阳得天独厚的优势。截至 2019 年末，全市共有 A 级旅游景区 82 个，比上年末增加 11 个，其中 4A 级及以上旅游景区 30 个；星级酒店 48 家，旅行社 98 家（张明辉，2021）。2019 年，洛阳接待旅游总人数 14250.06 万人次，比上年增长 7.6%，其中接待入境旅游人数 150.06 万人次，增长 6.2%。旅游总收入 1321.02 亿元，增长 15.0%，其中旅游外汇收入 4.48 亿美元，增长 3.7%（见表 8-14）。

表 8-14　2010~2019 年洛阳旅游业发展数据

年份	旅游总人数（万人次）	国内旅游人数（万人次）	入境旅游人数（万人次）	旅游总收入（亿元）	国内旅游收入（亿元）	旅游外汇收入（亿美元）
2010	6078.79	6033.00	45.79	302.00	293.00	1.35
2011	6870.00	6817.00	53.00	348.00	337.00	1.55
2012	7764.98	7703.70	61.28	402.70	391.40	1.80
2013	8570.05	8500.00	70.05	485.00	473.00	2.03
2014	9484.21	9400.00	84.21	601.00	587.00	2.38
2015	10400.42	10300.00	100.42	780.00	761.00	3.09
2016	11414.99	11300.00	114.99	905.00	882.00	3.48
2017	12433.28	12300.00	133.28	1044.00	1017.00	3.99
2018	13241.32	13100.00	141.32	1148.00	1120.00	4.32
2019	14250.06	14100.00	150.06	1321.02	1290.00	4.48

资料来源：2011~2020 年《河南统计年鉴》。

十五　河南焦作

焦作古称山阳、怀州，位于河南省西北部，北依太行山、南临黄河，是华夏民族早期活动的中心区域之一。焦作总面积 4071 平方公里，下辖 6 县（市）4 区和 1 个城乡一体化示范区，是全国文明城市、国家卫生城市、中国优秀旅游城市和国家森林城市。焦作旅游资源门类齐全、类型多样，且以高等级旅游资源居多，是河南省旅游资源最为丰富的地区之一。全市自然景观旅游资源主要分布于市区北部太行山南麓的山岳景观和沿黄滩涂的湿地景观带，如云台山、青天河、神农山等。人文景观旅游资源则散布于全市各县、市、区，包括武王伐纣遗址、赵张弓遗址、义井遗址等 30 个文化遗址以及嘉应观、焦作黄河文化影视城、龙源湖乐园、陈家沟（中华太极拳发祥地）等旅游资源。截至 2019 年，全市共有 A 级旅游景区 27 个，其中包括云台山、神农山、青天河等 3 个 5A 级旅游景区，4 个 4A 级旅游景区以及 9 个 3A 级旅游景区。市内拥有独立法人旅行社 90 家，星级宾馆 24 家，其中三星级及以上宾馆 20 家。2019 年，焦作接待旅游总人数 6585.52 万人次，其中接待国内旅游人数 6546.00 万人次，入境旅游人数 39.52 万人次。全年实现旅游总收入 551.30 亿元，其中国内旅游收入 542.15 亿元，旅游外汇收入 1.28 亿美元（见表 8-15）。

表 8-15　2010~2019 年焦作旅游业发展数据

年份	旅游总人数（万人次）	国内旅游人数（万人次）	入境旅游人数（万人次）	旅游总收入（亿元）	国内旅游收入（亿元）	旅游外汇收入（亿美元）
2010	1981.22	1959.48	21.73	137.18	131.84	0.81
2011	2337.57	2311.73	25.84	160.74	154.47	0.95
2012	2608.24	2578.93	29.31	199.72	192.91	1.09
2013	2996.28	2964.26	32.02	238.08	230.62	1.23
2014	3332.14	3298.81	33.33	269.07	261.51	1.25
2015	3741.19	3706.32	34.87	301.11	292.80	1.28
2016	4205.92	4170.00	35.92	334.94	332.62	0.34
2017	4696.31	4659.00	37.31	379.25	372.99	0.95
2018	5665.85	5628.00	37.85	475.65	467.77	1.14
2019	6585.52	6546.00	39.52	551.30	542.15	1.28

资料来源：2011~2020 年《河南统计年鉴》。

十六　山西晋城

晋城古称建兴、泽州，位于山西省东南部，东枕太行，南临中原，西望黄河，北通幽燕，是山西通往中原的重要门户。晋城历史悠久、底蕴深厚，是华夏文明的发祥地之一，神农躬耕、愚公移山、舜耕历山、精卫填海、女娲补天等神话传说均流传于此。晋城山川秀美、文物众多，旅游资源独特。截至 2021 年，在沁河流域分布着 15 万间完整的明清古建筑，现存古堡117处,还有166个中国传统古村落,素有"西方古堡看欧洲,东方古堡看晋城"之美誉。晋城境内拥有神农尝百草的羊头山、秦赵长平之战古战场、世界围棋发源地棋子山、皇城相府、柳氏民居、北方溶洞白云洞、王莽岭、蟒河自然保护区等代表性旅游资源。截至2019年末,全市共有A级旅游景区25个,其中5A级旅游景区1个,4A级旅游景区8个,3A级旅游景区15个,2A级旅游景区1个。境内共有星级饭店17家,其中五星级2家、四星级9家、三星级5家、二星级1家。2019年,晋城接待旅游总人数7328.50万人次,其中国内旅游人数7326.80万人次,入境旅游人数1.70万人次;实现旅游外汇收入0.09亿美元,国内旅游收入668.80亿元,旅游总收入669.44亿元,分别增长12.5%、20.1%和20.1%(见表8-16)。

表 8-16 2010~2019 年晋城旅游业发展数据

年份	旅游总人数 (万人次)	国内旅游人数 (万人次)	入境旅游人数 (万人次)	旅游总收入 (亿元)	国内旅游收入 (亿元)	旅游外汇收入 (亿美元)
2010	1051.70	1046.60	5.10	76.60	75.50	0.17
2011	1173.76	1166.99	6.77	90.90	89.12	0.27
2012	1696.47	1686.90	9.57	152.75	149.90	0.46
2013	2177.05	2166.25	10.80	198.59	195.32	0.54
2014	2716.16	2715.00	1.16	242.38	242.00	0.06
2015	3245.30	3244.10	1.20	295.44	295.00	0.07
2016	3886.60	3885.30	1.30	356.49	356.00	0.07
2017	4849.72	4848.32	1.40	444.56	444.08	0.08
2018	6081.30	6079.70	1.60	557.29	556.80	0.08
2019	7328.50	7326.80	1.70	669.44	668.80	0.09

资料来源:2011~2020 年《晋城统计年鉴》。

十七 山西长治

长治史称"上党",位于山西省东南部,东倚太行山,与河北、河南两省为邻,西屏太岳山,与临汾市接壤,南部与晋城市毗邻,北部与晋中市交界。长治是华夏文明的重要发祥地之一,始祖炎帝神农氏曾在这里"尝百草、制末耙、教民耕种",开了农耕文明的先河。长治是首个中国曲艺名城，也是山西省第一个全国文明城市、国家卫生城市、国家园林城市、国家森林城市。截至 2019 年，长治拥有全国重点文物保护单位 73 处，数量居全省第二。长治是中国木结构古建筑的密集地，截至 2023 年 3 月全市各类古建筑从唐代至清代共有 3580 处，占不可移动文物总量的一半以上，被誉为"古文化和古建筑博物馆"。长治红色文化旅游资源丰富。抗日战争时期八路军总部和中共中央北方局在长治长期驻扎，解放战争的第一仗、闻名中外的"上党战役"在此打响。抗战期间，长治有 12 万人参加八路军，46 万人随军参战，17 万人为国捐躯，被誉为"八路军的故乡、子弟兵的摇篮"。2019 年，长治接待国内外旅游总人数 6021.70 万人次，其中接待国内旅游人数 6018.97 万人次，接待入境旅游人数 2.73 万人次；实现旅游总收入 689.45 亿元，其中国内旅游收入 688.26 亿元，旅游外汇收入 0.18 亿美元（见表 8-17）。

表 8-17　2010~2019 年长治旅游业发展数据

年份	旅游总人数 （万人次）	国内旅游人数 （万人次）	入境旅游人数 （万人次）	旅游总收入 （亿元）	国内旅游收入 （亿元）	旅游外汇收入 （亿美元）
2010	896.34	889.14	7.20	89.99	88.77	0.16
2011	1058.98	1050.55	8.43	126.23	124.80	0.23
2012	1280.82	1270.58	10.24	166.47	164.55	0.30
2013	1681.82	1669.11	12.71	211.66	209.41	0.35
2014	2163.07	2148.59	14.48	264.71	263.84	0.14
2015	2693.46	2691.15	2.31	320.87	319.96	0.15
2016	3263.26	3260.85	2.41	369.08	368.18	0.16
2017	3753.47	3750.95	2.52	461.21	460.22	0.16
2018	4811.08	4808.42	2.66	577.25	576.14	0.17
2019	6021.70	6018.97	2.73	689.45	688.26	0.18

注：2014 年后入境旅游者为接待过夜旅游者，旅游外汇收入为过夜旅游者的消费收入。
资料来源：2011~2020 年《长治统计年鉴》。

十八　山西晋中

晋中东临太行山，西傍汾河水，因地处山西中部而得名。晋中辖榆次区、介休市、太谷区、祁县、平遥县、灵石县、寿阳县、昔阳县、和顺县、左权县、榆社县共 2 区 1 市 8 县。晋中文化底蕴厚重，是山西省乃至中国北方的文化名城，截至 2019 年各类不可移动文物 5538 处，全国重点文物保护单位 65 处，国家级、省级非物质文化遗产 94 项，在山西省各地市中排名第一。境内拥有世界文化遗产——平遥古城、国家历史文化名城——平遥县和祁县以及国家级非物质文化遗产——平遥推光漆器、冠云平遥牛肉传统加工技艺、龟龄集传统制作技艺等。明清时期，以晋中商人为代表的晋商，纵横欧亚九千里、称雄商界五百年，创建了中国最早的银行——票号，缔造了"汇通天下"的伟业，创造了"海内最富"的奇迹，对中国商业经济发展乃至国际贸易产生了重要影响。抗战时期，八路军总部曾在此驻扎，晋中也因此成为华北抗战的指挥中枢，并培育和造就了太行精神，成为中华民族宝贵的精神财富。2019 年，晋中接待入境旅游人数 27.75 万人次，比上年增长 5.9%。其中，外国人 17.85 万人次，增长 6.1%；港澳台同胞9.90 万人次，增长 5.5%。接待国内旅游人数 11590.60 万人次，增长 18.4%。旅游总收入 1013.90 亿元，增长 23.1%。其中，旅游外汇收入 1.42 亿美元，增长 8.4%；国内旅游收入 1004.30 亿元，增长 23.1%（见表 8-18）。

表 8-18　2010~2019 年晋中旅游业发展数据

年份	旅游总人数（万人次）	国内旅游人数（万人次）	入境旅游人数（万人次）	旅游总收入（亿元）	国内旅游收入（亿元）	旅游外汇收入（亿美元）
2010	1371.18	1349.70	21.48	90.04	87.12	0.46
2011	1581.94	1557.10	24.84	113.71	109.35	0.64
2012	2480.63	2450.10	30.53	135.41	130.58	0.73
2013	3323.28	3288.20	35.08	216.23	209.60	1.02
2014	4032.55	4003.90	28.65	301.46	293.98	1.18
2015	5039.58	5018.50	21.08	408.11	401.68	1.05
2016	6357.81	6335.10	22.71	513.37	506.56	1.11
2017	7952.07	7927.60	24.47	658.21	650.75	1.21
2018	9815.61	9789.40	26.21	823.72	815.60	1.31
2019	11618.35	11590.60	27.75	1013.90	1004.30	1.42

注：2014 年开始，"入境旅游者"统计口径为"商业住宿设施接待入境过夜游客"。

资料来源：2011~2020 年《晋中统计年鉴》。

十九 山西太原

太原古称晋阳，别称并州、龙城，位于山西省中部、晋中盆地北部，是一座具有 2500 多年建城史的古都，是山西省的省会和中国北方重要的军事、文化重镇。太原北、东、西三面群山巍峙，北靠系舟山、云中山，东据太行，西依吕梁，南接晋中平原，汾水自北向南纵贯全境，古有"襟四塞之要冲，控五原之都邑"之称誉。太原文化旅游资源丰富，悠久的历史给太原留下了众多的名胜古迹，截至 2020 年境内拥有晋祠、天龙山石窟、永祚寺、纯阳宫、崇善寺、窦大夫祠等 6 处国家级重点文物保护单位和 17 处省级重点文物保护单位。太原以"唐风晋韵·锦绣太原"为品牌形象，将发展旅游业作为加快发展现代服务业的重要举措，推动全市文化旅游产业的全面发展（区桂恒、扈航，2016）。2019 年，太原接待旅游总人数 9655.39 万人次，比上年增长 18.8%。其中，国内旅游人数 9629.59 万人次，增长 18.9%；入境旅游人数 25.80 万人次，增长 8.0%。入境游客中，外国人 18.01 万人次，香港同胞 4.40 万人次，澳门同胞 1.02 万人次，台湾同胞 2.37 万人次。全年旅游总收入 1171.93 亿元，增长 18.1%。其中，国内旅游收入 1163.41 亿元，增长 18.1%；旅游外汇收入 1.19 亿美元，增长 11.4%（见表 8-19）。

表 8-19 2010~2019 年太原旅游业发展数据

年份	旅游总人数（万人次）	国内旅游人数（万人次）	入境旅游人数（万人次）	旅游总收入（亿元）	国内旅游收入（亿元）	旅游外汇收入（亿美元）
2010	2022.85	1994.53	28.32	230.11	219.27	1.64
2011	2461.96	2427.08	34.88	276.64	263.55	1.98
2012	2983.89	2941.64	42.25	354.95	339.69	2.44
2013	3691.33	3644.73	46.60	430.25	413.52	2.76
2014	4196.51	4176.44	20.07	499.97	495.33	0.77
2015	4912.48	4891.47	21.01	588.57	583.34	0.81
2016	5688.12	5666.17	21.95	684.50	678.66	0.84
2017	6780.72	6757.77	22.95	822.33	815.72	1.00
2018	8126.20	8102.32	23.88	992.70	985.30	1.07
2019	9655.39	9629.59	25.80	1171.93	1163.41	1.19

资料来源：2011~2020 年《太原统计年鉴》。

二十 山西忻州

忻州位于山西省中北部,北与大同、朔州相接,西临黄河与陕西、内蒙古相望,东靠太行山与河北相接,南与太原、吕梁、阳泉为邻,是山西省面积最大的市。忻州历史久远,文化底蕴厚重,截至2021年境内各类文物达4688处,其中国家级和省级重点文物保护单位77处,全国仅存的4座唐代建筑有2座在忻州。全市共有旅游景区景点159处,其中包括五台山、禹王洞、赵杲观3个国家级森林公园和五峰山、岚漪、马营海3个省级森林公园。忻州既是佛教名胜区、古战设施区、黄河文化区,也是山西民歌和二人台的故乡,素有中国"民间艺术之乡""八音之乡""北方民歌之乡"等美誉。2019年,忻州接待旅游总人数6280.49万人次,其中接待入境旅游人数6.59万人次,接待国内旅游人数6273.90万人次,比上年分别增长6.1%和19.9%。旅游总收入613.50亿元,增长21.8%,其中,旅游外汇收入0.23亿美元,增长9.5%;国内旅游收入612.00亿元,增长21.9%(见表8-20)。

表8-20 2010~2019年忻州旅游业发展数据

年份	旅游总人数 (万人次)	国内旅游人数 (万人次)	入境旅游人数 (万人次)	旅游总收入 (亿元)	国内旅游收入 (亿元)	旅游外汇收入 (亿美元)
2010	1052.08	1037.50	14.58	106.30	103.00	0.51
2011	1220.41	1203.20	17.21	127.90	123.90	0.62
2012	1539.18	1518.30	20.88	162.70	157.90	0.75
2013	1974.75	1951.60	23.15	207.70	202.60	0.84
2014	2412.42	2407.50	4.92	241.30	240.30	0.16
2015	2895.78	2890.60	5.18	284.60	283.00	0.17
2016	3416.37	3410.90	5.47	327.60	326.50	0.18
2017	4220.13	4214.30	5.83	408.30	407.10	0.20
2018	5237.02	5230.80	6.22	503.70	502.30	0.21
2019	6280.49	6273.90	6.59	613.50	612.00	0.23

注:经国家旅游局统一口径,从2014年起入境接待口径改为只统计住宿设施内入境旅游人数和旅游外汇收入。

资料来源:2011~2020年《忻州统计年鉴》。

二十一　山西大同

大同位于山西北部，东与河北张家口、保定相接，西、南与省内朔州、忻州毗连，北隔长城与内蒙古乌兰察布接壤（陈雅洁，2019）。大同是山西第二大城市，是中国优秀旅游城市、国家园林城市和中国首批24个国家历史文化名城之一。大同历史悠久，文化底蕴深厚，截至2020年境内有世界文化遗产1处，国家重点文物保护单位27处，其他各级文物保护单位300余处。其中，五岳中的恒山是塞外高原通向冀中平原之咽喉要冲，是儒、释、道三教同修的胜地。桑干河是大同的母亲河，自西南流向东北横贯全市，为大同典型的"北雄"特色平添一抹江南的水秀。云冈石窟为我国现存规模最大的石窟群，被联合国教科文组织列为世界文化遗产。悬空寺是我国唯一的高空绝壁建筑，也是罕见的佛、道、儒三教合一的寺庙（吴奇修，2005）。大同的山水，大同的景致，无不彰显着美丽精致、古典高雅以及王家之气。2019年，大同旅游总收入762.38亿元，比上年增长22.7%。其中，国内旅游收入758.46亿元，增长22.9%；旅游外汇收入0.55亿美元，增长12.4%。全年全市接待旅游总人数8395.13万人次，增长21.3%，其中接待入境旅游人数9.13万人次，增长11.1%（见表8-21）。

表8-21　2010~2019年大同旅游业发展数据

年份	旅游总人数（万人次）	国内旅游人数（万人次）	入境旅游人数（万人次）	旅游总收入（亿元）	国内旅游收入（亿元）	旅游外汇收入（亿美元）
2010	1394.18	1370.00	24.18	118.08	113.24	0.73
2011	1616.49	1593.00	23.49	136.62	130.90	0.87
2012	1917.75	1890.00	27.75	162.59	156.20	1.02
2013	2356.27	2325.00	31.27	200.03	192.90	1.17
2014	2759.18	2753.00	6.18	238.63	236.50	0.35
2015	3201.57	3195.00	6.57	281.34	278.90	0.38
2016	4047.97	4041.00	6.97	363.49	360.71	0.40
2017	5391.38	5384.00	7.38	483.15	480.32	0.43
2018	6919.22	6911.00	8.22	620.31	616.93	0.49
2019	8395.13	8386.00	9.13	762.38	758.46	0.55

资料来源：2011~2020年《大同统计年鉴》。

二十二 山西朔州

朔州位于山西北部、大同盆地西南端,南临忻州,北接大同,西北与内蒙古交界,是伴随改革开放应运而生的一座新兴城市。改革开放初期,第一个中外大型合作项目平朔安太堡露天煤矿的开发建设,进一步推动了朔州的发展。朔州山川形胜,历史悠久,人文厚重,自古为中原农耕文明和草原游牧文明碰撞交融之地。境内有世界三大奇塔之一的应县木塔,有标志边塞文化和象征华夏文明的内外长城,有现存最古老的北齐长城。万里长城和"万里茶道"在右玉杀虎口交会,见证了晋北地区与草原地区各民族间的交往交流交融以及晋商曾经的辉煌。2019 年,朔州接待旅游总人数 3538.96 万人次,比上年增长 21.5%。其中,入境旅游人数 0.76 万人次,增长 1.3%[①]。旅游总收入 316.30 亿元,增长 21.1%。其中,国内旅游收入 316.24 亿元,增长 21.1%;旅游外汇收入 0.03 亿美元,增长 2.1%[②](见表 8-22)。

表 8-22 2010~2019 年朔州旅游业发展数据

年份	旅游总人数（万人次）	国内旅游人数（万人次）	入境旅游人数（万人次）	旅游总收入（亿元）	国内旅游收入（亿元）	旅游外汇收入（亿美元）
2010	434.70	430.60	4.10	36.83	36.00	0.13
2011	542.00	536.91	5.09	48.40	47.24	0.17
2012	681.25	675.00	6.25	64.80	63.40	0.22
2013	893.99	887.00	6.99	84.10	82.50	0.25
2014	1148.79	1148.20	0.59	109.30	109.20	0.02
2015	1416.31	1415.70	0.61	133.60	133.00	0.02
2016	1717.64	1717.00	0.64	160.70	160.60	0.02
2017	2214.66	2213.99	0.67	203.90	203.79	0.02
2018	2913.56	2912.80	0.76	261.20	261.10	0.02
2019	3538.96	3538.20	0.76	316.30	316.24	0.03

资料来源:2011~2020 年《朔州统计年鉴》。

---

① 2018 年、2019 年朔州入境旅游人数分别为 7551 人次和 7648 人次,增长 1.3%。

② 2018 年、2019 年朔州旅游外汇收入分别为 245.5 万美元和 250.6 万美元,增长 2.1%。

二十三　河北张家口

张家口地处京、冀、晋、蒙四省区市交界处,自古为军事要塞、兵家必争之地。张家口市区距离北京 180 公里,距离天津港 340 公里,是京津冀(环渤海)经济圈和冀晋蒙(外长城)经济圈的交汇点(赵丹,2021)。随着京张高铁的建成通车,张家口逐步融入"首都一小时生活圈",成为京、津、冀、蒙的交通枢纽城市之一。张家口历史悠久,文化底蕴深厚。这里曾是东方人类的故乡,距今 200 万年前,远古人类就在此辛勤耕作,繁衍生息。5000 年前,中华民族的始祖黄帝、炎帝、蚩尤"邑于涿鹿之阿",在此开启了中华文明之先河。张家口是现存长城最多、时代跨度最大的地区,素有"长城博物馆"的美称。万里长城的重要关口——大境门,不仅有着"扼边关之锁钥"的巍然气势,更见证了蒙汉两族人民互市的繁华。与"丝绸之路"相媲美的"张库大道"就从这里开始穿越蒙俄,历经百年沧桑。

在文旅产业发展方面,张家口全力打造"一带两路三区"的产业空间格局。"一带"是指依托京张高铁、京藏高速和京新高速等交通线路,实现京张区域协同发展、产业融合创新,打造京张文化体育旅游产业带。"两路"指草原天路和桑洋水路。其中,草原天路主要依托坝缘山地的独特地貌、森林草原的壮美景观以及"万里茶道"遗产廊道存留的历史遗迹等资源,打造"国家一号风景大道"和"中国草原自驾第一品牌"。桑洋水路主要指围绕桑干河水系和洋河水系的生态资源,与草原天路相结合,构建"坝上有天路,坝下有水路"的旅游发展新格局。"三区"主要指张家口的区域旅游空间格局,包括冰雪温泉康养度假区、坝上草原旅游休闲区和历史文化体验旅游区(冀文彦、王军,2019)。

截至 2019 年底,张家口共有 A 级旅游景区 60 个,其中 4A 级旅游景区 11 个、3A 级旅游景区 30 个、2A 级旅游景区 19 个;星级酒店 74 家(四星级及以上饭店 22 家),旅行社 98 家(张宁等,2021)。2019 年,张家口接待旅游总人数 8605.06 万人次,其中入境旅游人数 14.07 万人次,国内旅游人数 8590.99 万人次;全年取得旅游总收入 1036.86 亿元,其中国内旅游收入 1034.36 亿元,旅游外汇收入 0.35 亿美元(见表 8-23)。

表8-23 2010~2019年张家口旅游业发展数据

年份	旅游总人数 （万人次）	国内旅游人数 （万人次）	入境旅游人数 （万人次）	旅游总收入 （亿元）	国内旅游收入 （亿元）	旅游外汇收入 （亿美元）
2010	1040.00	1034.70	5.30	59.90	59.30	0.09
2011	1504.28	1495.20	9.08	90.92	89.80	0.17
2012	2122.08	2109.70	12.38	127.90	126.65	0.20
2013	2762.08	2748.50	13.58	184.93	183.53	0.23
2014	3324.95	3308.38	16.57	238.54	236.91	0.27
2015	3848.00	3837.28	10.72	301.76	299.88	0.29
2016	5193.77	5182.57	11.20	519.72	517.30	0.35
2017	6272.06	6259.80	12.26	698.68	696.50	0.33
2018	7368.15	7354.80	13.35	861.82	859.40	0.35
2019	8605.06	8590.99	14.07	1036.86	1034.36	0.35

资料来源：2011~2020年《张家口经济年鉴》。

二十四 内蒙古呼和浩特

呼和浩特为蒙古语，意为"青色的城"，位于内蒙古中部，地处阴山南部、黄河上游与中游的分界点，与乌兰察布、包头、鄂尔多斯等地接壤，是内蒙古首府，也是国家森林城市、中国优秀旅游城市、国家历史文化名城。1572年，蒙古土默特部首领阿勒坦汗与明朝通过"通贡互市"建立友好关系，并在土默特平原建城，命名为"归化"，成为当今呼和浩特的雏形。呼和浩特拥有悠久的历史和灿烂的文化，其建城历史可追溯至2300多年前的战国时期，市内拥有古人类石器制造场"大窑文化"遗址、赵长城、昭君博物院、大召、五塔寺等文化旅游资源。呼和浩特是草原文化与黄河文化、游牧文明与农耕文明交汇、融合的前沿，也是"万里茶道"上重要的中转节点之一。农耕文明与草原文明的交汇以及多民族碰撞交融赋予了呼和浩特多元的城市景观和开放包容的城市气质，也为其文旅产业发展提供了有力支持。2019年，呼和浩特接待旅游总人数3209.11万人次，其中接待国内旅游人数3194.87万人次，接待入境旅游人数14.24万人次；取得旅游总收入948.16亿元，其中国内旅游收入935.80亿元，旅游外汇收入1.79亿美元（见表8-24）。

表 8-24　2010~2019 年呼和浩特旅游业发展数据

年份	旅游总人数 （万人次）	国内旅游人数 （万人次）	入境旅游人数 （万人次）	旅游总收入 （亿元）	国内旅游收入 （亿元）	旅游外汇收入 （亿美元）
2010	837.19	827.79	9.40	175.84	171.18	0.69
2011	942.13	931.90	10.23	213.48	207.92	0.86
2012	1039.93	1028.92	11.01	251.26	245.40	0.93
2013	1170.25	1158.50	11.75	292.23	285.45	1.09
2014	1304.74	1292.44	12.30	380.92	373.25	1.25
2015	1425.21	1412.18	13.03	470.07	461.89	1.31
2016	1635.09	1621.23	13.86	574.92	564.07	1.63
2017	1929.54	1915.58	13.96	743.34	732.22	1.65
2018	2250.69	2236.62	14.07	898.04	886.93	1.68
2019	3209.11	3194.87	14.24	948.16	935.80	1.79

资料来源：2011~2020 年《呼和浩特统计年鉴》。

二十五　内蒙古乌兰察布

乌兰察布为蒙古语，意为"红色的山口"，位于内蒙古中部，地处晋、冀、蒙三省交界处和环渤海经济圈、呼包鄂经济圈的交界带，是我国通往蒙古国、俄罗斯和东欧国家的重要通道，也是"一带一路"和中欧班列线路中唯一的非省会枢纽节点城市。乌兰察布历史悠久、文化底蕴深厚，距今已有 6000 余年的文明史，是中国古代北方文明的重要发祥地之一，也是草原丝绸之路和"万里茶道"的重要节点，孕育出了瑰丽夺目的察哈尔文化和杜尔伯特文化。乌兰察布的文化旅游资源丰富，化德县裕民遗址填补了北方草原新石器时代考古的空白，岱海遗址群处于同期文化领先水平，被考古学家赞誉为"太阳升起的地方"。元代集宁路古城遗址是草原丝绸之路和"万里茶道"的货物集散地和重要通道，见证了往昔"使者相望于道，商旅不绝于途"的灿烂辉煌，书写了不同时期各族人民交往交流交融的伟大实践。境内自然旅游资源类型多样，包括格根塔拉草原、辉腾锡勒草原、岱海、察哈尔火山群等。2019 年，乌兰察布接待旅游总人数 1280.81 万人次，其中国内旅游人数 1277.00 万人次，入境旅游人数 3.81 万人次；全市取得旅游总收入 200.17 亿元，其中国内旅游收入 198.05 亿元，旅游外汇收入 0.31 亿美元（见表 8-25）。

表 8-25　2010~2019 年乌兰察布旅游业发展数据

年份	旅游总人数 （万人次）	国内旅游人数 （万人次）	入境旅游人数 （万人次）	旅游总收入 （亿元）	国内旅游收入 （亿元）	旅游外汇收入 （亿美元）
2010	175.98	174.88	1.10	13.08	12.67	0.06
2011	241.24	239.43	1.81	16.56	15.93	0.10
2012	277.96	275.40	2.56	25.96	25.06	0.14
2013	330.38	327.03	3.35	35.96	34.53	0.23
2014	382.26	378.20	4.06	45.60	43.64	0.32
2015	457.75	453.66	4.09	58.17	56.28	0.30
2016	554.94	550.72	4.22	70.83	68.49	0.35
2017	643.92	639.68	4.24	95.87	93.45	0.36
2018	759.27	755.03	4.24	123.20	120.74	0.37
2019	1280.81	1277.00	3.81	200.17	198.05	0.31

资料来源：2011~2020 年《乌兰察布统计年鉴》。

二十六　内蒙古锡林郭勒

锡林郭勒为蒙古语，意为"丘陵地带的河"。锡林郭勒位于内蒙古中部，区内与乌兰察布、赤峰、通辽、兴安盟接壤，区外与河北省毗邻，是距离北京最近的草原旅游目的地之一（乌日娜、韩建彪，2022）。锡林郭勒草原属于干旱半干旱地区草原，是华北地区重要的生态屏障，并被联合国教科文组织纳入国际生物圈监测体系（杨凝等，2019）。锡林郭勒马文化旅游资源丰富，被誉为"中国马都"，境内拥有"中国黑马之乡"阿巴嘎旗、"中国白马之乡"西乌珠穆沁旗、"中国黄骠马之乡"东乌珠穆沁旗、"中国草原快骥之乡"苏尼特右旗、"中国良种马繁育基地"白音锡勒牧场以及"蒙古马精神"诞生地锡林浩特等马文化资源，为马产业的高质量发展奠定了基础。二连浩特是中国通往蒙古国、俄罗斯和东欧各国的大陆桥，也是中蒙最大的陆路口岸。锡林郭勒盟盟委、行署高度重视旅游业的发展，坚持把旅游业作为发展第三产业的先导产业和全盟五大支柱产业之一，推动旅游业持续快速发展。截至 2019 年，锡林郭勒共有国家 A 级旅游景区 19 个，其中 4A 级旅游景区 11 个，3A 级旅游景区 5 个，2A 级旅游景区 3 个，高 A 级旅游景区占比逐年攀升，旅游景区等级结构日益优化。2019 年，锡林郭勒接待旅游总人数 1936.83 万人次，其中国内旅游人数 1857.06 万人次，入境旅游人数 79.77 万人次；取得旅游总收入 424.00 亿元，其中国内旅游收入 397.47 亿元，旅游外汇收入 3.89 亿美元（见表 8-26）。

表 8-26　2010~2019 年锡林郭勒旅游业发展数据

年份	旅游总人数（万人次）	国内旅游人数（万人次）	入境旅游人数（万人次）	旅游总收入（亿元）	国内旅游收入（亿元）	旅游外汇收入（亿美元）
2010	706.22	642.86	63.36	91.90	80.12	1.78
2011	827.91	761.26	66.65	121.96	108.56	2.13
2012	981.68	913.36	68.32	143.98	131.12	2.07
2013	1110.60	1046.70	63.90	183.26	167.20	2.60
2014	1246.55	1181.82	64.73	227.84	213.46	2.39
2015	1340.13	1273.45	66.68	282.14	264.01	2.75
2016	1450.48	1381.70	68.78	316.48	313.53	2.85
2017	1547.94	1477.01	70.93	369.98	348.47	3.29
2018	1575.80	1500.12	75.68	390.50	366.50	3.57
2019	1936.83	1857.06	79.77	424.00	397.47	3.89

资料来源：2011~2020 年《锡林郭勒盟统计年鉴》。

第二节　遗产廊道视阈下"万里茶道"中国段旅游业发展适宜性评价

"万里茶道"是 17 世纪至 20 世纪上半叶由晋商所开辟的以茶叶为大宗货物的重要国际商道。"万里茶道"沿线国家和地区遗存的文化遗产资源丰富且类型多样，是东西方文化交流的重要文化线路。由于其宏大的历史叙事特征以及长周期、大尺度和跨文化属性，"万里茶道"2019 年 3 月被国家文物局列入《中国世界文化遗产预备名单》。然而，与产业实践不一致的是现有关于"万里茶道"遗产资源分布和遗产旅游发展的研究仍然比较缺乏，这种局面不利于充分发掘茶文化遗产廊道的旅游资源，也可能对"万里茶道"沿线遗产的保护、活化和利用产生制约。因此,本节选取"万里茶道"中国段为研究对象,尝试通过构建综合指标体系,对沿线节点城市的遗产旅游发展适宜性及障碍性因子进行评价和分析,以期为提升跨区域遗产廊道的旅游发展水平提供指导,亦望能够为"万里茶道"申遗和国际旅游品牌建设提供参考。

一 研究方法与数据来源

(一) 构建指标体系

参考遗产廊道旅游价值评价、线性遗产的游憩适宜性评价等已有研究成果,依据保护为先、生态为本和主客共享等原则,并考虑到数据的可获取性,构建遗产廊道视阈下"万里茶道"中国段沿线地区旅游业发展适宜性评价指标体系。本指标体系包括 4 个准则层,分别为遗产资源价值、旅游产业运行、经济社会发展和生态环境。准则层下设 10 个因子层和 21 个指标层,具体指标体系如图 8-1 所示。

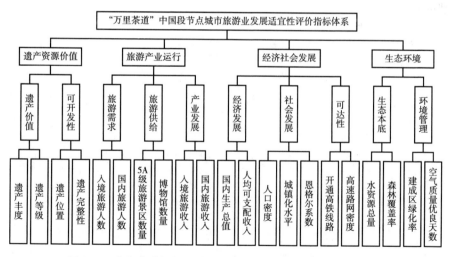

图 8-1 遗产廊道视阈下"万里茶道"中国段节点城市旅游业
发展适宜性评价指标体系

(二) 熵权 TOPSIS 模型

熵权 TOPSIS 模型由熵权法和 TOPSIS 方法组成。熵权法是一种客观赋权方法，其原理是根据各指标的实际数据和信息熵来确定指标权重。TOPSIS 方法是系统工程中针对有限方案和多目标决策的一种分析方法（庆文、王义保，2018），其原理是通过计算备选方案与正、负理想解的相对距离来进行排序，并以此作为评价方案优劣的依据，具有几何意义直观、信息失真小、运算灵活及应用领域广等优点。具体步骤如下。

（1）数据标准化处理，构建决策矩阵。对 m 个研究区域 n 项指标构建初始矩阵 $A = (X_{ij})_{m \times n}$，并进行归一化处理，得到归一化判断矩阵 $B = (R_{ij})_{m \times n}$，其中 X_{ij} 为第 i 个区域的第 j 项指标值。

$$R_{ij} = \begin{cases} \dfrac{x_{ij} - \min(x_j)}{\max(x_j) - \min(x_j)}, & 若 \ x_{ij} \ 为正向指标 \\[3mm] \dfrac{\max(x_j) - x_{ij}}{\max(x_j) - \min(x_j)}, & 若 \ x_{ij} \ 为负向指标 \end{cases} \quad (8-1)$$

（2）确定指标权重，构建加权的决策矩阵。确定各指标的熵值 P_j 并计算熵权 W_j。需要进一步说明的是，权重计算过程中出现的"ln0"均处理为 0。

$$P_j = -\frac{1}{\ln m} \sum_{i=1}^{m} k_{ij} \ln k_{ij} \quad (8-2)$$

$$k_{ij} = \frac{R_{ij}}{\sum\limits_{i=1}^{m} R_{ij}} \quad (8-3)$$

$$W_j = \frac{1 - P_j}{n - \sum\limits_{j=1}^{n} P_j} \quad (8-4)$$

$$T_{ij} = W_j \times R_{ij} = \begin{pmatrix} t_{11} & t_{12} & \cdots & t_{1j} \\ t_{21} & t_{22} & \cdots & t_{2j} \\ \vdots & \vdots & & \vdots \\ t_{i1} & t_{i2} & \cdots & t_{ij} \end{pmatrix} \quad (8-5)$$

（3）确定正理想解 Z^+ 和负理想解 Z^-：

$$Z_j^+ = \max(t_{1j}, t_{2j}, \cdots, t_{mj}), Z_j^- = \min(t_{1j}, t_{2j}, \cdots, t_{mj}), j = 1, 2, \cdots, n \quad (8-6)$$

（4）计算距离：

$$D_i^+ = \sqrt{\sum_{j=1}^{n}(t_{ij} - Z^+)^2}, D_i^- = \sqrt{\sum_{j=1}^{n}(t_{ij} - Z^-)^2}, i = 1, 2, \cdots, m \qquad (8-7)$$

（5）计算贴近度 C_i。C_i 越大，表明第 i 个地区遗产旅游发展的适宜性水平越高。参考已有研究，将贴近度 C_i 划分为 4 个等级标准（见表 8-27）。

$$C_i = D_i^- / (D_i^+ + D_i^-) \qquad (8-8)$$

表 8-27　遗产旅游发展的适宜性判定标准

贴近度	$0.00 < C \leqslant 0.30$	$0.30 < C \leqslant 0.60$	$0.60 < C \leqslant 0.80$	$0.80 < C \leqslant 1.00$
适宜性	弱式适宜	中度适宜	比较适宜	非常适宜

（三）系统均衡度

系统均衡度通过对节点城市的遗产资源价值、旅游产业运行、经济社会发展和生态环境各指标的动态协调程度进行衡量，采用标准离差进行测算（王公为，2020b），具体计算公式如下：

$$B = 1 - C_v \qquad (8-9)$$

式中，B 表示遗产旅游发展适宜性水平的均衡度，C_v 表示各子系统之间的变异系数。B 值越大，说明系统均衡度越高；反之，则系统均衡度越低。具体系统均衡度等级划分如表 8-28 所示。

表 8-28　系统均衡度等级划分

数值区间	均衡类型
$B \leqslant 0.3$	重度失衡
$0.3 < B \leqslant 0.5$	轻度失衡
$0.5 < B \leqslant 0.7$	基本均衡
$0.7 < B \leqslant 0.9$	中度均衡
$0.9 < B \leqslant 1.0$	高度均衡

（四）障碍度模型

参考相关研究，采用障碍度模型分析茶文化遗产廊道节点城市遗产旅游发展的主要阻碍因素，采用指标贡献度、指标偏离度和障碍度进行分析诊断（王公为，2021）。

（1）指标贡献度是指单个指标对总目标的贡献程度，一般可以用各指标权重 W_j 表示。

（2）指标偏离度（O_{ij}）是指单个指标与系统发展目标的差距，即单项指标因素评估值与100%之差：

$$O_{ij} = 1 - x_{ij} \qquad (8-10)$$

（3）障碍度分别表示单项指标（Q_{ij}）和分类指标（U_i）对遗产旅游发展适宜性的影响程度：

$$Q_{ij} = \frac{O_{ij} \times W_j}{\sum\limits_{j=1}^{12} O_{ij} \times W_j} \times 100\% \qquad (8-11)$$

在分析各单项评价因子限制程度基础上，进一步研究各分类指标对节点城市遗产旅游发展的障碍度，公式如下：

$$U_i = \sum Q_{ij} \qquad (8-12)$$

（五）数据来源

遗产丰度、遗产位置和遗产完整性等数据来自"万里茶道"沿途9省区联合编制的《万里茶道（中国段）申报中国世界文化遗产预备名单》文本，根据各地区遗产点数量衡量遗产资源的富集程度。遗产等级数据来自全国重点文物保护单位名录和各省区的文物保护单位名录。旅游产业运行、经济社会发展和生态环境的原始数据来自2020年各地级市的统计年鉴，部分缺失数据通过各地区国民经济和社会发展统计公报予以完善。其中，博物馆数量来自《中国城市统计年鉴》，水资源总量通过查询2019年沿线省区水资源公报获得，开通高铁线路数据来自中国铁路12306火车票网上预订官方网站。

二　"万里茶道"中国段遗产廊道节点城市旅游业发展适宜性评价

（一）遗产廊道节点城市旅游业发展适宜性整体评价

基于遗产资源价值、旅游产业运行、经济社会发展和生态环境 4 个维度对节点城市进行评价，结果显示"万里茶道"中国段整体上遗产旅游发展适宜性偏低，适宜性指标均值为 0.29，属于弱式适宜。从各区域来看，各路段适宜性表现不均衡，生产路段各地区指标均高于 0.30，均值为 0.42，属于中度适宜。集散路段涉及节点城市较多，各地差异性较大，适宜性指标均值为 0.21，整体上属于弱式适宜。外销路段主要包括呼和浩特和锡林郭勒，适宜性指标均值为 0.24，属于弱式适宜。从各节点城市来看，武汉、南平、上饶、黄山、益阳、九江、岳阳、宜昌、洛阳、恩施、咸宁和张家口属于中度适宜，适宜性指标分别为 0.55、0.51、0.45、0.37、0.46、0.42、0.41、0.40、0.37、0.38、0.36 和 0.31。其余地区的适宜性指标均小于 0.30，属于弱式适宜。

（二）基于遗产资源价值维度的节点城市旅游业发展适宜性评价

从遗产资源价值维度来看，"万里茶道"中国段的遗产旅游适宜性偏低，适宜性指标均值为 0.18，属于弱式适宜。从各节点城市来看，南平和武汉的适宜性较高，适宜性指标分别为 0.91 和 0.87，属于非常适宜；益阳、晋中、呼和浩特和锡林郭勒的适宜性指标分别为 0.47、0.45、0.53 和 0.35，属于中度适宜；其余地区的适宜性指标均小于 0.30，属于弱式适宜。

（三）基于旅游产业运行维度的节点城市旅游业发展适宜性评价

从旅游产业运行维度来看，"万里茶道"中国段的遗产旅游适宜性偏低，适宜性指标均值为 0.22，属于弱式适宜。从各节点城市来看，武汉旅游产业运行维度的适宜性最高，为 1.00，属于非常适宜；黄山、洛阳、上饶和焦作的适宜性指标分别为 0.59、0.47、0.43、0.31，属于中度适宜；其余地区的适宜性指标均小于 0.30，属于弱式适宜。

（四）基于经济社会发展维度的节点城市旅游业发展适宜性评价

从经济社会发展维度来看，"万里茶道"中国段的遗产旅游适宜性指标均值为 0.28，属于弱式适宜。在各节点城市中，武汉的适宜性最高，为 0.76，属于比较适宜；上饶、洛阳、太原、岳阳、焦作、呼和浩特和晋城的适宜性指标分别为 0.47、0.44、0.38、0.37、0.33、0.32 和 0.31，属于中度适宜；其余地区的适宜性指标均小于 0.30，属于弱式适宜。

（五）基于生态环境维度的节点城市旅游业发展适宜性评价

从生态环境维度来看，"万里茶道"中国段的遗产旅游适宜性指标均值为 0.23，属于弱式适宜。在各节点城市中，适宜地区均集中在生产路段。其中，南平和上饶的适宜性指标分别为 0.99 和 0.80，属于非常适宜和比较适宜；九江、黄山、益阳、岳阳和恩施的适宜性指标分别为 0.35、0.36、0.34、0.40 和 0.38，属于中度适宜。自宜昌开始，生产路段和外销路段节点城市的适宜性指标均小于 0.30，属于弱式适宜。

（六）节点城市遗产旅游发展适宜性的均衡度评价

根据节点城市遗产旅游发展适宜性各维度的得分，测算各地区遗产旅游发展的均衡度。在节点城市中，咸宁、南阳、张家口和锡林郭勒各维度水平比较接近，处于基本均衡状态。南平、黄山、益阳、岳阳、恩施、平顶山、洛阳、焦作、晋城、长治、太原、朔州和呼和浩特在某些维度上存在比较大的短板，处于重度失衡状态。上饶、九江、宜昌、武汉、襄阳、晋中、忻州和大同在个别维度上存在弱项，处于轻度失衡状态（见表 8-29）。

表 8-29　节点城市遗产旅游发展适宜性的均衡度类型

节点城市	旅游产业运行	经济社会发展	生态环境	遗产资源价值	系统均衡度	均衡度类型
南平	0.17	0.24	0.99	0.91	0.25	重度失衡
上饶	0.43	0.47	0.80	0.09	0.35	轻度失衡
九江	0.28	0.19	0.35	0.03	0.35	轻度失衡
黄山	0.59	0.25	0.36	0.01	0.21	重度失衡
益阳	0.03	0.15	0.34	0.47	0.22	重度失衡
岳阳	0.13	0.37	0.40	0.03	0.23	重度失衡
咸宁	0.09	0.21	0.23	0.27	0.62	基本均衡
恩施	0.21	0.10	0.38	0.01	0.10	重度失衡
宜昌	0.26	0.26	0.23	0.02	0.40	轻度失衡
武汉	1.00	0.76	0.12	0.87	0.43	轻度失衡

续表

节点城市	旅游产业运行	经济社会发展	生态环境	遗产资源价值	系统均衡度	均衡度类型
襄阳	0.10	0.21	0.12	0.03	0.34	轻度失衡
南阳	0.12	0.17	0.09	0.06	0.57	基本均衡
平顶山	0.10	0.27	0.06	0.02	0.05	重度失衡
洛阳	0.47	0.44	0.09	0.10	0.24	重度失衡
焦作	0.31	0.30	0.07	0.02	0.16	重度失衡
晋城	0.10	0.31	0.07	0.02	-0.02	重度失衡
长治	0.12	0.22	0.09	0.00	0.14	重度失衡
晋中	0.20	0.21	0.07	0.45	0.31	轻度失衡
太原	0.12	0.38	0.05	0.03	-0.10	重度失衡
忻州	0.17	0.24	0.11	0.03	0.35	轻度失衡
大同	0.11	0.20	0.15	0.02	0.39	轻度失衡
朔州	0.02	0.23	0.11	0.00	-0.19	重度失衡
张家口	0.09	0.26	0.17	0.17	0.58	基本均衡
呼和浩特	0.08	0.32	0.14	0.53	0.24	重度失衡
锡林郭勒	0.19	0.21	0.21	0.35	0.68	基本均衡

结合各地遗产旅游发展适宜性的综合得分和各维度的均衡度，运用四象限分析法将节点城市分为四种类型：适宜-均衡型（Ⅰ象限）、适宜-失衡型（Ⅱ象限）、弱式适宜-失衡型（Ⅲ象限）和弱式适宜-均衡型（Ⅳ象限），见图 8-2。其中，适宜-均衡型包括咸宁和张家口；适宜-失衡型包括武汉、南平、益阳、岳阳、上饶、九江、宜昌、洛阳、黄山和恩施；弱式适宜-失衡型包括晋中、忻州、大同、襄阳、呼和浩特、焦作、长治、平顶山、晋城、太原和朔州；弱式适宜-均衡型包括南阳和锡林郭勒。

三　节点城市遗产旅游发展适宜性的障碍性因子诊断

运用障碍度模型测算遗产资源价值、旅游产业运行、经济社会发展和生态环境对节点城市遗产旅游发展的约束效应。如图 8-3 所示，除武汉、黄山和洛阳外，旅游产业运行质量是制约"万里茶道"沿线地区遗产旅游发展的主要因素，该指标对各地区的平均障碍度达到 38.56%。生态环境对

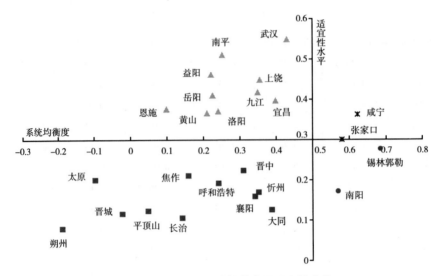

图 8-2　节点城市遗产旅游发展适宜性分类

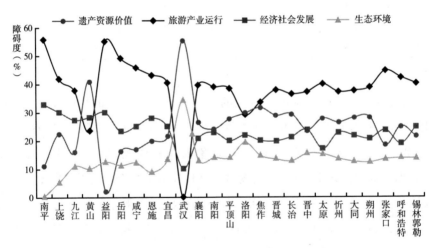

图 8-3　节点城市遗产旅游发展适宜性的障碍性因子

"万里茶道"遗产旅游的障碍性相对较小，对各地的平均障碍度为 13.23%。在生产路段，经济社会发展是影响遗产旅游适宜性的重要因素，该指标对路段各地区的平均障碍度达到 27.79%。在集散路段和外销路段，遗产资源价值是阻碍遗产旅游发展的重要因子，该指标对路段各地区的平均障碍度达到 28.27%。部分节点城市各维度出现倒挂现象，例如武汉在旅游产业运行方面条件较好，但在遗产资源价值方面受限较大；益阳在遗产资源价值方面具有优势，但在旅游产业运行方面具有短板。该结论提示各地应采取策略补足短板，推动遗产旅游适宜性的整体提升。

四 结论与讨论

基于遗产资源价值、旅游产业运行、经济社会发展和生态环境 4 个维度构建综合评价指标体系，运用改进熵权 TOPSIS 模型和障碍度模型对“万里茶道”中国段节点城市旅游业发展适宜性水平和障碍性因子进行评价和分析。研究结果表明以下方面。

（1）“万里茶道”中国段遗产旅游发展适宜性表现不均衡，生产路段为中度适宜，集散路段和外销路段除武汉、洛阳外适宜性较弱。根据各地遗产旅游发展适宜性的评价结果，应明确“万里茶道”中国段各区域的发展定位，科学确定各地的发展方向。从整体来看，应以生产路段作为廊道遗产旅游的发展重点，以南平、益阳（安化）和咸宁（赤壁）等地为先导，充分发挥武夷山作为“万里茶道”起点的优势以及安化、赤壁等茶源地的重要作用，推动茶文化遗产旅游的发展。在集散路段，应利用武汉在旅游产业运行和经济社会发展等方面的优势，将其作为“万里茶道”遗产廊道的中心和枢纽，发挥核心城市的极核驱动作用，带动“万里茶道”线性文化遗产的全面发展。

（2）在遗产资源价值维度上，廊道表现出分路段、多中心的特点，南平和武汉的适宜性水平较高，属于非常适宜，益阳、晋中、呼和浩特和锡林郭勒次之，属于中度适宜，其余地区均属于弱式适宜。事实上，弱式适宜地区并未真正缺乏遗产资源，而是由于遗产保护工作启动较晚、文物保护机制不健全等因素，此类地区对“万里茶道”遗产资源的认定登记不及时、修缮保护投入不足和传承利用不当。例如，在“万里茶道”中的鹞子尖古道、鹤峰古道、五峰古道以及碗子城古道等古茶路保护中，文物整体利用率偏低，遗产的配套投入和基础设施建设欠缺，遗产资源的价值并未得到有效利用和彰显。因此，对弱式适宜地区应注重对其周边遗产的整合和梳理，加大财政支持力度，加强对相关遗址遗迹的保护和抢救，积极争取尽早将有价值的遗产点纳入国家级文物保护单位序列,通过有效的保护和管理提升遗产资源的价值。

(3) 在旅游产业运行维度上,适宜地区较少,均分布在生产路段和集散路段。其中武汉属于非常适宜,黄山、洛阳、上饶和焦作属于中度适宜,其余地区属于弱式适宜。因此,应充分利用各地遗产资源和旅游资源,依托"万里茶道"国际旅游品牌,加强旅游市场营销,提升海外客源市场的比例和旅游目的地的影响力,推动沿线地区的旅游产业发展。

(4) 在经济社会发展维度上,适宜地区主要分布在中心城市,武汉属于比较适宜,上饶、洛阳、太原、岳阳、焦作、呼和浩特和晋城为中度适宜,其余地区属于弱式适宜。主要原因在于武汉、太原、呼和浩特等地多为省会或重点城市,在人口密度、居民收入和基础设施等方面具有优势,能够在市场条件、资源投入等方面为遗产旅游发展提供有力支持。弱式适宜地区多为中小城市,在经济发展水平、区位条件等方面处于劣势,因此在此维度的适宜性上表现较弱。

(5) 在生态环境维度上,适宜地区均分布在生产路段,南平和上饶属于非常适宜和比较适宜,九江、黄山、益阳、岳阳和恩施属于中度适宜,其余地区属于弱式适宜。因此,对生产路段城市而言,应充分发挥茶源地的生态优势,利用茶树、茶园、古茶道等生态旅游资源,开展与茶文化遗产相关的生态旅游、研学旅游等旅游活动。对集散路段和外销路段地区而言,应积极推动产业转型升级,加强植树造林,减少污水、废气的排放,不断提升旅游环境的舒适度和游憩适宜性。

(6) 结合各地遗产旅游发展适宜性综合水平和各维度的均衡度,节点城市呈现四种类型:适宜-均衡型、适宜-失衡型、弱式适宜-失衡型和弱式适宜-均衡型。对于适宜型地区,如武汉、南平、益阳等地,应将其作为"万里茶道"旅游线路的优先发展区域,加大资源投入,着力构建核心旅游产品和知名旅游目的地;对于弱式适宜-失衡型地区,应致力于补足短板,如晋中和呼和浩特应重视旅游产业发展,太原、朔州和襄阳应加强遗产保护,挖掘和提升遗产价值,提高游憩系统的均衡度和适宜性水平;对于弱式适宜-均衡型地区而言,如南阳、锡林郭勒等地,各维度表现均不突出,应致力于全面发展，从整体上提升城市遗产旅游的适宜性。

（7）除武汉、黄山和洛阳外，旅游产业运行质量是影响各节点城市遗产旅游发展的首要障碍因素。经济社会发展是制约生产路段遗产旅游发展的重要因素。遗产资源价值是限制集散路段和外销路段地区遗产旅游发展的重要因子。因此，对"万里茶道"整体而言，应加快旅游业发展，推动茶旅融合和茶文化旅游产品的开发，为"万里茶道"遗产资源的有效利用和遗产旅游的发展提供有力的产业支撑。对生产路段而言，应加强基础设施建设，改善区域的可达性，为遗产旅游发展营造有利的外部环境。对集散路段和外销路段城市而言，应加强遗产的挖掘、整理、保护和管理，充分发挥遗产的价值，为遗产旅游的发展构筑坚实的资源基础。

第九章 "万里茶道"中国段沿线地区 茶产业与旅游业耦合发展研究

中国是茶叶的故乡，也是世界上茶叶种植规模最大、茶叶产量最多的国家。作为中国的传统特色产业，茶产业具有促进农村经济发展、优化农村产业结构、改善生态环境以及推动乡村振兴等重要作用。中国的茶产业包括茶叶种植、生产、加工、经营、销售以及消费等诸多环节，并逐渐延伸到茶庄园、茶叶田园综合体以及茶业特色小镇等新兴领域。茶产业既是农业的重要组成部分，也与文化旅游产业存在交叉和互动。茶茗、茶树、茶园、茶场、茶具、茶道、茶诗、茶画、茶馆等构成了独特的茶文化旅游吸引物，可满足游客休闲、观光、度假、研学、购物、康养等多样化的旅游需求。随着中国茶产业和旅游业的发展，茶产业转型升级和三产融合的趋势越来越明显，茶叶的种植、生产、加工、销售与旅游的融合互动越来越紧密。

作为一条以茶叶贸易为主题的线性文化遗产廊道，"万里茶道"既包括众多农业遗产、建筑遗产、商业经济遗产、交通遗产以及非物质文化遗产，也包括茶树、茶园、茶场、茶亭、码头、祠堂、特色小镇等众多的茶文化旅游资源。"万里茶道"国际旅游品牌的建设需要整合茶产业和旅游业资源，打造系统性的茶文化旅游产品和旅游线路，推动茶旅融合互动和一体化发展，实现茶旅产业资源的优势互补和优化配置。然而，目前对"万里茶道"沿线地区茶产业和旅游业之间的融合互动程度、融合状态以及发展变化仍有待进一步验证。有鉴于此，本章以"万里茶道"中国段沿线9省区为研究对象，运用耦合协调度模型对沿线地区2000～2019年茶产业与旅游业融合互动发展情况进行定量测评,检验沿线地区茶旅融合的水平、类型及变动趋势,为"万里茶道"沿线地区茶文化旅游发展提供决策依据。研究结论对于促进沿线地区茶旅融合和"万里茶道"国际旅游品牌建设具有借鉴意义。

第一节 "万里茶道"中国段沿线地区茶产业与旅游业发展现状

一 "万里茶道"中国段沿线地区茶产业发展现状

"万里茶道"中国段沿线地区包括福建、江西、湖南、安徽、湖北等中国茶叶的主要产区。2021 年,沿线地区茶叶产值 1031 亿元,占全国的 44.28%;茶叶产量 143.8288 万吨,占全国的 45.46%。其中,绿茶、青茶、红茶、黑茶、黄茶和白茶的占比分别为 35.71%、77.87%、48.92%、80.38%、80.00% 和 79.46%。从各地茶叶产量来看,福建、湖北、湖南、安徽、河南和江西为主要的茶叶产区,河北、山西和内蒙古的茶叶产量极少。从茶种分布来看,湖北、湖南、安徽和江西各类茶种均有种植,湖北、湖南是全国黑茶的主要产区,黑茶也曾是"万里茶道"上茶叶贸易的主要茶种。福建的主要茶种为青茶、绿茶、红茶和白茶,并不出产黑茶和黄茶。河南的主要茶种为绿茶和红茶,黑茶、白茶产量较少,青茶和黄茶产量为 0(见表 9-1)。

表 9-1 2021 年"万里茶道"中国段沿线地区茶园面积、茶叶产值及产量

项目	河北	山西	内蒙古	安徽	福建	江西	河南	湖北	湖南	总量	占全国比重(%)
年末实有茶园面积(千公顷)	0	1	0	205	232	117	116	369	203	1244	37.59
本年采摘面积(千公顷)	0	1	0	178	218	89	94	290	143	1013	37.48

续表

项目	河北	山西	内蒙古	安徽	福建	江西	河南	湖北	湖南	总量	占全国比重(%)
茶叶产值(亿元)	4	3	0	80	229	19	285	241	169	1031	44.28
茶叶产量(吨)	1	1265	28	137259	487901	73839	75043	404415	258537	1438288	45.46
绿茶	1	28	2	117259	124845	57320	70608	284140	122010	776213	35.71
青茶	0	6	0	42	250716	780	0	1227	851	253622	77.87
红茶	0	30	0	7696	57033	12454	4167	41944	25645	148969	48.92
黑茶	0	12	0	234	0	60	52	67661	101861	169880	80.38
黄茶	0	0	0	8062	0	295	0	525	780	9662	80.00
白茶	0	5	0	2058	55029	2861	216	2324	1226	63719	79.46
其他	0	1184	26	1908	278	69	0	6594	6164	16223	28.70

注：茶叶产值包含茶及其他饮料产值。

资料来源：笔者根据统计资料整理获得。

二 "万里茶道"中国段沿线地区旅游业发展现状

"万里茶道"中国段沿线地区旅游业发展不均衡。从旅游外汇收入来看，福建、安徽、湖北、湖南的入境旅游发展相对领先，内蒙古、河南、河北、江西和山西的入境旅游发展相对滞后。从国内旅游收入来看，河南、江西、河北、湖南处于相对优势地位，福建、内蒙古、湖北等省区处于相对弱势地位（见表9-2）。

表9-2　2019年"万里茶道"中国段沿线地区旅游业发展现状

项目	河北	山西	内蒙古	安徽	福建	江西	河南	湖北	湖南
入境旅游人数(万人次)	97.08	76.22	195.83	379.74	566.03	197.17	180.35	450.02	466.95
旅游外汇收入(亿美元)	7.40	4.10	13.40	33.88	33.98	8.65	9.47	26.54	22.51
国内旅游人数(万人次)	78078.89	83390.00	19317.00	81954.70	52697.08	79078.28	89803.00	60144.00	82687.15
国内旅游收入(亿元)	9248.69	7999.35	4558.52	8291.50	7393.43	9596.67	9517.00	6744.00	9613.37

资料来源：笔者根据统计年鉴数据整理获得。

第二节 "万里茶道"中国段沿线地区茶产业
与旅游业耦合协调度分析

一 数据来源与研究方法

(一) 数据来源

"万里茶道"中国段沿线 9 省区茶产业发展数据来自《中国农村统计年鉴》，缺失部分根据《中国农业统计资料》和《中国茶叶统计资料》予以补充。沿线地区旅游业发展数据来自《中国旅游统计年鉴》，缺失部分根据各省区统计年鉴和年度统计公报予以补充。由于新冠疫情的影响，2000~2022年全国和多数省区入境旅游统计处于缺失状态，因此本书将研究年份截至2019年，整体时间跨度为 2000~2019 年。

(二) 研究方法

1. 指标体系构建

依据数据测量的科学性以及可获得性等原则，借鉴已有学者的研究，在咨询相关专家意见的基础上，构建茶产业和旅游业发展水平的评价指标体系。其中，茶产业发展水平指标包括沿线省区年度茶叶产量、年末实有茶园面积和本年采摘面积；旅游业发展水平指标包括沿线省区年度入境旅游人数、国内旅游人数、旅游外汇收入、国内旅游收入、旅行社数量、星级饭店数量（见表9-3）。

表 9-3 茶产业和旅游业评价指标体系

目标层	准则层	指标层
茶产业与旅游业融合互动水平测度	茶产业发展水平	茶叶产量(吨)
		年末实有茶园面积(千公顷)
		本年采摘面积(千公顷)
	旅游业发展水平	入境旅游人数(万人次)
		国内旅游人数(万人次)
		旅游外汇收入(亿美元)

续表

目标层	准则层	指标层
茶产业与旅游业融合互动水平测度	旅游业发展水平	国内旅游收入（亿元）
		旅行社数量（个）
		星级饭店数量（个）

2. 数据标准化处理

为了使茶旅产业各项指标的数据具有可比性，首先运用极差标准化法对数据进行无纲量化处理，并在每一个指标标准化值后面都统一加上 0.01，以避免可能出现统计结果无意义的情况。计算公式为：

$$Z'_{ij} = \frac{Z_{ij} - Z_{ijmin}}{Z_{ijmax} - Z_{ijmin}} + 0.01 \tag{9-1}$$

式中，Z_{ij} 表示第 i 个评价对象的第 j 个指标的原始数据，Z'_{ij} 表示标准化之后的数据，Z_{ijmax} 和 Z_{ijmin} 分别表示该项指标的最大值和最小值。

3. 指标权重确定

采取变异系数赋权法对各个指标进行赋权，其计算公式如下。

（1）茶产业和旅游业各项指标的平均值：

$$\overline{Z_j} = \frac{1}{m} \sum_{i=1}^{m} Z_{ij} \tag{9-2}$$

（2）茶产业和旅游业各项指标的标准差：

$$S_j = \sqrt{\frac{1}{m} \sum_{i=1}^{m} (Z_{ij} - \overline{Z_j})^2} \tag{9-3}$$

（3）茶产业和旅游业各项指标的变异系数：

$$v_j = \frac{S_j}{\overline{Z_j}} \tag{9-4}$$

（4）茶产业和旅游业各项指标的权重：

$$W_j = v_j / \sum_{j=1}^{n} v_j \tag{9-5}$$

4. 产业综合评价

构建产业综合评价函数，设 I_1 为茶产业综合评价函数，I_2 为旅游业综合评价函数，I_1 和 I_2 的计算公式分别为：

$$I_1 = \sum_{i=1}^{m} W_c Z'_{ij}$$
$$I_2 = \sum_{j=1}^{n} W_t Z'_{ij} \tag{9-6}$$

式中，W_c 和 W_t 分别代表茶产业和旅游业各项指标的权重，Z'_{ij} 代表各项指标标准化之后的值。

5. 耦合协调度模型

茶产业与旅游业融合互动的耦合协调度模型为：

$$K = \sqrt{\frac{I_1 I_2}{(I_1 + I_2)^2}}$$
$$T = \alpha I_1 + \beta I_2$$
$$D = \sqrt{T \times K} \tag{9-7}$$

式中，K 代表茶产业和旅游业的耦合度，T 代表茶产业和旅游业发展的综合评价指数，α 和 β 为待定系数。借鉴以往研究，将茶文化旅游发展过程中茶旅产业的贡献设为等同，因此对 α、β 均赋值为 0.5。D 为茶产业和旅游业的耦合协调，为了清晰反映系统间协调发展程度，参照以往研究成果，对茶产业与旅游业的耦合协调度等级进行划分（见表9-4）。

表9-4 耦合协调度评定标准

耦合协调度	耦合状态	耦合等级	耦合类型
0.00~0.09		极度失调	$T_1 > T_2$，茶产业占优型；$T_1 = T_2$，茶旅同步型；$T_1 < T_2$，旅游业占优型
0.10~0.19		严重失调	$T_1 > T_2$，茶产业占优型；$T_1 = T_2$，茶旅同步型；$T_1 < T_2$，旅游业占优型
0.20~0.29	负向耦合（失调发展状态）	中度失调	$T_1 > T_2$，茶产业占优型；$T_1 = T_2$，茶旅同步型；$T_1 < T_2$，旅游业占优型
0.30~0.39		轻度失调	$T_1 > T_2$，茶产业占优型；$T_1 = T_2$，茶旅同步型；$T_1 < T_2$，旅游业占优型
0.40~0.49		濒临失调	$T_1 > T_2$，茶产业占优型；$T_1 = T_2$，茶旅同步型；$T_1 < T_2$，旅游业占优型

续表

耦合协调度	耦合状态	耦合等级	耦合类型
0.50~0.59		勉强协调	$T_1>T_2$，茶产业占优型；$T_1=T_2$，茶旅同步型；$T_1<T_2$，旅游业占优型
0.60~0.69		初级协调	$T_1>T_2$，茶产业占优型；$T_1=T_2$，茶旅同步型；$T_1<T_2$，旅游业占优型
0.70~0.79	正向耦合（协调发展状态）	中级协调	$T_1>T_2$，茶产业占优型；$T_1=T_2$，茶旅同步型；$T_1<T_2$，旅游业占优型
0.80~0.89		良好协调	$T_1>T_2$，茶产业占优型；$T_1=T_2$，茶旅同步型；$T_1<T_2$，旅游业占优型
0.90~1.00		优质协调	$T_1>T_2$，茶产业占优型；$T_1=T_2$，茶旅同步型；$T_1<T_2$，旅游业占优型

注：T_1代表茶产业发展水平；T_2代表旅游业发展水平。

二 "万里茶道"中国段茶产业与旅游业耦合协调度分析

如图9-1所示，2000~2019年"万里茶道"中国段沿线9省区茶产业与旅游业耦合协调度较低，均值为0.36，表明"万里茶道"中国段茶产业与旅游业的融合互动水平整体上较低，处于轻度失调状态。从发展趋势上看，耦合协调度累计增长22.60%，表明茶产业与旅游业融合互动水平在提高。

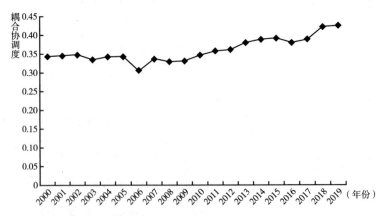

图9-1　2000~2019年"万里茶道"中国段茶产业
与旅游业耦合协调度变化

三 "万里茶道"中国段沿线地区茶产业与旅游业耦合协调度分析

（一）沿线地区茶产业与旅游业耦合协调度空间分布

2000~2019年，福建和湖北的耦合协调度均值分别为0.66和0.52，两地茶产业和旅游业处于初级协调和勉强协调状态。湖南、安徽和河南的耦合协调度均值分别为0.45、0.45和0.42，三省茶产业和旅游业处于濒临失调状态。江西的耦合协调度为0.30，其茶产业和旅游业处于轻度失调状态。河北、山西和内蒙古的耦合协调度均值分别为0.16、0.15、0.14，三省区茶产业和旅游业处于严重失调状态。

（二）沿线地区茶产业与旅游业耦合协调度的变动趋势

2000~2019年，除福建基本保持稳定外，其余地区茶产业和旅游业的耦合协调度均有所提升。其中，福建、河北的变动幅度较小，累计增长率分别为-3.91%和8.79%。江西、安徽、山西和湖南的变动幅度较大，累计增长率分别为44.14%、40.99%、33.44%和31.78%。

（三）沿线地区茶产业与旅游业耦合协调度类型

依据茶产业和旅游业综合发展水平指数，将沿线地区茶产业与旅游业的耦合协调度划分为三种类型，其中，福建、湖北属于茶产业占优型，即茶产业发展水平高于旅游业发展水平；河南、河北、山西、内蒙古属于旅游业占优型，即旅游业发展水平高于茶产业发展水平；安徽、江西和湖南属于茶旅优势转换型，三省茶产业与旅游业的发展水平对比分别于2013年、2014年和2018年出现转换，由茶产业占优型转变为旅游业占优型（见表9-5）。

表 9-5 2000~2019 年 "万里茶道" 中国段沿线地区茶产业与旅游业耦合协调度类型

年份	福建	江西	湖南	安徽	湖北	河南	河北	山西	内蒙古
2000	T_2 滞后	T_2 滞后	T_2 滞后	T_2 滞后	T_2 滞后	T_1 滞后	T_1 滞后	T_1 滞后	T_1 滞后
2001	T_2 滞后	T_2 滞后	T_2 滞后	T_2 滞后	T_2 滞后	T_1 滞后	T_1 滞后	T_1 滞后	T_1 滞后

续表

年份	福建	江西	湖南	安徽	湖北	河南	河北	山西	内蒙古
2002	T_2 滞后	T_2 滞后	T_2 滞后	T_2 滞后	T_2 滞后	T_1 滞后	T_1 滞后	T_1 滞后	T_1 滞后
2003	T_2 滞后	T_2 滞后	T_2 滞后	T_2 滞后	T_2 滞后	T_1 滞后	T_1 滞后	T_1 滞后	T_1 滞后
2004	T_2 滞后	T_2 滞后	T_2 滞后	T_2 滞后	T_2 滞后	T_1 滞后	T_1 滞后	T_1 滞后	T_1 滞后
2005	T_2 滞后	T_2 滞后	T_2 滞后	T_2 滞后	T_2 滞后	T_1 滞后	T_1 滞后	T_1 滞后	T_1 滞后
2006	T_2 滞后	T_2 滞后	T_2 滞后	T_2 滞后	T_2 滞后	T_1 滞后	T_1 滞后	T_1 滞后	T_1 滞后
2007	T_2 滞后	T_2 滞后	T_2 滞后	T_2 滞后	T_2 滞后	T_1 滞后	T_1 滞后	T_1 滞后	T_1 滞后
2008	T_2 滞后	T_2 滞后	T_2 滞后	T_2 滞后	T_2 滞后	T_1 滞后	T_1 滞后	T_1 滞后	T_1 滞后
2009	T_2 滞后	T_2 滞后	T_2 滞后	T_2 滞后	T_2 滞后	T_1 滞后	T_1 滞后	T_1 滞后	T_1 滞后
2010	T_2 滞后	T_2 滞后	T_2 滞后	T_2 滞后	T_2 滞后	T_1 滞后	T_1 滞后	T_1 滞后	T_1 滞后
2011	T_2 滞后	T_2 滞后	T_2 滞后	T_2 滞后	T_2 滞后	T_1 滞后	T_1 滞后	T_1 滞后	T_1 滞后
2012	T_2 滞后	T_2 滞后	T_2 滞后	T_2 滞后	T_2 滞后	T_1 滞后	T_1 滞后	T_1 滞后	T_1 滞后
2013	T_2 滞后	T_2 滞后	T_2 滞后	T_2 滞后	T_2 滞后	T_1 滞后	T_1 滞后	T_1 滞后	T_1 滞后
2014	T_2 滞后	T_1 滞后	T_1 滞后	T_1 滞后	T_1 滞后	T_1 滞后	T_1 滞后	T_1 滞后	T_1 滞后
2015	T_2 滞后	T_1 滞后	T_1 滞后	T_1 滞后	T_1 滞后	T_1 滞后	T_1 滞后	T_1 滞后	T_1 滞后
2016	T_2 滞后	T_1 滞后	T_1 滞后	T_1 滞后	T_1 滞后	T_1 滞后	T_1 滞后	T_1 滞后	T_1 滞后
2017	T_2 滞后	T_1 滞后	T_1 滞后	T_1 滞后	T_1 滞后	$T_1 = T_2$	T_1 滞后	T_1 滞后	T_1 滞后
2018	T_2 滞后	T_1 滞后	T_1 滞后	T_1 滞后	T_1 滞后	T_1 滞后	T_1 滞后	T_1 滞后	T_1 滞后
2019	$T_1 = T_2$	T_1 滞后	T_1 滞后	T_1 滞后	T_2 滞后	T_1 滞后	T_1 滞后	T_1 滞后	T_1 滞后

四　结论、讨论与对策建议

（一）结论

"万里茶道"不仅是一条跨越中蒙俄的茶叶贸易商道，也是一条遗产资源丰富、文化多元、潜力巨大的跨国线性文化旅游品牌。本章基于 2000～2019 年的省际面板数据，运用耦合协调度模型对"万里茶道"中国段沿线9 省区茶产业和旅游业融合互动水平及时空变化进行研究。研究结果表明：①"万里茶道"中国段茶产业与旅游业的耦合协调度整体上较低，处于轻度失调状态，说明区域内茶旅产业融合互动水平仍然较低；②"万里茶道"中国段整体茶旅融合互动水平在提升，沿线省区除福建基本保持稳定外，其余地区茶旅产业耦合协调度均有所提升；③沿线地区茶产业与旅游业耦合协调度表现出空间分异性，即福建和湖北分别处于初级协调和勉强协调状态，湖南、安徽和河南处于濒临失调状态，江西处于轻度失调状态，河北、山西和内蒙古均处于严重失调状态；④沿线地区茶产业与旅游业的耦合协调度表现为三种类型，即福建、湖北属于茶产业占优型，河南、河北、山西、内蒙古属于旅游业占优型，安徽、江西和湖南属于茶旅优势转换型。

（二）讨论

1. 茶产业和旅游业发展推动茶旅融合互动水平的提升

良好的产业基础是产业融合发展的先决条件。茶产业中的种植、生产、加工、销售、消费等多个环节蕴含着多样性的旅游吸引物，茶园、茶场、茶俗、茶器、茶文物和茶文化等形成了丰富的茶旅游资源。茶产业为旅游业发展提供旅游资源和生产要素，赋予了旅游业新的内涵和发展的新动能。旅游业为茶产业发展提供了新的需求支撑和发展导向，助推茶产业从第一、第二产业向第三产业转型升级。茶产业和旅游业的共同发展推动了茶旅融合互动水平的提升。

2. 茶产业发展不均衡是导致沿线地区茶旅融合空间分异的主要因素

"万里茶道"中国段沿线地区的茶叶种植、生产以及消费等环节发展不均衡。其中，"万里茶道"中国段南部地区，如福建、湖北、湖南等地，在传统茶路中发挥着原料产地、生产加工地等重要作用，使这些地区具备了较好的茶产业基础和产业资源。而北部地区在传统茶道中主要发挥途经地、物流中转地等作用，使其价值主要体现在消费环节，茶产业基础较为薄弱。根据各地茶产业发展水平，各省区从高到低排序依次为福建、湖北、湖南、安徽、河南、江西、河北、山西和内蒙古，这与沿线地区茶产业与旅游业耦合协调度空间分布相一致，可见茶产业发展状况是导致沿线地区茶旅融合空间分异的主要因素。

3. 旅游业发展是推动江西茶旅优势转换的重要力量

江西的茶叶品种较多，绿茶、青茶、红茶、黑茶、黄茶、白茶等茶种均有产出，其中绿茶占比较高，达到77.63%。然而，江西的茶产业优势并不突出，茶园面积、茶叶产量和茶业产值等指标在沿线地区中均居福建、湖北、湖南、安徽之后。江西的旅游资源丰富，拥有庐山、三清山、井冈山、婺源等国内外知名旅游目的地，年度旅游收入在"万里茶道"沿线地区中列第 2 位。旅游业发展改变了江西茶产业和旅游业发展水平的力量对比，使江西的耦合协调度类型在 2014 年及之后从茶产业占优型转为旅游业占优型。

4. 茶产业滞后是"万里茶道"中国段北部地区茶旅失衡发展的主要原因

由于地形地貌、温度、日照强度以及降水量等自然条件的限制，"万里茶道"中国段北部地区茶叶的种植规模较小，茶产业发展相对滞后。其中，河南出产茶叶品种有限，以绿茶为主。山西茶叶产量极少，河北和内蒙古的茶叶产量几乎为零。茶产业的滞后导致这些地区在茶的种植、生产、加工等诸多环节难以与旅游业形成融合发展，缺乏融合互动的氛围和环境，这是导致"万里茶道"中国段北部地区茶旅失衡发展的主要原因。

（三）对策建议

1. 夯实茶旅融合的产业基础

在茶产业方面，"万里茶道"沿线地区应依托茶文化遗产资源及产业优势，充分挖掘特色茶叶及茶产品的经济、社会和文化价值，统筹发展茶文化、茶产业、茶科技，鼓励建设绿色有机生态茶园基地和智慧茶园，支持茶产业链建设，推动茶产业高质量发展。各地区应深度挖掘茶文化内涵，推进茶叶种植、生产、加工、销售、消费等环节与食、住、行、游、购、娱等旅游要素的渗透融合，开发集茶园观光、茶叶制作、茗茶品鉴、茶艺展示、茶食体验、茶文化演艺等于一体的旅游项目和产品，引领茶产业与旅游业在全产业链上深度融合互动。在旅游业方面，应以"旅游+"战略为抓手，系统梳理"万里茶道"中国段的遗址遗迹和旅游资源，深度挖掘沿线省区茶园、茶场、码头、古镇、商号、驿站等遗址遗迹的茶文化内涵，构建"万里茶道"中国段茶文化旅游的核心产品和目的地，为"万里茶道"国际旅游品牌建设提供可靠的资源支持和产品支撑。

2. 明确"万里茶道"中国段各省区茶文化旅游的发展方向

结合各地在传统"万里茶道"茶叶贸易中的作用以及茶旅融合的表现，确定各省区茶文化旅游的发展方向。福建应立足"万里茶道"起点的区位和资源优势，挖掘星村、下梅、赤石三大茶市的旅游资源，利用好茶埠码头、商号遗存、茶坊、客栈、茶俗风情等方面遗址遗迹资源。江西应依托九江、铅山等地集散和转运枢纽的作用，加强对产区、商贸以及交通遗产的开发和保护。安徽应充分挖掘黄山市以及祁门县的茶文化旅游资源，开发茶园参观、茶文化体验、徽州美食、古村落和古建筑游览等项目和产品，展现"万里茶道"安徽段的独特魅力。湖南应发挥货源地和生产中心的作用，利用好茶亭、茶厂、茶行、茶器、茶具等大量可移动文物和黑茶制作技艺等非物质文化遗产，充分发掘湖南段"从马背到船舱"的特色。湖北应充分发挥"万里茶道"中心枢纽的作用，加强对汉口、羊楼洞、渔洋关等茶道重要节点的旅游资源开发，利用好"东方茶港""砖茶之乡"等品牌资源。河南应立足于水陆码头中转站的定位，以南阳社旗赊店古镇为中心，加强对航道、码头、桥梁、街道、会馆、商号等茶文化遗址遗迹的开发。山西应依托"万里茶道"策源地和茶商之都的定位，深入挖掘茶道沿线晋城、晋中、太原等地茶文化旅游资源，凸显晋商文化在"万里茶道"中的重要作用。河北应凭借张家口"万里茶道"东口和重要集散地的区位条件，加强对"张库大道"河北段遗址遗迹和旅游资源的保护和开发。内蒙古应依托呼和浩特、二连浩特等重要节点城市，利用区位和资源的比较优势，发挥"万里茶道"前沿和桥头堡的作用，加强与蒙古国和俄罗斯的合作，发展跨境旅游产品。

3. 发挥各省区比较优势，推动茶旅融合和茶文化旅游发展

依据各省区茶旅产业耦合协调度的测量结果，将"万里茶道"沿线省区划分为四种类型：①核心区域，即茶旅产业发展水平高且协调发展的区域，包括福建、湖北；②重点区域，茶旅产业发展较好，但濒临失调的区域，包括湖南、安徽、河南；③一般区域，即茶旅产业发展一般且轻度失调的区域，包括江西；④补充区域，即基本无茶叶产出，旅游业发展相对滞后，茶旅严重失调的区域，包括河北、山西、内蒙古。对于有茶叶产出

的核心区域、重点区域和一般区域，应致力于将茶的种植、生产、加工、销售、流通等各个环节与旅游业形成全产业链融合，打造系统化的茶文化旅游产品。对于基本无茶叶产出的补充区域，应着力于在消费、服务等产业链个别环节实现茶旅融合，发挥这些地区在资源禀赋、区位条件等方面的比较优势，共同推动茶旅融合以及"万里茶道"国际旅游品牌的建设。

第十章 "万里茶道"国际旅游品牌 体系构成和发展策略

　　自 2013 年 3 月习近平主席发表《顺应时代前进潮流　促进世界和平发展》的演讲以来,"万里茶道"作为联通中俄的"世纪动脉",在全社会日益得到关注与重视。2015 年 10 月,"万里茶道"沿线 28 个节点城市在铅山会议上就《"万里茶道"沿线城市旅游合作协议》达成共识,致力于将"万里茶道"打造成中俄蒙黄金旅游线路和国际旅游品牌。2016 年,"万里茶道"被国家旅游局确定为中国十大国际旅游品牌之一。然而,作为跨国文化遗产线路,"万里茶道"国际旅游品牌在建设过程中仍面临空间跨度大、利益主体多元、自然和文化景观变化多样、品牌形象严重分割等不同于一般旅游品牌的诸多问题,如何依托沿线国家和地区的自然、生态和人文旅游资源,挖掘区域文化内涵,提升"万里茶道"国际旅游品牌的知名度和影响力成为亟待解决的现实问题。本章在分析"万里茶道"国际旅游品牌构建基底的基础上,构建了"万里茶道"国际旅游品牌体系矩阵,并探讨了"万里茶道"国际旅游品牌体系的建设策略,对"万里茶道"国际旅游品牌建设具有一定的借鉴意义。

第一节 "万里茶道"国际旅游品牌的构建基底

　　"万里茶道"国际旅游品牌建设充分挖掘利用沿线地区的物质文化遗产、非物质文化遗产、文旅资源、人文风情、社会风貌和精神要素,明确品牌构建的指导思想、构建原则和主要抓手，为"万里茶道"国际旅游品牌构建奠定基础。

一 "万里茶道"国际旅游品牌的构成要素

品牌是除资本、技术、劳动和企业家以外推动企业和地方经济社会发展的重要生产要素，也是一种新兴的发展资源（侯兵、张慧，2019）。参考英国社会人类学家马林诺夫斯基提出的"文化三因子"理论，结合"万里茶道"的特点，尝试从物质要素、社会要素和精神要素三个层面剖析"万里茶道"国际旅游品牌的构成要素（见图10-1）。

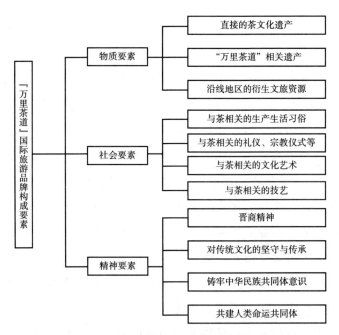

图 10-1 "万里茶道"国际旅游品牌构成要素

（一）物质要素

物质要素是"万里茶道"品牌建设的重要载体和依托，主要由三个方面的物质载体构成：①直接的茶文化遗产，主要包括古茶园、古村落等茶源地遗产，茶场、茶仓、工具等生产加工类遗产，茶行、茶庄、票号、街区等商贸类遗产，题刻、碑刻、摩崖石刻、标志性建筑、墓葬等纪念类遗产,以及茶样、票据、茶章、账簿、合同、公文、手册、日记、档案文献等可移动文物(黄柏权、巩家楠,2021);②"万里茶道"相关遗产,主要包括古茶道、关口、码头、车站、驿站、风雨桥等交通类遗产,客栈、山西会馆、骡马店、票号、镖局等服务类遗产,祠堂、关帝庙、教堂、召庙等祭祀类遗产;③沿线地区的衍生文旅资源,主要由"万里茶道"沿线地区的文旅资源构成,对"万里茶道"遗产廊道旅游起到补充作用,也是构建"万里茶道"国际旅游品牌的重要组成部分。物质要素是由"万里茶道"多元功能催生出的实体景观,属于显性的文化遗产资源,是支撑"万里茶道"国际旅游品牌的核心要素。

(二)社会要素

社会要素体现在"万里茶道"沿线地区与茶相关的人文风情和社会风貌,包括丰富多样的非物质文化表现形式,如茶叶生产、运输、交易过程中形成的生产生活习俗,与茶相关的礼仪、宗教仪式、同业同乡聚会、节日庆典等活动,与茶相关的语言、文学、音乐、舞蹈、戏剧、美术等文化艺术,与茶相关的品种选择、种植管理、采摘制作等技艺。

(三)精神要素

精神要素主要指"万里茶道"在建设和发展历程中所表现出的人文精神及其对现代社会的重要启示和价值体现,主要由四个部分构成。一是"万里茶道"建设过程中形成的诚实守信、开拓进取、和衷共济、务实经营、经世济民的晋商精神,这是留给后世丰厚的精神给养。二是在采茶、制茶、售茶等环节,"万里茶道"沿线地区形成的对传统文化坚守与传承的精神特质和价值追求。三是"万里茶道"以茶为媒,将汉族与畲族、瑶族、土家族、蒙古族等少数民族连接在一起实现价值。"万里茶道"将中国南方茶区的茶叶运送到北方,增进了各民族的了解和互信,实现了各民族的团结和发展,使茶叶成为南北方各民族交往交流交融的重要媒介。"万里茶道"的形成和变迁展现了中华文化多元一体的文化脉络,是铸牢中华民族共同体意识直观的实证案例。四是"万里茶道"扮演着联通欧亚大陆文化使者的角色,成为中国与俄罗斯、中亚等国家和地区进行交流的桥梁,是共建人类命运共同体的典型实践。

二 指导思想

2013 年 3 月，习近平主席在莫斯科国际关系学院发表《顺应时代前进潮流 促进世界和平发展》的重要演讲，提出"万里茶道"作为明清时期中俄之间主要的贸易通道，是联通中俄两国的"世纪动脉"。"一带一路"倡议提出后，赋予了"万里茶道"研究和重走中俄"万里茶道"新的时代内涵和使命，也使其成为"丝绸之路经济带"蓝图的重要组成部分。"万里茶道"国际旅游品牌建设应以习近平新时代中国特色社会主义思想为指导，遵循《推动共建丝绸之路经济带和 21 世纪海上丝绸之路的愿景与行动》《建设中蒙俄经济走廊规划纲要》等要求，以线性文化遗产保护、旅游产业生态化为宗旨，坚持系统化思维，协同推进"万里茶道"文化旅游品牌建设和资源保护。"万里茶道"品牌打造和建设应坚持品牌引领，提升影响力；坚持资源整合，申遗与品牌打造双驱动；坚持弘扬"万里茶道"沿线地区优秀传统文化，发挥沿线地区的资源和产业优势。由此推动"万里茶道"复兴，使"万里茶道"国际旅游品牌走向全球。

三 构建原则

"万里茶道"国际旅游品牌建设应遵循"系统规划、优势互补、相互协作、协同推进、共商共治、共建共享"的理念，从系统性、创新性、生态性、文旅融合、可持续发展等方面确立"万里茶道"国际旅游品牌的建设宗旨，具体应遵循如下原则。

第一，坚持生态优先、绿色发展原则。加强"万里茶道"沿线地区，尤其是生产路段的生态环境和资源保护，依托茶园、茶场、古道等资源，开发生态旅游产品和项目，推动沿线地区旅游产业生态化。第二，坚持以文塑旅、以旅彰文的原则。加强"万里茶道"沿线地区物质文化遗产保护，通过沿线地区的旅游业发展推动与茶相关的非物质文化遗产的活态传承，使"万里茶道"沿线的遗产资源和文化资源得以复兴。第三，坚持廊道支撑、协同发展原则。加强"万里茶道"沿线地区旅游基础设施建设，推进廊道沿线地区的互联互通，促进生产要素合理流动（张玉蓉、樊信友，

2020),提升"万里茶道"的一体化水平。第四,坚持"三茶"统筹发展的原则。做好"万里茶道"中国段茶文化、茶产业、茶科技等相关工作,全面推进"万里茶道"申遗、茶旅融合、智慧茶产业发展,促进"三茶"协同发展。第五,坚持重点发展、优势互补原则。推进"万里茶道"沿线地区的遗产资源普查,明确沿线地区的定位和作用,以"万里茶道"中国段为主轴,以武汉、南平、益阳、晋中、呼和浩特、乌兰巴托、莫斯科、圣彼得堡等节点城市为核心,打造廊道旅游发展平台,培育廊道旅游精品项目。

四　主要抓手

第一,明确"万里茶道"国际旅游品牌构建的基础条件。"万里茶道"从武夷山、安化、羊楼洞等茶源地出发,跨越中国稻作文化、农耕文化、游牧文化等文化区域,并延伸到西伯利亚和欧洲地区,是明清时期连接中俄之间的主要贸易通道,也是促进东西方文明交融互鉴的主要渠道和平台(倪玉平、崔思朋,2021)。"万里茶道"沿线地区,尤其是"中国段"遗留了数量巨大、种类繁多的与茶叶贸易相关的遗址遗迹、可移动文物、非物质文化遗产等文化旅游资源。在"万里茶道"国际旅游品牌建设过程中,应当对"万里茶道"的发展脉络及体系进行系统梳理,对沿线地区的文物、遗产和旅游资源进行普查分类,对支撑旅游品牌体系的物质文化遗产、非物质文化遗产、旅游资源等进行综合分析,在此基础上,确定"万里茶道"品牌体系的主题、范畴、构成要素,为"万里茶道"国际旅游品牌的构建奠定基础。

第二,剖析"万里茶道"国际旅游品牌建设和发展的影响因素。作为一条远距离跨国文化遗产廊道,"万里茶道"的文化旅游发展受到诸多因素的影响,推动因素包括"一带一路"倡议、"万里茶道"联合申遗、中蒙俄经济走廊建设等;阻碍因素表现为文化差异、中蒙俄发展不平衡等问题。"万里茶道"的文化旅游发展应充分地分析供给、需求、环境和政策等方面的影响因素,为"万里茶道"的旅游发展和品牌建设提供有力支撑。

第三,揭示"万里茶道"国际旅游品牌构建的关键问题。"万里茶道"

建设中应坚持问题导向和系统化思维,从遗产资源普查、联合申遗、旅游要素体系完善、空间结构优化、旅游品牌塑造等方面,深入分析"万里茶道"国际旅游品牌构建亟须解决的关键问题。此外,应进一步发挥政府在联合申遗、政策制定等方面的主导作用,充分利用茶叶类生产销售企业、旅游企业、高校、研究机构、非政府组织以及公众等群体的参与作用,加强中蒙俄三国的协调互动,实现"万里茶道"国际旅游品牌的综合发展目标。

第四,着力推动"万里茶道"联合申遗。习近平总书记指出"申遗是为了更好地保护利用,要总结成功经验,借鉴国际理念,健全长效机制,把老祖宗留下的文化遗产精心守护好,让历史文脉更好地传承下去"(姜潇等,2022);"申报世界文化遗产工作要统筹安排,申报项目要有利于突出中华文明历史文化价值,有利于体现中华民族精神追求,有利于向世人展示全面真实的古代中国和现代中国"(罗晓群,2020)。"万里茶道"的资源构成和多元价值完全符合习近平总书记提出的申遗相关要求。在申遗过程中,应加强沿线可移动文物的征集、保护、展示、利用,推动各遗产地建立展览展示平台,利用展览展示为"万里茶道"申遗营造良好的宣传氛围。同时,应交流申遗工作经验,展示、保护、利用成果,加强关于"万里茶道"申遗的学术交流和研讨。

第五,发挥节点地区的极核驱动作用。武汉、洛阳、乌兰巴托、莫斯科、圣彼得堡等地是"万里茶道"沿线的重要节点和枢纽,城市综合环境好,旅游发展综合水平较高,对中蒙俄各自区域的旅游发展具有重要的示范引领作用。在"万里茶道"国际旅游品牌建设过程中,应充分发挥节点城市的极核驱动作用,发挥其他城市的比较优势,推动"万里茶道"沿线各地旅游产业协调发展和品牌影响力的提升。

第二节 "万里茶道"国际旅游品牌体系的构成

"万里茶道"国际旅游品牌的建设应以沿线地区的遗产资源为依托,以茶叶贸易的生产、流通、集散、消费空间为廊道,以沿线地区的景观景点作为旅游产品,将"万里茶道"打造成集茶文化、茶景观、晋商文化、民族风情、传奇故事和异国风情等旅游吸引物于一体的旅游品牌体系。根据"万里茶道"国际旅游品牌的构成要素和"食、住、行、游、购、娱"旅游的六要素,并结合沿线地区的旅游吸引物分布情况,构建"万里茶道"国际旅游品牌体系矩阵,具体构成如表10-1所示。

一 "万里茶道"旅游餐饮品牌

餐饮产品不仅是旅游"六要素"中"食"的主要体现,也是游客获得地方感的重要载体。"万里茶道"旅游餐饮品牌建设应充分利用沿线地区的茶文化资源和美食旅游资源,围绕茶馆、茶食、茶餐、茶宴等业态推动旅游品牌打造。

(一)武夷茶宴

武夷茶宴就地取材,以茶入菜,巧妙地将武夷茶与闽北山珍特产融合,体现出"清、简、和、俭"的茶文化精髓和理念。武夷茶宴由20余味菜品、10余种糕点组成,用料考究,制作精美,于2023年10月被列入南平市第十批市级非物质文化遗产代表性项目,并于同年11月正式列入中餐特色宴席名录。武夷茶宴是全面展示武夷山茶文化的特色宴馔景观,可依托该资源打造"万里茶道"武夷山段特色旅游餐饮品牌。

(二)格日勒阿妈奶茶馆

蒙古族饮茶习俗是流传于内蒙古各地,以砖茶和牛奶为主要原料,配有炒米、手把肉、果条、牛肉干、黄油、奶嚼口等茶餐的一种饮茶习俗,具有相对广泛的群众基础。对蒙古族而言,甚至有"宁可一日无食,不可一日无茶"的生活习惯。格日勒阿妈奶茶馆位于内蒙古呼和浩特,是一家以蒙古奶茶和蒙餐为主要产品的民族特色连锁餐厅。格日勒阿妈奶茶馆依据蒙古奶茶的制作传统,经过"泡、熬、扬、澄、炒、兑、烧"7道工序完成奶茶的熬制,以保证纯正口感。餐厅经营者通过食品、服务、装饰、建筑、语言以及氛围等各种民族符码,实现了蒙古族饮茶习俗的原真性展现,使格日勒阿妈奶茶馆成为颇受本地居民和外地游客喜爱的民族特色餐厅和

表10-1 "万里茶道"国际旅游品牌体系矩阵

要素	按品牌构成要素分类	物质要素			社会要素				精神要素			
		直接的茶文化遗产	"万里茶道"相关遗产	沿线地区的衍生文旅资源	与茶相关的生产生活习俗	与茶相关的礼仪宗教仪式等	与茶相关的文化艺术	与茶相关的技艺	晋商精神	对传统文化的坚守与传承	筑牢中华民族共同体意识	共建人类命运共同体
食	旅游餐饮品牌	武夷山大众茶馆、仰贤楼、楚韵茶馆、千江月茶楼、茶与禅等			武夷山茶宴、云上茶文化体验馆等					格日勒阿妈奶茶馆		舍一茶事茶馆等
住	旅游住宿品牌	悦武夷茶生活美学酒店、安化云茶大酒店等			武夷山茶民宿	茶言精舍、嘉叶山舍、茶悦山居民宿、武夷山茶兰茶文化体验基地等				呼和浩特舍一茶事客栈等		
行	旅游交通品牌		铁路："万里茶道"欧亚大铁路旅游品牌；公路：穿行欧亚之旅；航空：武汉-莫斯科"万里茶道"旅游专线		跟着名茶去旅游：茶文化自驾旅游				蒙古纵贯铁路之旅、西伯利亚大铁路之旅			
游	旅游吸引物品牌		目的地品牌："万里茶道"旅游、茶园之旅、古镇之旅、古道之旅、古街之旅、博物馆之旅、古城之旅等	贝加尔湖之旅、世界自然遗产之旅、亚欧分界线之旅、世界文化遗产之旅、红色文化之旅、晋商文化之旅等	中国青砖茶博物馆、中国黑茶博物馆等		中国茶叶博物馆、川字茶博物馆、祁红博物馆等			历史文化街区：大召-大盛魁历史文化街区、忻州古城文化旅游休闲生活街区等		博物馆：伊林驿站博物馆、乌兰乌德茶商博物馆、乌兰乌德历史博物馆、布里亚特博物馆、洛阳山陕会馆、多伦山西会馆等
购	旅游购物品牌	婺源绿茶、宁红茶、安化黑茶、祁门红茶、政和白茶、庐山云雾茶等			建盏建瓷、蔚县青砂器等			寿阳茶庄、安化天尖茶、茶师傅绿茶等		乾和祥茶庄、寿阳茶食、宁武县毛健茶、长盛川青砖茶、塔拉·额吉奶茶等		
娱	旅游娱乐品牌	《印象大红袍》《黑茶印象》《鹤峰四道茶》等旅游演艺					武宁采茶戏、瑞昌采茶戏、九江采茶戏、通山采茶戏等			《印象平遥》《茶道陀铃》旅游演艺等		

表征传统蒙古族茶文化的名片。内蒙古应依托格日勒阿妈奶茶馆等品牌蒙餐企业,将蒙式奶茶打造成"万里茶道"内蒙古段的特色旅游餐饮品牌。

(三)安化擂茶

安化擂茶以大米为主要原料,加入花生、芝麻、绿豆、盐、糖、山苍子、生姜等食材,辅以安化黑茶,放进陶制土钵(又叫擂钵),用油茶树干或山苍子树干制成的圆头木棒(又叫擂棒),加少许水细细地研碎制成。安化擂茶不仅仅是一种饮品,更是一种有着丰富文化内涵的民俗现象,体现了安化人民热情好客、勤劳善良和持家兴业的智慧和才情,也是益阳市非物质文化遗产美食。湖南应依托安化擂茶饮食习俗,支持"茶与擂"等地方品牌发展,将安化擂茶建设成"万里茶道"湖南段的特色旅游餐饮品牌。

二 "万里茶道"旅游住宿品牌

住宿产品不仅具有功能价值,也具有文化价值和体验价值。打造"万里茶道"茶文化主题住宿品牌,对于深化游客对不同地区的旅游体验、完善"万里茶道"国际旅游品牌体系同样至关重要。

(一)"万里茶道"主题酒店品牌

主题酒店是以某种自然资源或文化资源为主题,通过住宿、餐饮、设施等产品构建的一种酒店类型,具有地方性、主体化、个性化等特征,是储存地方记忆、彰显地方特征的重要载体,也是一种新兴旅游吸引物。"万里茶道"沿线地区应围绕各自的资源特点,打造具有本地特色的主题酒店品牌,推动"万里茶道"国际旅游品牌体系的不断完善。

1. 悦武夷茶生活美学酒店

悦武夷茶生活美学酒店处于武夷山度假区主干道,面向大王峰、背靠树林,是武夷山度假区绝无仅有的庭院式空间,酒店设计体现了"隐和岩茶"的气质和极简主义相结合的风格。酒店建筑面积约 8200 平方米,公共区域园林面积 7000 多平方米,客房部分分为隐楼、俭楼、禅楼、德楼、和楼、静楼 6 栋楼,每栋 3 层,共有 12 种房型 126 间客房。此外,酒店设有 3 个东方禅意的院落,分别为石院、水院和竹院。游客在悦武夷可以进行茶点、陶艺制作，或者穿上茶服，对功夫茶、抹茶、冷泡茶、煮茶、快泡茶等进行品鉴，还可定制茶旅服务、茶席设计、茶道和茶会等主题产品。悦武夷茶生活美学酒店通过对"隐和岩茶"气质的提炼和创新，结合武夷山天然元素，营造出一处具有武夷山茶文化特色的东方美学庭院空间。

2. 舍一茶事客栈

舍一茶事客栈位于呼和浩特大召-大盛魁历史文化街区，与大召、观音庙、五塔寺、塞上老街等文化景观毗邻，是以晋商文化、茶文化为核心内涵的主题酒店。舍一茶事客栈包含传统与现代相融合的茶书院、移步异景的茶文化主题客房，如庭院房、独修房、蒙式房、品茗房等，注重"禅茶一味""天人合一""舍与得"的内涵融入，是呼和浩特地区集中展现"万里茶道"文化和塞外民族融合、文化融合的主题客栈。

（二）"万里茶道"主题民宿品牌

民宿作为一种新兴的住宿业态，具有地方性、文化性、小众性等特征，也是"万里茶道"住宿品牌建设不可忽视的一个发展方向。各地可参照如下民宿品牌推动各自的品牌建设。

1. 茶言精舍

茶言精舍位于武夷山风景名胜区南星公路西侧，粉墙黛瓦，短檐长窗，与武夷山丹山碧水相互辉映，是以武夷山茶文化为主题的文化养生地和主题民宿。茶言精舍设有国学讲堂、古琴教学、书画怡情、茶道研习、吃茶养生等项目，配套茶叶品种园、大红袍手工制作中心及专业茶教室，提供体验式采茶、制茶和冲茶技艺等多种茶修项目，是行业界美誉度极高的专业茶修机构和茶文化主题民宿。

2. 嘉叶山舍

嘉叶山舍坐落于武夷山风景名胜区内福莲生态茶庄园，邻近南源岭村、前兰村，周围环境清幽舒适。山舍依山而建，独特的建筑风格与自然环境相得益彰，层叠红瓦、素雅白墙，吸纳武夷山传统建筑精华，形成了其独具武夷山风格的现代新中式建筑特色。山舍设有自有茶园形成的茶山漫游道和非物质文化遗产制茶体验中心。山舍精选当地新鲜时令蔬果，并以茶入膳，使游客可感受武夷山的青山绿水、美食佳肴，自我身心得到由内而外的净化与放松。

三 "万里茶道"旅游交通品牌

随着旅游业的发展，旅游交通不再局限于客源地与目的地之间的通道功能，转而成为一种新的旅游吸引物和旅游载体。尤其对于"万里茶道"而言，长距离、跨国、多元化景观等特质也为打造"万里茶道"旅游交通品牌提供了契机。

（一）"万里茶道"欧亚大铁路旅游品牌

北京—莫斯科（K3/K4）列车线路途经城市与"万里茶道"节点城镇存在高度重合，因此，可依托 K3/K4 国际列车线路打造"万里茶道"欧亚大铁路旅游品牌，以铁路为轴线串联起"万里茶道"节点市镇和旅游资源，为"万里茶道"国际旅游品牌建设提供支撑框架。同时，加强沿线铁路基础设施建设，提升铁路电气化水平，推动中蒙俄铁路基础设施互联互通，为"万里茶道"欧亚大铁路旅游品牌建设奠定基础。此外，也可依托蒙古纵贯铁路（乌兰乌德—苏赫巴托尔）、西伯利亚大铁路〔符拉迪沃斯托克（海参崴）—莫斯科〕打造"万里茶道"铁路旅游的子品牌。

（二）穿行欧亚跨国自驾旅游品牌

依托"万里茶道"贸易线路，以客源地为起点，通过内蒙古进入蒙古国，沿东戈壁省、中央省、乌兰巴托市、色楞格省等地，而后经俄罗斯布里亚特共和国、伊尔库茨克、新西伯利亚、叶卡捷琳堡等地抵达莫斯科和圣彼得堡，打造穿行欧亚跨国自驾旅游品牌，使旅游者享受跨国自驾、穿越中蒙俄的乐趣。

（三）武汉—莫斯科"万里茶道"航空旅游品牌

根据"万里茶道"沿线地区旅游资源分布和产业发展情况，依托武汉、洛阳、太原、呼和浩特、乌兰巴托、伊尔库茨克、莫斯科、圣彼得堡等节点城市，增加"万里茶道"全线或支线航空产品，打造武汉（洛阳、太原、呼和浩特）—莫斯科"万里茶道"航空旅游品牌，提升"万里茶道"的可进入性。

（四）跟着茗茶去旅游："万里茶道"茶文化自驾旅游品牌

"万里茶道"沿线地区产出茶产品类型多样，包括武夷岩茶、政和白茶、婺源绿茶、安化黑茶、祁门红茶、赵李桥青砖茶、君山银针（黄茶）、安化擂茶、山西药茶、蒙古奶茶、俄罗斯拼配茶、花果茶和药草茶等不同类型，可依据"万里茶道"沿线地区的茶叶类资源，打造"万里茶道"茶文化自驾旅游品牌。

四 "万里茶道"旅游吸引物品牌

"游"是旅游活动的中心，也是"万里茶道"国际旅游品牌体系的核心和落脚点。根据游客旅游活动的特点，"万里茶道"旅游吸引物品牌可分为旅游目的地品牌和旅游线路品牌两部分，具体表现为以下几个方面。

（一）旅游目的地品牌

根据"万里茶道"沿线地区的遗产资源和文化旅游资源，重点打造以下旅游目的地品牌。

1. "万里茶道"茶园之旅

依托武夷山茶园、安化茶园、鹤峰茶园、五峰茶园、思口镇茶园等"万里茶道"茶源地古茶园等资源，打造"万里茶道"茶园旅游品牌，展现"万里茶道"不同时期茶源地的构成和风貌。

2. "万里茶道"古镇之旅

围绕"万里茶道"沿线地区的古镇和古村落，如下梅、安化、赵李桥、羊楼洞古镇、河口古镇、唐家观古镇、半扎古镇、赊店古镇、莫尼山非遗小镇、仲景养生小镇、安化黄沙坪黑茶小镇，打造"万里茶道"古镇旅游品牌，刻画"万里茶道"对人口集聚和城镇化产生的影响。

3. "万里茶道"古道之旅

依托"万里茶道"沿线地区的茶路古道，如五峰古茶道汉阳桥段、鹤峰古茶道南村段、闽赣古驿道分水关段、徽饶古驿道婺源浙岭段、乌兰乌德至伊尔库茨克的历史古茶道等线路，打造"万里茶道"古道旅游品牌。通过对古道的考察和研学，旅游者能体会到"万里茶道"建设的艰辛。

4. "万里茶道"古街之旅

利用河口镇明清古街、祁县晋商老街、忻州古城文旅休闲生活街区、包头金街、塞上老街、大盛魁文创园、列宁大街茶商老宅、原乌兰乌德茶叶市场步行街、伊尔库茨克乌利茨基街（茶叶街）等历史文化街区旅游资源，打造"万里茶道"古街旅游品牌。

5. "万里茶道"会馆之旅

借助潞泽会馆、洛阳山陕会馆、多伦山西会馆等会馆文化资源，打造"万里茶道"晋商会馆旅游品牌，通过会馆这一载体向公众呈现晋商文化的丰富内涵。

6. "万里茶道"博物馆之旅

依托中华武夷茶博园、中国青砖茶博物馆、中国黑茶博物馆、祁红博物馆、张库大道主题博物馆、洛阳"万里茶道"博物馆、伊林驿站博物馆、乌兰乌德历史博物馆、布里亚特博物馆、伊尔库茨克茶博物馆、巴布什金博物馆以及冬宫等"万里茶道"沿线地区与茶文化相关的博物馆资源，构建"万里茶道"博物馆旅游联盟，打造"万里茶道"博物馆旅游品牌。

7. "万里茶道"古城之旅

围绕祁县昭馀古城、鸡鸣驿城、宣化古城史迹等古城及相关文旅资源，打造"万里茶道"古城旅游品牌，展示中国茶文化悠久的历史、深厚的内涵，讲述"万里茶道"对古城建设和发展的影响。

（二）旅游线路品牌

根据"万里茶道"沿线地区的资源特点，设计以下旅游线路品牌。

1. 跟着文物去旅行："万里茶道"文物主题游径品牌

文物主题游径是以不可移动文物为主干，以特定主题为主线，有机关联、串珠成链，集中展示历史文化遗产的旅游线路。"万里茶道"沿线地区遗产和文物资源丰富，具有众多的博物馆和各级文物保护单位，具备打造主题游径品牌的先天优势和资源基础。建设"万里茶道"文物主题游径，有利于"万里茶道"沿线地区的文物保护与利用，使陈列在广阔大地上的遗产更好地活起来。

（1）福建："万里茶道"起点主题游径。依托福建省武夷山市下梅村（万里茶道第一村）、武夷古茶园、闽赣古驿道分水关段、武夷天游九曲茶事题刻等遗产点，构建"万里茶道"起点主题游径。

（2）江西："万里茶道"第一关主题游径。依托江西省河口镇明清古街、徽饶古驿道婺源浙岭段、九江姑塘海关旧址、思口镇龙腾村及茶园，构建"万里茶道"第一关主题游径。

（3）安徽："万里茶道"祁遇记。依托黄山桃源村古茶号遗存、平里茶叶改良场、茶商故居——洪家大屋等遗产点，打造黄山祁门红茶文物主题游径，追忆安徽籍茶界大师们推动中国制茶业发展的艰辛往事，感受徽商茶人在"万里茶道"发展过程中百折不挠的奋斗精神。

（4）湖北："东方茶港"主题游径。依托汉口俄商近代建筑群、大智门火车站、江汉关大楼、襄阳码头及会馆、五峰古茶道汉阳桥段、赤壁羊楼洞古镇（万里茶道第一镇）、鹤峰古茶道南村段等遗产点，构建"东方茶港"主题游径。

（5）湖南："黑茶之乡"主题游径。依托安化茶厂早期建筑群、大矶头遗址、渠江大安村及茶园、唐家观古镇、鹞子尖古道、益阳三台塔、永锡桥、缘奇桥等遗产点，构建"黑茶之乡"主题游径。

（6）河南："万里茶道"转运地主题游径。依托半扎古镇、潞泽会馆、洛阳关林、洛阳山陕会馆、南阳府衙、赊店古镇、太行陉等遗产点，构建"万里茶道"转运地主题游径。

（7）山西："万里茶道"策源地主题游径。依托山西曹家大院、常家庄园、得胜口古堡群、祁县晋商老街、杀虎口、太行陉、太原大关帝庙、雁门关、中村潞商建筑群等遗产点，构建"万里茶道"策源地主题游径。

（8）河北："张库大道"起点主题游径。张库大道是指从张家口至库伦的贸易线路，全长约1400公里，是草原丝路和"万里茶道"的重要组成部分。依托河北省察哈尔都统署旧址、大境门、鸡鸣驿城、宣化古城史迹、张家口堡等遗产点，构建"张库大道"起点主题游径。

（9）内蒙古："万里茶道"桥头堡主题游径。依托大召、呼市清真大寺、贝子庙、多伦山西会馆、汇宗寺、伊林驿站遗址等遗产点，构建"万里茶道"桥头堡主题游径。

2. "万里茶道"世界文化遗产之旅

依托福建客家土楼、厦门鼓浪屿历史国际社区、泉州：宋元中国的世界海洋商贸中心、湖南老司城遗址、西递-宏村皖南古村落、明清皇家陵寝（明皇陵）、中国大运河（安徽段）、湖北恩施唐崖土司城址、武当山古建筑群、钟祥明显陵、龙门石窟、安阳殷墟、中国大运河（河南段）、丝绸之路：长安-天山廊道路网（河南段）、登封"天地之中"历史建筑群、承德避暑山庄、明清皇家陵寝（清东陵和清西陵）、长城、中国大运河（河北段）、平遥古城、大同云冈石窟、五台山、元上都遗址、博尔格尔的历史建筑及考古遗址、岛村斯维亚日斯克圣母升天大教堂与修道院、喀山克里姆林宫建筑群、弗拉基米尔和苏兹达尔历史遗迹、莫斯科克里姆林宫、红场、谢尔盖圣三一大修道院建筑群、科罗缅斯克的耶稣升天教堂、新圣女修道院建筑群、诺夫哥罗德及其周围的历史古迹、圣彼得堡历史中心及其相关古迹群等文化遗产，打造"万里茶道"世界文化遗产旅游品牌。

3. "万里茶道"世界自然遗产之旅

依托泰宁丹霞地貌、武夷山、庐山、龙虎山、龟峰、三清山、武陵源风景名胜区、崀山、黄山、神农架、贝加尔湖、达乌里亚风景区、普托拉纳高原等遗产资源，打造"万里茶道"世界自然遗产旅游品牌。

4. "万里茶道"晋商文化之旅

"万里茶道"是以晋商为主导的贸易线路，沿线地区依然保存着晋商的久远记忆。晋商文化之旅以"万里茶道"上的晋商为主题，追寻茶路历史，体验当年经武夷山通往蒙古国、俄罗斯的茶路商贸之旅。主题线路以下梅村为起点，沿途经过邹氏家祠、铅山河口古镇、怀化古村落、洛阳山陕会馆、平遥古城、王家大院、大召-大盛魁历史文化街区等景观，探寻茶商故事，揭秘百年晋商传奇。

5. "万里茶道"红色文化之旅

"万里茶道"不仅是一条以茶叶为主要贸易产品的跨国遗产廊道，也是一条红色旅游资源富集的文化线路。沿"万里茶道"开展红色文化之旅，回顾中蒙俄三国的红色革命之路，重温红色历史，探寻红色印迹，可感受红色情怀，了解中蒙俄三国革命者团结奋斗的历程，接受一次心灵的洗礼。沿线的主要旅游地包括中国革命第一枪打响地南昌、毛泽东故里韶山、革命圣地西柏坡、兴安盟五一会址、满洲里红色国际秘密交通线以及中共六大会址等。

五 "万里茶道"旅游购物品牌

旅游购物不仅是一种旅游者满足日常需求的消费行为，也是存留旅游体验的重要方式。随着旅游业的发展，旅游购物和旅游商品日益成为各目的地品牌建设的主要方向。"万里茶道"旅游购物品牌打造应根据沿线地区的物产资源等特征，围绕茶文化、茶产品、传统工艺、文创产品等品种构建"'万里茶道'礼物"旅游商品品牌（见表 10-2），突出"非遗+文创"特色，通过"线上+线下"模式，搭建"万里茶道"沿线地区优秀传统文化传播平台，为"万里茶道"旅游注入更加优质、丰富的文化内容。

表 10-2　"'万里茶道'礼物"旅游商品示例

沿线地区	遗产点名称
福建南平	大红袍、建窑建盏、政和白茶、政和工夫茶、建阳白茶、丹桂茶、北苑茶等
江西上饶	婺源绿茶、铅山河红茶等
江西九江	宁红茶、九江桂花茶饼、庐山云雾茶等
湖南益阳	安化千两茶、安化茯砖茶、安化天尖茶等
湖南岳阳	君山银针等
湖北咸宁	赵李桥砖茶、杨芳林瑶山红茶等
湖北恩施	恩施玉露等
湖北宜昌	长盛川青茶、五峰采花毛尖茶、远安鹿苑茶、栾师傅绿茶、团黄贡茶、宜昌宜红茶、五峰宜红茶、利川红茶、鹤峰宜红茶、宜都宜红茶
安徽黄山	黄山毛峰、太平猴魁、祁门红茶等
山西晋中	寿阳茶食等
山西太原	乾和祥茶庄茉莉花茶等
山西忻州	宁武县毛健茶等
内蒙古呼和浩特	蒙古奶茶、蒙古锅茶、蒙古奶茶粉等

资料来源：笔者根据相关资料整理获得。

以此为开端,"万里茶道"沿线地区应着力推动"'万里茶道'礼物"打造"五进"模式,逐步在各大机场、火车站、酒店、景区及旅游休闲街区等人流聚集区域设立实体店铺,通过市场营销实践,促进"万里茶道"沿线地区非遗及文创产业化、市场化发展,推动文化旅游高质量、可持续融合发展。

六 "万里茶道"旅游娱乐品牌

"娱"是完善旅游产品体系,延长旅游产业链的关键要素。在"夜间经济""全域旅游""智慧旅游"等因素的带动下,旅游娱乐产品逐渐成为深受旅游市场青睐的新兴文旅消费项目之一。"万里茶道"旅游娱乐品牌打造应依托沿线地区的特色文化资源,打造茶百戏、武宁采茶戏、瑞昌采茶戏、九江采茶戏、通山采茶戏等茶文艺类项目,重点建设《天下茶道》《印象大红袍》《印象平遥》《茶道驼铃》等深度诠释"万里茶道"风貌的旅游演艺品牌,为丰富"万里茶道"国际旅游品牌体系提供有力支持。

(一)《天下茶道》

《天下茶道》是由湖南黑茶印象文化有限公司投资开发,是我国首部讲述黑茶文化和历史传承的舞台剧。《天下茶道》由中国山水实景演出创始人梅帅元执导,以"中蒙俄万里茶道"为创意主线,通过"奇缘""离乡""险途""塞外""异国""天下"六幕叙事,淋漓尽致地展现出湖南人"敢为天下先"的精神气质、"家国情怀"、浪漫的"爱情故事"。项目总投资6亿元,剧院总建筑面积47800平方米,舞台面积达1468平方米。《天下茶道》正式公演后,固定在天下黑茶大剧院常年演出,成为安化发展黑茶产业、传播黑茶文化以及助推安化"茶旅文体康"一体化发展的重要载体。

(二)《茶道驼铃》

《茶道驼铃》是由内蒙古呼和浩特莫尼山非遗小镇开发的非遗实景剧。该剧以莫尼山非遗小镇为背景,以"万里茶道"南茶北运的故事为主线,还原了北上驼工及驼队一路遭遇干旱、风沙、大漠、暴雪、极寒等自然险阻,历经磨难经中国买卖城终抵达圣彼得堡满载货物返程的整个过程。整场演艺分为"序幕""莫尼山驿站""民族大融合"等篇章,通过民族服饰、民族歌舞、蒙汉婚礼、圣火祈福等艺术形式体现欢天喜地、百艺杂陈、货品云集、民族融合等场景，展现了呼和浩特作为"西路驼城"的历史风貌和重要作用。《茶道驼铃》所有演职人员均为周边村民、小镇员工以及非遗传承人，合计带动就业 55 人次，对促进当地美丽乡村建设和乡村振兴起到了显著的带动作用。

第三节 "万里茶道"国际旅游品牌体系的建设策略

"万里茶道"国际旅游品牌涵盖物质要素、社会要素和精神要素等多样化的要素，其品牌建设涉及中蒙俄三国以及沿线地区的诸多现实问题和利益，是一项复杂的系统工程，在品牌体系建设和完善过程中应坚持以下策略。

一 坚持共生、融合与集成的品牌建设路径

在品牌建设路径上，"万里茶道"国际旅游品牌需整合不同区段的优势资源，发挥各自的比较优势，通过共生、融合与集成等方式推动"万里茶道"遗产廊道的品牌建设。"共生"要求在"万里茶道"主题资源的引领下，不同区段、不同地区发挥各自的区位优势、资源优势，突出特色，错位发展，协同共生。"融合"包括时空维度的双重融合，其中时间维度的融合主要体现在传统"万里茶道"的遗产资源与现代城市、旅游资源之间的融合；空间维度的融合主要体现在不同区段节点城市之间的互补性融合。通过资源、产品等方面的融合共同讲好"万里茶道"故事。"集成"指的是"万里茶道"各区段、各节点城市子品牌的集成，共同组成"万里茶道"的整体叙事，推动"万里茶道"国际旅游品牌打造和转型升级。同时，"万里茶道"国际旅游品牌建设并非一日之功，需合理分析品牌的引入期、探索期、发展期、停滞期和衰退期，明确各个阶段的目标、任务以及各节点城市的作用和定位，推动"万里茶道"品牌建设有序发展。

二 坚持文旅融合,提升"万里茶道"品牌质量

首先,作为一条线性文化遗产廊道,文旅融合是"万里茶道"品牌建设的应有之义。"万里茶道"建设发展应融合各地多种文化脉络,要用文化提升旅游品质,用旅游彰显文化自信,为"万里茶道"品牌建设和发展提供不竭动力。

其次,"万里茶道"沿线地区应坚持"以文塑旅、以旅彰文"的原则,跳脱传统廊道旅游运营发展模式,以"万里茶道"文化为主线和引领,推动遗产资源与文化、体育、农业、研学等多业态、多产业融合,并结合沿线地区的城市、街区、旅游景区、乡村、古镇、古道等载体,形成多元化、多层次、多业态的"万里茶道"文化旅游产品体系。此外,"万里茶道"沿线地区应加强对区域茶叶类非遗资源的挖掘和利用,充实品牌内容,提升文化体验,促进"万里茶道"遗产的活态传承和旅游开发。

最后,"万里茶道"品牌建设应致力于探寻文旅融合的新模式,推动"万里茶道"从"地理空间"走向"文化空间"。为此,应以"万里茶道"为文化轴线,坚持文化与旅游宜融则融、能融尽融的原则,找准最大公约数、最佳连接点,深化文旅融合发展的成效。另外,"万里茶道"品牌建设应致力于推动文旅融合的供给侧结构性改革,积极实施"万里茶道+""文化+""旅游+"战略,加快推动"万里茶道"沿线地区文化创意与相关产业、旅游与相关产业融合发展,培育新的增长点和新的消费市场,推动"万里茶道"沿线地区旅游业高质量发展。

三 整合媒体资源,构建多元化的传播平台

"万里茶道"沿线地区涉及中蒙俄境内 30 余个省级行政单元上百个城市。因此,"万里茶道"的品牌建设不仅涉及国内传播,还涉及跨国传播,要打造好"万里茶道"品牌,不能靠各地单打独斗,需要通过搭建平台、整合资源,把各方面优势充分发挥出来。

(一) 以政府为主导,推动协同合作

作为跨国旅游品牌,"万里茶道"具有准公共产品的产权属性特征,其

品牌建设、管理和维护，是一个涉及不同区域和多元利益主体的系统工程，需要以政府为主导的多层次旅游目的地品牌营销主体从整体性、系统性的高度组织品牌营销活动的实施。这一过程有赖于各沿线城市的统筹协调，以及政府主管部门、旅游企业、中介机构、非营利组织、遗产地（旅游目的地）社区和非遗传承人等各个利益相关者的密切合作。政府要发挥主导和监督作用，尤其要确保"万里茶道"这一核心品牌的统一性和权威性，避免出现品牌的滥用。

（二）整合媒介资源，建立传播矩阵

"万里茶道"国际旅游品牌的宣传促销，要充分利用传统媒体与新兴媒体的作用，对报纸、期刊、电视、政府门户网站、户外广告、社交媒体、直播平台、自媒体等多种传播工具和渠道进行整合，促进传播效果优化（见表10-3）。例如，对于"万里茶道"的核心品牌和城市旅游品牌可以依托报纸、电视、政府门户网站等主流媒体，通过旅游形象宣传片、纪录片、综艺节目等形式进行宣传推广，发挥主流媒体权威性强、覆盖面广的优势；对于沿线地区的旅游产品和目的地可以利用微博、微信、抖音、快手、脸书等新兴媒体，通过直播、短视频等形式进行直观、生动的内容呈现。此外，沿线地区和旅游企业应及时跟进、了解不同媒介的传播效果，并根据市场反馈适当调整传播策略（言唱，2020）。

表 10-3 "万里茶道"品牌传播与推广中的媒体运用及分工

媒体手段	传播与推广任务	交互方式与要求
报纸、期刊、电视、政府门户网站	构建一致性、稳定性的"万里茶道"品牌体系，在品牌建设起步阶段营造社会氛围	单向传播、有效互动
微博、微信、抖音等	话题制造、现象分析、"万里茶道"文化的深度挖掘、品牌推广中的意见采集等	交互便利、传播效果好，需从源头上保证信息的准确性、权威性
电子商务平台	宣传销售旅游线路、景区门票、旅游文创产品	交互便利，地区间的信息沟通与协调是重点
创意产品推广	形象宣传短片、微电影、微动漫、影视剧等媒体延伸产品	媒体到公众的单向传播，产品质量与效果是重要前提

资料来源：笔者整理获得。

（三）提升传播方式的交互性和参与性

在"互联网+"的时代背景和新媒体的环境之下，传播内容和渠道呈现多元化和分散化的特点，受众的媒介接触和使用时间也逐渐变得碎片化。"万里茶道"文化旅游品牌的传播，必须通过精炼的内容、创意化的视觉传达，精准、高效地触及目标受众，并降低对大众媒体的依赖，应充分利用社交媒体和自媒体，逐步向新兴媒介和移动化平台上的"轻量化传播"转变，与受众建立多渠道、多点化、灵活化的联系。同时，互联网的去中心化特征使信息传播的交互性和受众的参与性增强，且具有相同兴趣爱好和价值认同的受众会逐渐聚集形成社群。因此，要将品牌的单向设计转化为品牌的设计和消费者参与的共同合作，并利用社群营销用户黏性高的特点，进行小众化、分众化传播，满足多元化和个性化的需求。

（四）借助多种载体进行柔性传播

除了资讯发布、媒体宣传、广告营销等直接的信息传播方式之外，还可以借助多种载体和场景进行"万里茶道"的传播和品牌价值的输出，与受众建立深厚的情感联系。依托不同文化空间和消费情境，以"万里茶道"的历史、茶文化习俗、传统手工艺、非物质文化遗产等为主题制作文化和旅游类的专题节目，或将"万里茶道"元素植入影视剧、动漫、游戏和文创产品之中，能够拓展传播渠道，加强品牌与消费者之间的关系，通过品牌向其他领域的延伸实现增值。

（五）促进跨文化交流与传播

"万里茶道"文化旅游品牌对外传播的过程也是中国文化"走出去"的过程。因此，要构建全球化的传播网络，促进文明交流互鉴，向世界展现可信、可爱、可敬的中国形象，用世界语言讲好"万里茶道"故事。依托"一带一路"倡议，利用"万里茶道"国际旅游联盟、"万里茶道"文化和旅游国际营销论坛等国际化平台，加强沟通与合作，增进理解与认同，推动跨文化交流与传播。在这一过程中，应倡导普遍适用的价值观，以避免单一或过强的区域文化带来文化误解和文化冲突。

四　以智慧旅游运用为抓手，加快建设一体化品牌推广体系

智慧旅游是旅游业发展的一种新兴模式，其原动力是由旅游者行为模式和需求变化引发的新技术应用，同时最新技术应用也引导旅游者行为模式和需求的变化。从品牌建设上看，以数字化、网络化为特征的智慧旅游体系有利于推动"万里茶道"品牌形象摆脱时空的限制，促进各地区居民和游客增强对"万里茶道"的认知，强化文化认同。"万里茶道"品牌建设应在智慧旅游运用方面加快建设三大平台系统。

第一，构建"万里茶道"数据信息开发及共享平台。"万里茶道"体量巨大、文化多元、保护任务繁重，地区间的精诚协作与信息共享是推进相关工作的重要保证。这里的数据信息既包括基础数据的监测、收集与整理，也包括"万里茶道"文献和研究成果的数据库建设，具体包括"万里茶道"文化遗产资源保护利用状态监测、"万里茶道"相关文物数据库、沿线地区旅游资源和产业发展数据库等。第二，加快建设"万里茶道"智慧旅游地图和数字宣传推介系统。系统运用软硬件、移动通信、云计算等前沿理念及技术，创新研发"万里茶道"智能旅游电子地图系统，打造高效智能的"万里茶道"文化旅游公共宣传服务体系。第三，加快开发基于互动体验的品牌推广与营销体系。沿线地区旅游地应积极推广3D实景展示和全景导游体系，积极利用虚拟现实和仿真等技术，借助互联网丰富多彩的交互形式，为游客提供基于移动终端的自助导游应用，引导公众运用3D实景预览，增强游客对"万里茶道"的了解和认知。

五　以文化传播为责任，区域协同打造国际化文旅品牌

"万里茶道"是一条涵盖经济、文化和旅游等领域的复合型廊道，也是联通中蒙俄及欧洲其他国家的跨境旅游线路。作为一条长距离跨国遗产廊道，"万里茶道"从历史到文化积淀不亚于国际上的任何一条文化线路，但其在国际旅游市场的知名度和影响力仍然比较低。因此，"万里茶道"的文化传播和品牌建设是沿线地区的共同责任，具体策略包括以下几个方面。

（一）发挥比较优势，构建合理分工体系

"万里茶道"沿线地区的发展受多重因素影响，既有政治稳定、文化差异、公共卫生安全等外部因素，也有基础设施、遗产赋存、旅游资源分布等内部因素。从分工体系看，南平、益阳、武汉、晋中、乌兰巴托、圣彼得堡等地遗产资源丰富，旅游产业发展相对成熟，应该在"万里茶道"品牌建设中承担主要责任。其他城市和地区则应根据遗产资源赋存情况和区位条件，发挥各自的比较优势。在"万里茶道"整体廊道形象的基础上，不同区域、区段和主题的"万里茶道"产品应既保持独立又相互协同，沿线地区可根据各自的条件和定位，开展茶文化主题、晋商主题、民族文化主题、自然生态主题以及研学科考主题等活动打造旅游产品和目的地，满足不同类型游客的需求。

（二）有序推出一批国际化产品与项目

"万里茶道"国际旅游品牌建设应深入了解国内外游客的旅游需求，依托廊道内的遗产资源，充分利用沿线地区的世界遗产景区、跨境旅游合作区、休闲度假与冰雪旅游胜地、特色文化旅游村镇、自驾游风景道、边境口岸及免税购物区等旅游吸引物，调整优化旅游产品结构，丰富文化旅游产品体系。具体而言，首先，要深挖"万里茶道"遗产旅游价值，重点推出武夷山、三清山、黄山、贝加尔湖等世界遗产类的目的地产品，发挥沿线地区的资源优势。其次，应根据沿线地区的功能分区和定位，分段落和主题开发旅游产品和项目。例如，安化和羊楼洞应着力凸显"万里茶道"茶源地的定位，开发以黑茶和青砖茶为主题的茶文化旅游产品和线路。晋中应以"晋商之源"为核心卖点，着力开发晋商文化、古建筑等文化旅游产品。呼和浩特和锡林郭勒等地应充分利用其在"万里茶道"中的前沿和桥头堡的作用，依托"万里茶道"品牌开发草原旅游、边境旅游、蒙古奶茶美食旅游等旅游产品。

（三）着力营造品牌建设的国际化环境

"万里茶道"沿线地区应树立整体化的发展观，积极推出"万里茶道"文化旅游品牌的 CIS（Corporate Identity System）传播体系，提升品牌标识 VI（Visual Identity）的国际化设计水准与传播能力，全景化展现"万里茶

道"的遗产资源和文化魅力。"万里茶道"沿线地区应共同研发和推出一体化的解说系统，全力做好品牌国际化解读工程，用同一个声音发声，用世界人民听得懂、能理解的语言讲好"万里茶道"故事、传播"万里茶道"文化旅游品牌。

（四）构建品牌建设的国际化服务与治理体系

"万里茶道"文化旅游品牌建设应依托沿线地区的遗产资源和旅游资源，以游客的实际需求为出发点，充分利用国内和国际两个市场，发挥沿线地区文化旅游企业的市场主体作用，在旅游形象、旅游产品、旅游服务、旅游环境、旅游质量等方面进行持续提升，构建品牌建设的国际化服务与治理体系，具体表现为以下几个方面。

第一，应理顺和明确各级政府、文化旅游行政管理部门、遗产保护机构、社会文化团体、文化企业、旅游企业、非政府组织在"万里茶道"品牌建设中的作用，在联合申遗、遗产保护、品牌建设等方面发挥各自的优势。第二，应夯实"万里茶道"申遗和品牌建设的民间基础，充分发挥人民群众在遗产普查、遗产保护和品牌建设等方面的积极性，加快建设"万里茶道"文化旅游志愿者体系，提升沿线地区公众的知晓度和参与度。第三，构建以政府为主导、以企业为主体、政企联动、抱团营销的品牌国际化推广理念，创新宣传营销方式，建立完善宣传营销体系。

第十一章 "万里茶道"国际旅游品牌的共商共建共享机制研究

"万里茶道"不仅是一条传统的贸易通道,也是与全球多个国家、多个民族均存在历史和现实关联的公共旅游区域(把多勋等,2019)。共商共建共享是习近平主席针对"一带一路"倡议提出的建设原则,也是一种新型、有效的全球治理思路,为人类破解和平与发展问题提供了新的指引和方案(孙志煜、沈旦,2021),也为"万里茶道"国际旅游品牌的构建和打造提供了基本原则和有效路径。

第一节 "万里茶道"国际旅游品牌建设的基础条件和制约因素

一 "万里茶道"国际旅游品牌建设的基础条件

中蒙俄三国毗邻的区位条件、密切的经济往来以及旅游资源上的优势互补为"万里茶道"国际旅游品牌建设奠定了坚实基础(见表11-1),具体表现为以下几个方面。

(一)地理条件

中蒙俄三国领土相互接壤,互为友好睦邻。其中,中蒙边境线长4710公里,中俄边境线长4375公里,蒙俄边境线长3543公里。地理上的邻近为中蒙俄旅游生产要素的流动提供了巨大的动力,也为中蒙俄"万里茶道"

建设创造了有利条件。而随着国家对于边境地区的不断开放,"万里茶道"的地理优势也进一步释放,使得空间邻近效应进一步放大。中蒙俄边境地区旅游业的发展和经贸往来的增加,有助于促进区域间的协调合作,推动边境旅游、跨境旅游的发展和繁荣。

表 11-1 "万里茶道"国际旅游品牌建设的基础条件

合作基础	主要内容
地理条件	中蒙俄三国领土相互接壤,互为友好睦邻。其中,中蒙边境线长 4710 公里,中俄边境线长 4375 公里,蒙俄边境线长 3543 公里
旅游资源基础	世界遗产数:中国 55 处、俄罗斯 29 处、蒙古国 5 处 重要旅游资源:5A 级旅游景区(中)318 个、国家公园(俄)62 处、"自然综合地"(蒙)33 处
经济基础	中蒙俄主要城市间均有多条互通航班 中蒙俄国际列车 K3/K4 成为独具特色的旅游体验线路
政治基础	"一带一路"倡议获得俄方及蒙方积极响应 2016 年发布《建设中蒙俄经济走廊规划纲要》
社会文化基础	处于由社会主义计划经济向市场经济的转型时期,文化差异上互相尊重,和而不同
旅游市场基础	中国已成为世界最大的出境旅游客源国 中蒙俄互为客源地及目的地已形成一定规模,中国为蒙、俄最大客源市场

(二) 旅游资源基础

"万里茶道"在空间上跨越了不同的地域文化,武夷山下的江南水乡、汉口茶港的繁华、黄土高原的古朴、蒙古高原的游牧文化、俄罗斯的异域风光交相辉映,为"万里茶道"国际旅游品牌的建设奠定了坚实的旅游资源基础。此外,"万里茶道"生产路段、集散路段与外销路段的遗产资源和旅游资源的差异性和互补性,也有利于沿线地区发挥各自的比较优势,形成合理的旅游产品空间结构,推动国际旅游品牌综合竞争力与国际知名度的提升。

(三) 经济基础

中国与俄罗斯、蒙古国经贸往来密切。目前,中国已经成为俄罗斯最大的贸易伙伴和第四大主要投资来源国,并成为蒙古国最大的进口伙伴国和出口目的地国。蒙俄出口中国的商品集中于能源、矿产、畜牧及木材、金属等原料和加工制成品,而蒙俄从中国进口的商品则多为食品饮料、服装、烟酒、化工及相关工业产品和机器设备等,经济互补性较强(齐勇锋、张超,2016)。经贸合作的迅速发展促进了国家之间的相互了解,刺激了国家之间的旅游需求,对"万里茶道"国际旅游品牌建设具有直接的推动和支撑作用。

(四)政治基础

中蒙俄三国地理上毗邻,政治上互信,始终保持良好的政治合作关系。2013年,中俄两国建立全面战略协作伙伴关系。2014年,中蒙两国建立了全面战略伙伴关系。2014年9月,在习近平主席的倡导下,中方提出将"丝绸之路经济带"同俄罗斯"跨欧亚大铁路"、蒙古国"草原之路"相对接,打造中蒙俄经济走廊,其中旅游合作是三方合作的重要内容之一(牛育育等,2020)。2016年6月,《建设中蒙俄经济走廊规划纲要》明确提出三国在交通基础设施互联互通、口岸建设、产能、投资、经贸、人文、生态环保等领域进行合作。2016年,国家旅游局正式启动了中蒙俄跨境旅游合作区建设,期望通过旅游业的联动效应促进跨境地区的互联互通、增强可持续发展能力。2016年,"万里茶道"国际旅游联盟成立,中蒙俄三国通过共同开发"万里茶道"国际自驾车、专列、包机、夏令营等系列旅游产品,推动中蒙俄跨国旅游黄金路线和国际旅游品牌建设(周李等,2023)。在国际局势变幻不定、大国关系错综复杂的背景下,中蒙俄关系的发展也不断面临新的形势。近年来,中俄两国互办"旅游年",举办系列交流活动,不仅增进了民众的相互了解和传统友谊,也推动了两国旅游产业的互动、交流与合作。近年来三国元首频繁会晤、沟通交流及时深入,为三国全新伙伴关系的建立注入了重要内涵,也为"万里茶道"国际旅游品牌的建设和发展打下了良好的政治基础。

(五)社会文化基础

中蒙俄三国均处于由社会主义计划经济向市场经济的转型时期,具有相似的发展经历,处于相近的发展阶段。在社会文化领域,中蒙俄三国有着相似的历史文化基因,冷战结束以来相互之间尊重各自文化差异,达成了和而不同的共识,为进一步开展遗产保护和文化产业合作营造了适宜的外部环境。除此之外,中国与蒙古国、俄罗斯存在着诸多跨境民族,如蒙古族、俄罗斯族等,这些民族在语言、心理、生活习惯和宗教信仰等诸多方面存在着共同点,使得中蒙俄三国之间彼此熟悉对方国家情况,为经贸往来和边境、跨境旅游的发展奠定了社会文化基础。社会文化的相似性使中蒙俄边境地区更容易在心理上、情感上产生对区域共同体的归属感和依赖感，能够在一定程度上减少合作中的成本，降低边境、跨境旅游合作的风险。

（六）旅游市场基础

俄罗斯联邦国家统计局数据显示，新冠疫情前（2019 年），中国公民出境至俄罗斯旅游人数达 188.3 万人次，蒙古国公民出境至俄罗斯旅游人数达 37.6 万人次，中国游客和蒙古国游客在俄罗斯入境游客数量中分别列第 1 位和第 9 位。同年，《蒙古国统计年鉴》显示，中国和俄罗斯列蒙古国入境旅游市场的前两位，市场占比分别为 29.15% 和 24.58%。中蒙俄之间的国际旅游流结构为三国之间开展跨境旅游合作以及"万里茶道"国际旅游品牌建设奠定了良好的基础。

二 "万里茶道"国际旅游品牌建设的制约因素

（一）中方制约因素

1. 宏观政策障碍

出于对国家安全的考虑，我国现行的出入境管理政策和边界管理制度对人员、车辆等的通行具有刚性约束，出入境便利化需要国家统筹协调，省级或者市县级政府难以解决（孟维娜，2016）。例如，内蒙古许多口岸不能在本地办理过境签证，国内游客办理出境手续较为不便，这成为影响"万里茶道"跨境旅游进一步发展的突出问题之一。

2. 产业政策支撑不足

尽管目前边境旅游试验区和跨境旅游合作区建设的呼声很高，但国家层面尚未出台相关项目的整体规划和配套政策支持（胡抚生，2017），与蒙古国、俄罗斯如何共同规划、开发和管理边境旅游的方案尚不明确，使得我国与俄蒙边境旅游建设更多停留于概念层面，尚未有实质性的推进，这可能导致"万里茶道"跨境旅游发展的产业政策支撑不足。

3. 组织协调机构缺位

目前中蒙俄之间缺乏有效务实的合作组织和合作框架，对各地边境旅游的区域范围、功能定位并未进行相应规划，对各地边境旅游发展过程中的问题难以及时发现并有效协调，在一定程度上制约了"万里茶道"国际旅游品牌的打造和建设。

（二）俄蒙制约因素

1. 经济不发达

俄罗斯和蒙古国都属于经济欠发达国家，经济的不发达不仅制约两国的旅游投资和旅游产业化发展，也影响两国居民的出境旅游需求和旅游消费支出，对跨境旅游的发展和合作具有较大的制约作用。俄罗斯经济结构不合理，加之西方国家制裁和国际原油价格大跌的影响，其经济发展下行压力较大，国内经济发展形势较差，因而对"万里茶道"的建设难以发挥应有的作用。蒙古国的经济发展对矿产资源依赖较大，在近几年大宗商品价格一路下滑的影响下，经济发展陷入低谷。总体来看，蒙古国和俄罗斯两国虽然资源丰富，但经济低迷，财政困难，文化旅游产业发展水平不高，与中国经济仍保持中高速发展，财政和外汇积存丰盈，文化旅游产业迅速发展的态势形成了明显的反差（齐勇锋、张超，2016）。

2. 旅游基础设施不完善

俄蒙两国基础设施不发达，旅游设施整体水平比较低，与中国交界的口岸设施落后。例如，公路与铁路运输能力低下，仓储规模与能力严重不足，信息化水平较低和信息管理滞后，边境联检查验设施质量参差不齐等，这些因素成为边境旅游发展和跨境旅游合作的主要瓶颈。

3. 政治风险

由于冷战后蒙古国政治体制发生了巨变，由原来一党执政的国家体制过渡到多党制的民主政治体制，其结果造成政党轮流执政，不可避免地出现政党之间的歧见，甚至政局不稳。在这样的政治环境下，政府办公效率低下，人事频繁变化，政策不断修改（于洪洋等，2015），不仅会导致边境旅游的相关政策存在更迭的风险，也使边境旅游的发展增加了调适成本。

4. 安全问题

自2022年2月以来，俄乌冲突爆发，俄罗斯与西方国家在金融、能源、经济等领域开展多轮制裁与反制裁，逐渐影响全球旅游业的发展，并且俄罗斯在全球旅游市场的份额也急剧缩减。新冠疫情的影响，加上俄罗斯面临的各种危机，无疑增加了中俄两国跨境旅游合作的难度。在蒙古国方面，也曾出现中国游客受辱事件（刘丽梅，2016）。这些现实和潜在的安全问题成为制约"万里茶道"国际旅游品牌建设的直接现实因素。

（三）总体制约因素

近年来，由于受到一系列外部因素冲击，全球旅游业衰退明显，区域旅游合作进程放缓，"万里茶道"国际旅游品牌建设面临一系列制约因素，具体表现为以下几个方面。

1. 遗产资源破损

"万里茶道"沿线地区许多重要的遗产资源由于修缮和保护不及时出现破损现象，甚至面临消失的危险。由于地广人稀，蒙古国许多遗产资源距离核心城市较远，加之使用价值逐渐下降，维护和修缮不及时，消亡的风险日益加大。"万里茶道"俄罗斯段的遗产保护情况同样不容乐观，遗产破损、废弃的现象广泛存在，甚至多是被人为破坏和毁损，被非法侵占使用的现象也很常见。"万里茶道"中国段部分遗产资源也由于保护意识不强、资金投入不足等原因，出现了遗产保护不及时、遗产价值受损等现象，这些问题亟待文物保护部门予以关注和解决。

2. 资源整合难度大

作为一条跨国线性遗产廊道，"万里茶道"沿线地区旅游资源特色鲜明、内涵丰富、形态多样，但沿线地区的遗产资源、旅游资源散点化分布的问题也比较突出，导致"万里茶道"资源整合的难度较大。同时，由于沿线地区具有不同的环境、资源和发展目标，各区域在"万里茶道"品牌打造和产品推广过程中各自为战，难以形成拳头产品和强势品牌的支撑，不利于"万里茶道"整体资源优势的发挥，无论是市场化的运作机制还是配套服务能力都有待进一步完善和提升（陈登源，2016）。

3. 旅游通道建设不完善

目前，中蒙俄之间存在铁路、公路和航空三种交通方式。在铁路方面，主要依托 K3/K4 线路，经蒙古纵贯铁路和俄罗斯西伯利亚大铁路线路进入蒙古国和俄罗斯。由于基础设施质量不高、铁路换轨等因素的影响，铁路旅游产品运力有限、服务设施不完善、旅游时间较长且票价昂贵。在公路方面，蒙古国和俄罗斯远东地区的公路交通基础设施相对落后，部分路段存在路面破损、坑洼不平、交通标志缺失等问题，沿途的住宿、餐饮、服务区等设施供给不足。在航空方面，国内仅北京、上海、广州、哈尔滨、青岛、武汉等大城市才有直达莫斯科、圣彼得堡、喀山、新西伯利亚、符拉迪沃斯托克（海参崴）等城市的航班，仅北京、呼和浩特等地有直达乌兰巴托的航线，运力有限且票价相对较高。中蒙俄之间旅游通道体系的不完善，在一定程度上制约了中蒙俄旅游合作的发展，难以满足三国日趋频繁的旅游贸易合作发展的需要。

4. 跨境旅游的双多边协调机制尚不健全

中蒙俄三国在边境旅游、跨境旅游等领域初步形成了一些纲领性文件，但这些文件与真正意义上的法律相比还缺乏规范性、稳定性和强制性。这些非正式国际旅游合作机制在三国跨境旅游合作中的权利、义务以及合作方式、操作步骤等方面未形成明确的规定，可操作性、时效性亟待提升。此外，中蒙俄跨境旅游发展未被纳入俄蒙边境地区的多层次治理机制中，俄蒙与中国的接壤地区对跨境旅游发展并未给予足够的重视。例如，签证便利化、自驾车出境游等方面的问题仍然制约"万里茶道"旅游的发展，需要中蒙俄各级政府相关部门建立有效的沟通协调机制予以解决。此外，中蒙俄跨境旅游合作主体主要是政府之间的合作，以政府为主要推动力，市场介入较少，旅游企业之间合作更少，跨境旅游的双多边协调机制尚不健全。

5. 旅游季节性强

由于自然旅游资源的节律性和旅游气候的特点，"万里茶道"集散路段和外销路段的旅游季节性较强，具体表现为：旅游流流量在时间分布上不均匀，高流量旅游流持续的时间较短。较强的旅游季节性加大了旅游品牌建设中的投资成本和投资风险，对"万里茶道"国际旅游品牌的投资和基础设施建设具有一定抑制作用。

6. 旅游贸易结构不尽合理

在中俄入境旅游人次上存在逆差，旅游产品贸易方面存在顺差。从中俄边境旅游情况来看，俄罗斯旅客进入中国旅游的人次大于中国游客进入俄罗斯旅游的人次，旅游人员逆差明显。从地区分布来看，俄罗斯来华旅游主要集聚在中国黑龙江、吉林、内蒙古、辽宁、海南、新疆、广东等少数几个省份，且俄罗斯来华旅游主要围绕大城市展开，分布极不均衡。多数人选择在中俄边境地区开展短途旅游。从旅客走访的城市数量来看，近六成的俄罗斯人只到访过 1 座城市；俄罗斯来华游客中到访城市超过 3 个的只占一成。中蒙旅游贸易中也存在类似的现象。中蒙、中俄之间失衡的旅游贸易结构不利于推动三国开展区域旅游合作，也为"万里茶道"国际旅游品牌建设制造了障碍。

第二节 "万里茶道"国际旅游品牌建设的尺度框架

"万里茶道"国际旅游品牌的建设和发展受到国家间历史联结、外交关系、经济体制、旅游资源、文化习俗、宗教信仰等多种因素的影响，涉及中蒙俄三方的利益，难以通过单一主体来完成，需整合国际、国家、区域、地方不同尺度的行动者，推进"万里茶道"国际旅游品牌的有序发展。"万里茶道"国际旅游品牌共商共建共享的过程是不同尺度权力主体互动博弈的过程，既需要由国家之间力量主导的逐层级的尺度下推，也需要在国家间合作宏观框架之下，依赖区域、地方的力量通过尺度上推而逐步深化（鲍捷等，2021）。

一 国际尺度重组

（1）依托现有国际合作协议，为"万里茶道"国际旅游品牌建设提供现实依据。要将"万里茶道"国际旅游品牌建设与"一带一路"倡议、中蒙俄经济走廊、俄罗斯远东开发计划、蒙古国"矿业兴国"计划以及中国的西部大开发相对接，把俄罗斯和蒙古国的资源优势与中国丰富的产能优势、生产力相结合，把三方合作潜力转化成现实的发展成果。同时，充分利用上海合作组织、金砖国家机制，全面构建"一带一路"倡议下的双边、多边和区域合作框架体系，并加快商贸、旅游等方面规则的制定和落实。此外，应进一步发挥世界旅游联盟、世界旅游城市联合会、国际山地旅游联盟、中国旅游协会等国际组织和行业协会的作用，调动文化名人和相关企业的积极性，共同助力"万里茶道"沿线地区的旅游和文化交流合作。

（2）在宏观架构基础上，依托《"万里茶道"共同申遗倡议书》《中俄蒙建设和推进"万里茶道"跨境旅游线路联合行动方案》等对国际旅游合作具有指导意义的框架和方案,促进"万里茶道"沿线地区遗产资源的发掘、保护和修缮,推动旅游资源的整合与联动开发以及跨国旅游要素的组织。围绕"万里茶道"国际旅游品牌的建设目标,逐步实现从引导性合作议题转变为具体政策与制度设计,通过相关超国家组织的设立,形成中蒙俄三国共同认可的规范性与约束性政策内容。

(3)在已有顶层架构下,引导中蒙俄三国权力、资本与国家、次区域开发战略相整合,并通过国家权力的强制力,引导各区域、地方及各专项领域的发展与建设。同时合理引导跨国资本发挥更强的自组织力,为更深层次旅游合作带来更多活力(见表11-2)。

表11-2 国际尺度重组

国际合作协议	支持旅游合作的主要内容	尺度重组策略
"一带一路"倡议	《推动共建丝绸之路经济带和21世纪海上丝绸之路的愿景与行动》指出,加强旅游合作,扩大旅游规模,互办旅游推广周、宣传月等活动,联合打造具有丝绸之路特色的国际精品旅游线路和旅游产品,提高沿线各国游客签证便利化水平	尺度下推:与中国"西部大开发""东北振兴",蒙古国"发展之路""草原之路",俄罗斯"欧亚经济联盟""远东开发"等国家、次区域开发战略相整合,引导各专项领域建设
中蒙俄经济走廊	2014年9月11日,中国国家主席习近平在出席中国、俄罗斯、蒙古国三国元首会晤时提出,将"丝绸之路经济带"同俄罗斯"跨欧亚大铁路"、蒙古国"草原之路"倡议进行对接,打造中蒙俄经济走廊。中蒙俄三国的合作领域包括交通基础设施发展及互联互通、口岸建设和海关、产能与投资合作、经贸合作、人文交流合作、生态环保合作、地方和边境地区合作共七大方面	
《中华人民共和国与俄罗斯联邦关于全面战略协作伙伴关系新阶段的联合声明》	财金领域协作、双边贸易、地方合作、发展跨境交通基础设施、人文交流	
《中华人民共和国和蒙古国关于建立和发展全面战略伙伴关系的联合宣言》	经济合作、边境口岸基础设施建设、提高口岸通关能力、民航合作、建立青少年互访交流机制、文化艺术交流	
"万里茶道"国际旅游联盟、《"万里茶道"共同申遗倡议书》、《中俄蒙建设和推进"万里茶道"跨境旅游线路联合行动方案》	联合开展资源调查、保护修缮、考古研究、保护立法、规划编制、环境整治等工作	

资料来源:笔者根据鲍捷等(2021)修改获得。

二 国家尺度重组

尺度上推体现为在中蒙俄经济走廊和中俄蒙三国五地旅游联席会议机制基础上,设置旅游部长会议为中俄蒙边(跨)境旅游的最高行政机构,统筹制定"万里茶道"旅游的发展规划,构建区域统一旅游政策体系。通过定期举行会晤,协调中俄蒙边(跨)境旅游国家层面的事务。在此基础上,支持内蒙古边境地区地方政府与俄蒙口岸城市的地方政府共同成立边(跨)境旅游合作区管理机构,负责合作区的经营开发和日常管理工作,以推动中蒙俄跨境旅游和"万里茶道"国际旅游品牌的建设和发展。

尺度下推则体现在通过将国家部分行政管理权下放和资源集聚,引导区域、地方作为主体参与国际旅游合作进程。国家通过参与多领域旅游合作的政策制度设计与国际旅游合作专项规划的制定,推进落实区域旅游规划与政策,以及区域重大项目与工程实施,通过任务分解指引区域、地方承担各自的分工,并促进区域经济合作与融合(见表11-3)。

表 11-3 中蒙俄国家层面建设领域与尺度重组策略

方向	领域	尺度重组策略
重大旅游基础设施建设与衔接	交通设施	尺度上推:中蒙俄均将"促进交通基础设施发展与互联互通"列为三国重点合作领域之首,建设中蒙俄高铁实现"车同轨",建设跨境高速、高等级公路,重要旅游节点城市的国际机场及通航机场等 尺度下推:任务分解与区域、地方推进
	旅游基础设施	尺度上推:重要旅游线路沿线旅游基础服务设施的标准化配置,重要区域、节点城市国际旅游园区建设等 尺度下推:任务分解与区域、地方推进
旅游合作相关拓展领域	生态环境保护	尺度上推:跨国流域生态环境治理、草原荒漠化治理、空气污染治理等 尺度下推:任务分解与区域、地方推进
	文化保护	尺度上推:文化艺术交流,跨国世界文化遗产保护传承与综合利用等 尺度下推:任务分解与区域、地方推进
国际旅游空间格局调整与优化	旅游空间布局与项目体系	尺度上推:国家旅游空间规划与国际旅游相整合、国际旅游项目体系建设、跨国旅游线路组织、三国联合营销等 尺度下推:任务分解与区域、地方推进

三 区域尺度重组

"万里茶道"国际旅游品牌的建设涉及多方面的现实问题,包括资源普查、遗产保护、旅游开发、形象确立、旅游营销、利益分享等。这些问题与沿线地区息息相关,具有具体性、跨区域性、复杂性等特点,需充分调动各省级行政单位的积极性,灵活解决具体合作项目中所面临的问题。"万里茶道"沿线地区一方面应通过尺度上推,融入"一带一路"倡议和"中蒙俄经济走廊"体系之中,获得旅游合作相关政策支持,促进旅游相关基础设施完善,并在中蒙俄全面合作中发挥重要支撑作用。另一方面应通过尺度下推,将区域旅游发展目标分解并赋予各地方节点(城市、边境口岸、旅游景区等),促进"万里茶道"国际旅游品牌建设目标落地(见表11-4)。

表11-4 中蒙俄经济走廊旅游合作空间要素及尺度重组策略

重要交通线路	节点区域(城市)	尺度重组策略
铁路:京包线、集二线、K3/K4、蒙古纵贯铁路、西伯利亚大铁路等 高铁:京津高铁、京张高铁、张呼高铁等 高速:G2、G6、G55等	核心区域:福建省、江西省、安徽省、湖南省、湖北省、河南省、河北省、山西省、内蒙古自治区、东戈壁省、中央省、乌兰巴托、布里亚特共和国、伊尔库茨克州、克拉斯诺亚尔斯克边疆区、斯维尔德洛夫斯克州、莫斯科、圣彼得堡等 主要节点城市:武夷山、益阳、武汉、晋中、张家口、呼和浩特、二连浩特、扎门乌德、乌兰巴托、乌兰乌德、伊尔库茨克等	尺度上推:融入"一带一路"倡议和"中蒙俄经济走廊"体系之中,获得旅游合作相关政策支持,促进旅游相关基础设施完善,并在中蒙俄全面合作中发挥重要支撑作用 尺度下推:将区域旅游发展目标分解并赋予各地方节点(城市、边境口岸、旅游景区等)

四 地方尺度重组

在地方尺度重组方面,应根据比较优势,构建以口岸、核心城市、节点城市为内容的"万里茶道"国际城市旅游空间格局。其中,对武汉、洛阳、莫斯科、圣彼得堡等核心城市而言,应依托其区位优势和遗产资源,将核心城市作为承接上层尺度下推的重要依托;对南平、益阳、晋中、呼和浩特、乌兰巴托、伊尔库茨克等地而言,应将其作为"万里茶道"国际旅游品牌打造的强力支点;对满洲里、二连浩特、策克、扎门乌德、乌兰乌德、苏赫巴托尔等边境城市及口岸而言，应充分发挥其在国际战略通道上的节点作用，使其成为承接尺度下推和推进中蒙俄全面旅游合作的突破口。此外，在旅游通道方面，应依托"华北通道"较为成熟的旅游合作基础，借助 K3/K4 铁路线，寻求共建张家口—二连浩特—乌兰巴托—伊尔库茨克—叶卡捷琳堡—莫斯科的"万里茶道"旅游走廊。

第三节 "万里茶道"国际旅游品牌的共商 共建共享机制构建

共商共建共享是习近平主席针对"一带一路"倡议提出的建设原则，为世界各国破解和平与发展问题，实现高质量发展，提供了新的思路和方案。"万里茶道"国际旅游品牌的建设和治理迫切需要集中多方力量，吸引多元参与，实现合作共治，这与"共商共建共享"的理念不谋而合。"共商共建共享"有利于参与各方创造一个合作共赢的发展环境，让多元主体共同面对问题，明确优势和短板，通过沟通协商、共同参与的方式实现互利共赢。"万里茶道"国际旅游品牌的建设应坚持共商共建共享理念，调动生产路段、集散路段和外销路段所有城市的力量，推动不同社会主体多元参与，并充分发挥各自的优势，以实现"万里茶道"旅游的高质量发展。

一 "万里茶道"国际旅游品牌的共商机制

"万里茶道"国际旅游品牌建设是一个系统工程，涉及主体众多、领域广泛、问题复杂，加强中蒙俄三国各领域的沟通协调尤为重要。"万里茶道"国际旅游品牌的建设和发展应以互联互通为目标，以政治互信、经济互补、文化包容为原则来构建共商机制。

1. 依托现有国际框架推进共商

在国家层面，应通过尺度上推，依托"一带一路"倡议、中蒙俄经济走廊等现有国际框架，探讨"万里茶道"申遗和品牌建设等议题，协商解决基础设施共建、通关便利化等核心问题，为中蒙俄国际旅游合作破除障碍，提供制度支持。

2. 建立定期会议机制

在国家层面，完善中俄蒙三国旅游部长会议磋商机制，建立定期会议机制，积极探索中俄蒙边境、跨境旅游多层次、多渠道的合作方式。加强中蒙俄三国的沟通协调，推动政府间在"万里茶道"沿线地区旅游签证、关税、边防检查、质检、口岸建设、旅游产品开发、旅游线路共建、旅游投资、旅游信息交流共享等方面的政策沟通。加强政府间在互办大型旅游活动、联合营销方面的协商和沟通，推进中蒙俄在旅游产业要素标准化、旅游投融资政策放宽方面的谈判和磋商。

3. 互办、共办旅游年

旅游年是对旅游国际合作的号召与引领，也是推进共商的平台。中蒙、中俄、蒙俄间应积极开展互办旅游年、文化旅游周等活动，推动中蒙俄共办"万里茶道"旅游年。一方面，有助于将旅游纳入外交范畴当中，促进"万里茶道"旅游形象宣传和旅游活动开展；另一方面，也有利于为中蒙俄旅游合作和磋商提供良好的政策环境，为"万里茶道"国际旅游品牌打造提供载体和平台。

4. 设立类政府区域组织

在省级层面，应探索建立类政府区域组织，例如筹建中蒙俄"万里茶道"沿线省份旅游发展建设委员会，作为常设机构对跨境旅游发展中的问题进行沟通协调。在常设机构的推动下，编写旅游产业动态汇编，实现各个行政单元旅游经验与市场信息的共享，带动旅游产业生产要素的合理配置，提升区域旅游的市场竞争力和共享旅游品牌的市场价值。依托类政府区域组织，进一步举办会晤商谈和旅游合作论坛，协商制定推进区域合作的规划和政策措施，协调处理区域内重大旅游事件和旅游投诉，规范旅游市场秩序，加强旅游企业间合作，为"万里茶道"国际旅游品牌建设提供组织支持。

5. 加强网络互联互通，打造"万里茶道"旅游网络平台

在"万里茶道"旅游合作中，由于地理因素、经济发展水平和文化水平等多方面的差异，沿线地区旅游资源分布不均衡，信息传递也仍存在着

障碍，信息不对称也导致了中蒙俄政府间共同决策严重受阻。"万里茶道"沿线地区应加强网络互联互通，在旅游目的地网站形成中文、俄文、蒙文、英文等多种网页版本，在旅游产品营销中树立"万里茶道"独特的旅游品牌形象，使潜在客源市场更多地了解"万里茶道"沿线地区目的地的真实信息，以提高信息交流和旅游营销的效率。此外，地方政府层面应积极为"万里茶道"沿线地区旅游企业提供信息，为合作牵线搭桥，对优质项目给予相当的资金补贴，以进一步深化旅游合作。

二 "万里茶道"国际旅游品牌的共建机制

共建是指共同建设，要求中蒙俄三国在"一带一路"倡议和中蒙俄经济走廊的框架下，在资源普查、联合申遗、基础设施建设、品牌打造、协调机制完善等方面推动"万里茶道"国际旅游品牌的建设。具体表现如下。

1. 加强系统规划

系统规划是保证"万里茶道"遗产保护、资源开发和品牌建设的前提和基础，有助于避免盲目性和粗放式发展。首先，应对"万里茶道"整体或者"中国段"开展资源普查，明确沿线地区的遗产资源和文旅资源的分布现状，根据各自的资源特点，确定角色定位，优化产业空间布局，从战略层面理顺未来"万里茶道"国际旅游品牌建设的发展思路。其次，应根据资源等级、可进入性、基础设施、市场规模等指标，结合遗产对"代表性"的要求，确定"万里茶道"国际旅游品牌建设的先行区、核心区和培育区。推动武汉、太原、呼和浩特、乌兰巴托、莫斯科、圣彼得堡等"万里茶道"节点城市体系的构建，建立分工明确、有序推进的品牌发展格局，避免"眉毛胡子一把抓"和同质化发展。最后，在空间布局上，应以沿线地区城市旅游资源和城市特征为基础，构建以中心城市为核心与以口岸城市为节点的"万里茶道"旅游协作网络。

2. 联合申遗

"万里茶道"是明清时期联通中俄的以茶为主要贸易产品的贸易线路，沿线地区至今留有茶山、茶园、茶场、古道、茶亭、茶庄、票号、会馆、驿站、寺庙等多样而独特的遗产资源，使之逐渐演变成具有多功能、多层次、时空复合性的跨国遗产廊道。"万里茶道"作为横跨中蒙俄三国的古商道、文化线路和旅游线路,串联起从武夷山到圣彼得堡茶道沿线诸多的遗产资源,也蕴含了三国人民共有的文化记忆。2013 年 9 月,中蒙俄三国签署了《"万里茶道"共同申遗倡议书》。2019 年 3 月,国家文物局正式将"万里茶道"列入《中国世界文化遗产预备名单》。2020 年 11 月,国内沿线 8 省(区)签署了《万里茶道保护和联合申报世界文化遗产城市联盟章程》,并启动了《万里茶道联合申报世界文化遗产三年行动计划(2021—2023 年)》。联合申遗是进一步发掘"万里茶道"遗产价值,提升"万里茶道"国际旅游品牌内涵的重要举措。"万里茶道"国际旅游品牌的建设应以联合申遗作为基础和抓手,有效梳理遗产资源,加强遗产保护,推进沿线地区的协同合作,力争申遗成功。

3. 加强中蒙俄交通基础设施互联互通

基础设施是提升旅游目的地可进入性、优化游客体验和推动旅游业发展的前提和基础,在"万里茶道"国际旅游品牌建设和打造过程中是重要的前置条件。2014 年,习近平主席在"加强互联互通伙伴关系"东道主伙伴对话会上的讲话中强调:"以交通基础设施为突破,实现亚洲互联互通的早期收获。"然而,目前面临的问题是蒙俄两国交通基础设施不发达,公路、铁路、航空运输能力不足,这一现状阻碍了"万里茶道"国际旅游市场的开发和旅游品牌的建设与发展。在"万里茶道"旅游基础设施建设方面,中蒙俄三国可尝试以北京、呼和浩特、乌兰巴托、莫斯科等节点城市为枢纽,以联通中蒙俄的铁路、公路干线为主轴,加快建设游客集散中心或服务区,加强自驾游线路的标识标牌建设,在旅游旺季探索开设双向旅游专列,推动"万里茶道"沿线地区基础设施的改造升级。同时,应改善旅游港口和口岸的通关基础设施条件,加快口岸"一地两检"以及"单一窗口"建设;以条件成熟的港口城市和边境口岸城市开放为突破口,重点建设国际旅游港和跨境旅游合作区。

此外,北京—莫斯科的国际列车(K3/K4)的运行线路与西伯利亚大铁路和"万里茶道"蒙俄段线路存在大幅度重合(见表 11-5),可依托 K3/K4 次国际列车线路,开通"万里茶道"旅游专列,增加铁路旅游服务供给，打造"万里茶道"铁路旅游廊道和品牌，带动"万里茶道"沿线地区旅游业发展。

表 11-5　K3/K4 次国际列车停靠站

站名	归属省份	归属地市	是否为"万里茶道"沿线地区
中国			
北京	北京		否
沙岭子西	河北	张家口	是
集宁南	内蒙古	乌兰察布	是
二连	内蒙古	锡林郭勒	是
蒙古国			
扎门乌德	东戈壁省	扎门乌德市	是
乌兰巴托	乌兰巴托	乌兰巴托	是
苏赫巴托	色楞格省	苏赫巴托尔	是
俄罗斯			
纳乌什基	布里亚特共和国		是
乌兰乌德	布里亚特共和国	乌兰乌德市	是
伊尔库茨克	伊尔库茨克州	伊尔库茨克市	是
克拉斯诺亚尔斯克	克拉斯诺亚尔斯克边疆区	克拉斯诺亚尔斯克市	是
新西伯利亚	新西伯利亚州		是
欧姆斯克	鄂木斯克州		是
秋明	秋明州		是
叶卡捷琳堡	斯维尔德洛夫斯克州	叶卡捷琳堡市	是
别尔米Ⅱ站	彼尔姆边疆区	彼尔姆市	是
莫斯科	莫斯科		是

资料来源：笔者根据中国铁路 12306 网站信息整理获得。

4. 建立多元化的旅游协作平台

"万里茶道"国际旅游品牌建设需利用政府、旅游企业、茶叶类企业、非政府组织和公众等不同群体的力量，建立多元化的旅游协作平台，使行动者网络成为"万里茶道"国际旅游品牌建设的主导力量。

（1）官方合作平台。政府协作平台可为三国旅游合作发展提供决策支持。在中蒙俄经济走廊和"万里茶道"国际旅游联盟等机制下，通过中俄蒙三国旅游部长会议加强政策对话和决策合作，鼓励各方积极参加蒙古国乌兰巴托国际旅游展、莫斯科国际旅游休闲展、中蒙博览会、中国国际旅游交易会等国家层面的旅游推介和营销会议，深化中蒙俄地区间的交流与合作。同时，完善中俄蒙三国五地旅游联席会议机制，拓展参与地区，推动"万里茶道"旅游合作政策的制定、执行和完善，引导沿线地区积极开展旅游合作。

（2）行业合作平台。行业合作平台是企业间实现优势资源互补、服务信息交换的重要渠道。旅游企业、茶叶企业是"万里茶道"国际旅游合作发展的重要参与主体，在推进"万里茶道"国际旅游品牌建设中承担着信息共享、资源互补、人员互送、形象共建、价值共创等重要职能。建立"万里茶道"行业合作平台，不仅可在景区景点建设、旅游资讯发布、线路产品推介中起到催化作用，也可在优化市场投资环境，引导旅游区内的招商引资以及推动旅游地营销等方面发挥作用（张江驰、谢朝武，2020）。

（3）民间合作平台。社会公众和民间组织是推动遗产保护、"万里茶道"申遗以及政府管制政策制定的重要群体，也是"万里茶道"国际旅游品牌建设不可或缺的重要利益相关者。"万里茶道"遗产保护和旅游品牌建设应充分发挥"万里茶道"（国际）协作体、中华文化促进会、蒙古和平友好组织、俄罗斯国际合作协会等组织的作用，举办各类旅游研讨会、经验交流会，促进地区客源互送、强化旅游合作，构建民间合作平台人文共同体，推动"民心相通"，引领开启"万里茶道"人文交流与合作进入历史新阶段。

5. 完善廊道旅游品牌建设

截至目前，"万里茶道"沿线地区已初步形成了特定的旅游产品、线路和目的地品牌，但旅游吸引物分布仍然较为分散，旅游品牌的知名度和影响力仍比较有限。在这种背景下，应加强"万里茶道"品牌体系建设，各地应围绕主题产品、旅游线路、旅游景区、目的地、节事、文创产品、特色旅游商品等方向打造"万里茶道"旅游品牌矩阵，充实"万里茶道"旅游品牌的内涵。同时，应充分挖掘中蒙俄"万里茶道"的历史记忆，从整体上构建"万里茶道"品牌形象，建立"万里茶道"国际旅游品牌的联合推广机制，加强旅游品牌整合营销，使"万里茶道"真正成为展示茶路故事和构建人类命运共同体的典型实践。此外，应加强顶层设计与高层互动，统筹地方推动和企业联动，重点推动南平、武汉、伊尔库茨克、晋中、乌兰巴托、莫斯科、圣彼得堡等重点区域的优先发展，努力实现点状突破、带状推进，不断推动旅游合作地域纵深化发展。

6. 建立完善投融资促进机制

在中蒙俄"万里茶道"旅游投融资方面，促进相互间"引进来、走出去"，如鼓励中方企业到蒙古国、俄罗斯投资酒店、景区等旅游基础设施，支持中国旅游企业到蒙俄开展业务经营。中蒙俄三国应积极对接亚洲基础设施投资银行、金砖国家新开发银行、上海合作组织银行联合体、丝路基金等金融组织，利用"一带一路"国际旅游投资平台，设立定向可控的"万里茶道"专项旅游基金，为"万里茶道"旅游合作提供投融资服务。此外，中蒙俄三国可尝试推行 PPP（Public-Private Partnership，公共私营合作制）模式，鼓励社会资本、公私合营资本参与"万里茶道"旅游开发。

7. 优化制度供给，持续推动通关便利化

优化制度供给，在中蒙俄三国加强旅游签证、边防检查、关税、口岸建设、质检、旅游投资和旅游线路共建等多方面的政策衔接与沟通。在"万里茶道"沿线地区边境口岸，简化跨境旅游者通关手续和查验方式，缩短游客通关时间，避免因不能过关而使游客滞留。逐步推进中俄、中蒙互免旅游签证，提供人员自由来往、货物自由流通、车辆自由通行等便利条件，使区域内的旅游活动更加便捷。同时，尝试在中蒙、中俄边境旅游目的地推行签证互认制度，即游客在中蒙俄的一国签证，同时视为其他国家的有效签证，提升海外旅游市场的可进入性。

三 "万里茶道"国际旅游品牌的共享机制

共享即沿线地区能够共享"万里茶道"的资源和建设成果，使沿线地区的茶文化遗产资源能够及时得到保护，非物质文化遗产能够得以活态传承，沿线地区的人民能够从旅游发展中获得生计支持。具体表现如下。

1. 基础设施共享

完善的基础设施是提升旅游地可进入性，促进旅游经济发展的先决条件。然而，"万里茶道"沿线地区尤其是蒙古国和俄罗斯段的许多节点城市存在着基础设施陈旧、建设滞后等诸多问题，成为制约"万里茶道"国际旅游品牌均衡发展的主要因素。作为中国邻国的俄罗斯，国土面积居世界第一，但境内高速公路总里程却仅有 2700 余公里。2019 年，俄罗斯的道路建设水平仅排名世界第 99 位，甚至弱于一些非洲国家。蒙古国的公路交通极度不发达，空运也不完善。蒙古纵贯铁路在国内承担了近 80% 的货运和 30% 的客运任务，平均时速仅 70 公里，全线完全没有电气化，仍采用老旧的苏联 M60 内燃机车牵引。中蒙铁路线路在二连浩特站需要换轨，也阻碍了运量的增长。"万里茶道"蒙古国和俄罗斯西伯利亚段基础设施滞后，可尝试利用中国境内的节点城市，如呼和浩特、二连浩特、满洲里等口岸城市的基础设施，以这些城市作为集散中心向蒙古国和俄罗斯辐射国际客源，以弥补蒙俄基础设施建设的短板。同时，针对蒙古国和俄罗斯自然资源丰富特点，可探索建立以"资源换基础设施"的共享机制，即由中国企业为俄蒙提供旅游基础设施，俄蒙以自然资源作为交换条件，以促进"万里茶道"沿线地区的口岸、道路、交通等基础设施建设，提升"万里茶道"整体旅游服务接待设施的质量和发展水平。

2. 旅游资源共享

旅游资源是区域旅游发展的根基，也是跨区域旅游合作的主要抓手。"万里茶道"沿线地区地理环境、文化环境多元，文化旅游资源丰富，不仅具有观赏价值，也具有文化、科研、考古等方面的价值。这为沿线地区发挥比较优势，推动跨区域旅游合作和资源共享提供了条件。在此背景下，中蒙俄三国应充分利用"万里茶道"沿线地区的高等级旅游资源，如贝加尔湖、达乌里亚风景区等，探索建立国家、省级层面沟通协调机制，对合作开发、资源共享的条件和利益分配进行充分的协商和讨论，推动旅游资源共享落地实施，以促进"万里茶道"旅游产业质量和品牌价值的提升。

3. 品牌形象共享

"万里茶道"从武夷山出发至俄罗斯圣彼得堡，并延伸至欧洲，是一个具有整体性、综合性概念的跨国遗产廊道。伴随着商品贸易和人员的交流，沿线各地在文化上相互碰撞和交融，形成了质朴、厚重、包容的文脉特征和共同的品牌基因。然而，国际旅游品牌基于其地理特征，比一般旅游目的地更容易产生内部形象竞争，或者沿线地区之间缺乏内在联系，甚至出现形象替代与形象遮蔽，因而品牌形象共享中既要保证品牌共性，又要突出品牌个性。"万里茶道"沿线中任何单一地区都不可能代表"万里茶道"整体的文化价值与文化多样性展示，任何区域或地方形象都无法涵盖和替代遗产整体形象。因此，应以"万里茶道"整体形象或者概念形象为规范，依据各沿线地区的静态和动态的比较优势，充分考虑各地的区位条件、遗产属性和价值，构建由整体形象、国家形象、区域形象和地区形象构成的形象体系，避免定位重复和各遗产点形象建设"自我化"的倾向（见图11-1）（任唤麟，2017）。

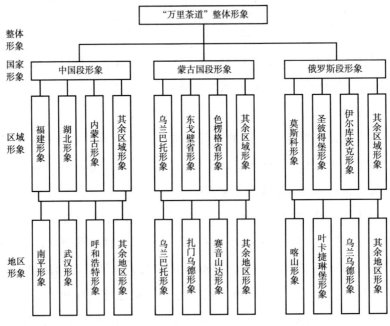

图 11-1 "万里茶道"品牌共享中的形象体系

4. 旅游市场共享

"万里茶道"沿线地区的旅游市场共享应以旅游政策沟通为基础,以基础设施连通为路径,以旅游签证便利化为抓手,在"万里茶道"沿线核心城市,如莫斯科、圣彼得堡、武汉、太原、呼和浩特等地增加直航城市和航班,便利游客出行,实现区域旅游客源共享和相互间客源输送。同时,发行旅游互联互通卡,开通旅游包机与旅游专列,采取增加出境旅游目的地等措施,为各国游客提供全面旅游服务,实现"万里茶道"沿线地区客流畅通。此外,应提升沿线景区和服务质量,打造区域旅游精品线路,支持各国企业开展旅游市场和旅游产品的联合开发。

四 "万里茶道"国际旅游品牌共商共建共享的保障机制

"万里茶道"跨越中蒙俄三国,绵延 1.3 万余公里,涉及 30 余个省级行政单元数百个城市,在联合申遗和品牌共商共建共享过程中的难度较大。因此,建立有效的保障机制对推动品牌的共商共建共享十分必要,具体包括以下几个方面。

(一)建立联合应急处置机制

在"万里茶道"跨境旅游发展过程中,可能遭遇各种突发事件和旅游纠纷等障碍,为减少旅游合作中的"囚徒困境",需要建立联合应急处置机制。主要内容包括:依托"万里茶道"沿线政府间的协商委员会,联合中蒙俄的公安、消防、卫生、武装、旅游等部门,共同应对跨国旅游过程中遭遇的突发事件,提供紧急救援和善后处置服务;依据投资促进机制确定的内容,为旅游投融资提供应急资金帮助,解决投融资问题;依据中蒙俄达成共识的条约,为旅游合作发展遇到的纠纷提供法律保障,以保证各成员在旅游合作开发中的合法权益。

(二)构建区域间补偿机制

作为一个远距离跨国旅游品牌,"万里茶道"国际旅游品牌的共商共建共享需要建立一个科学合理的利益补偿机制,这是维护区域旅游经济协调发展的必要手段。该机制主要是通过建立共同的融资平台、合理的税收模式以及分成体制,加大旅游强势地区对弱势地区的支持力度,保障发展中的公平。具体措施包括：建立旅游发展基金，为组织内旅游发展处于弱势地位、发展水平较低的地区提供资金援助；对于新引进的旅游建设项目，在选址上进行空间控制，尽可能优先选择旅游弱势地区；对"万里茶道"区域内旅游资源受益者征收适当税费，用于重点支持弱势地区的旅游基础设施建设；在分成比例上，对于为整体利益而牺牲自身发展机会的地区实行提高分成比例的政策。通过一系列的补偿性政策的推行，提高旅游品牌共商共建共享的整体意识，同时避免各成员在围绕同一旅游品牌开发的过程中可能导致的恶性竞争。

（三）推动旅游人力资源和智库建设

"万里茶道"沿线地区应重视旅游领域的正规教育和在职培训投入，注重人力资源在旅游品牌建设中的支撑作用。中蒙俄三国应以政策沟通和民心相通为抓手，探索制订旅游人才发展共享计划，充分挖掘国际合作项目和经验分享潜力，加强旅游从业人员的交流与培训。尤其对于蒙古国和俄罗斯，应以正规化、专业化和国际化为目标，加强旅游人力资源开发，着力突破旅游发展的人才瓶颈。智库建设在理论创新、专业导向、资源集聚、实践转化、成果传播等方面发挥巨大作用，对促进"万里茶道"沿线地区旅游合作健康发展具有显著的推动作用。中蒙俄三国的大学和研究机构，应围绕"万里茶道"、中蒙俄经济走廊等议题定期举办国际论坛，探讨中俄、中蒙边境旅游，"万里茶道"的遗产保护和国际旅游品牌建设等合作事宜，在制定相关政策等方面为决策者提供智力支持。

（四）加强安全管理

针对蒙古国和俄罗斯存在一定安全风险的现实，应定期研判"万里茶道"沿线地区的安全形势，及时警示和应对潜在的旅游安全风险。沿线地区可探索实施政府层面的综合安全保障工程，形成以领事保护与协助为核心的公共安全保障要素结构。具体包括：在领事保护上，依托我国领事保护的法律法规，建立和强化安全信息共享、安全监测预警、领事保护、境外安全救援、境外安全善后、境外法律援助等领事保护与协助服务，并逐步丰富领事保护的内容，建立起境外救助费用个人合理分担机制，并推动该服务面向中蒙俄全面覆盖；在响应机制上，逐步形成外交部门、应急管理部门、文化和旅游部门等多部门联合行动的安全保障机制，形成以事前安全教育与风险预警、事中领事保护与综合应急、事后恢复与善后处置等为核心的多阶段应急管理机制；在建设安排上，可使亚投行、丝路基金等成为推动"中蒙俄经济走廊"或"万里茶道"安全基础设施建设、维护和升级的重要力量，对安全设施类的技术开发与应用项目给予重点支持。

（五）引导国民文明旅游

"万里茶道"沿线地区在宗教文化、民族风俗等方面存在较大差异，因此在接待入境游客或本国公民出境旅游时，要引导民众礼貌接待、文明旅游。尤其是在中国出境游客人数过亿、引起世界广泛关注的情况下，要引导中国公民文明旅游，充分尊重目的地国的习俗、文化、法律、道德、礼节，展示中国作为文明古国和经济大国的风范。在旅游者引导方面：一是要广泛树立"出国你就是中国形象大使"的观念，加强国外风俗、礼仪等宣传，引导国人文明出境旅游；二是持续推广《中国公民出国（境）旅游文明行为指南》；三是出入境部门、旅游部门和海关、边检部门等协同努力，把文明旅游教育引导列为不可或缺的业务流程，把文明旅游宣传常态化渗透到旅游全环节。

参考文献

阿荣，2020，《问驿寻幽路渐深》，《内蒙古日报（汉）》7月23日，第11版。

艾梅霞，2007，《茶叶之路：中俄跨越大草原的相遇》，中信出版社。

安微娜，2022，《万里茶道山西段路线的形成与探讨》，《农业考古》第2期，第256~260页。

把多勋、王瑞、陈芳婷，2019，《基于"一带一路"建设的中国丝绸之路国际文化旅游廊道构建研究》，《世界经济研究》第9期，第97~104页。

白如山、王晓文，2012，《跨界区域品牌共享型旅游地冲突及其治理机制研究——以福建土楼为例》，《亚热带资源与环境学报》第4期，第55~63页。

鲍捷、吴殿廷、王彬等，2021，《尺度重组视角下的中蒙俄国际旅游合作路径研究》，《干旱区资源与环境》第5期，第187~195页。

毕秋，2017，《"共商共建共享"：全球治理的理念创新与实践推进》，《延边党校学报》第6期，第41~44页。

波列雅耶夫，列昂尼德，2005，《鄂木斯克州的投资优势与国际合作条件》，《西伯利亚研究》第4期，第13~14页。

蔡刚，2019，《基于模糊集定性比较的旅游品牌价值评价》，《统计与决策》第16期，第63~66页。

曹铮、刘萍、霍相博，2019，《续写"万里茶道"上的"燕赵传奇"》，《河北日报》4月3日，第6版。

柴玉梅，2007，《太原大关帝庙》，《文物世界》第 2 期，第 40～46 页。

常浩，2019，《万里茶道福建段文物资源简析》，《南方文物》第 4 期，第 249～252 页。

陈登源，2016，《"一带一路"战略下福建文化产业发展优化研究》，《西北工业大学学报》（社会科学版）第 4 期，第 16～19 页。

陈航、王跃伟，2018，《基于旅游者情感的目的地品牌评价研究——以互联网旅游日记为例》，《人文地理》第 2 期，第 154～160 页。

陈开科，2020，《中俄关系史上的五条路》，《俄罗斯学刊》第 2 期，第 70～91 页。

陈赛赛，2016，《线性文化遗产背景下的万里茶道空间结点分析》，硕士学位论文，江西师范大学。

陈文华，2016，《湖北在万里茶道中的地位与品牌复兴的路径选择》，《决策与信息》第 6 期，第 16～24 页。

陈文华，2022，《清代中俄茶叶贸易路线变迁》，《江汉论坛》第 2 期，第 110～119 页。

陈学璞，2015，《"一带一路"战略下粤桂琼旅游业联动发展研究》，《改革与战略》第 9 期，第 161～165 页。

陈雅洁，2019，《人类学视野下的饮食文化——以大同刀削面为例》，《齐齐哈尔师范高等专科学校学报》第 1 期，第 63～64 页。

陈真、胡七星、朱亚平等，2022，《一条民族团结之路 一条文化传播之路 万里茶道的湖北咸宁赤壁申遗路》，《民族大家庭》第 5 期，第 18～21 页。

成竹、陈伟，2016，《大湄公河次区域国际旅游品牌共建机制研究——以滇越为例》，《西南边疆民族研究》第 2 期，第 113～119 页。

程佳，2014，《"万里茶道"：从武夷山到圣彼得堡》，《中国文化报》10 月 16 日，第 11 版。

崔盼盼，2021，《黄河流域能源消费碳减排成效评价及减排潜力研究》，博士学位论文，南京师范大学。

崔晓农，2013，《乾和祥：老茶庄的新传奇》，《山西经济日报》9 月 27

日，第 1 版。

邓九刚，2000，《茶叶之路：欧亚商道兴衰三百年》，内蒙古人民出版社。

杜德斌、马亚华，2015，《“一带一路”：中华民族复兴的地缘大战略》，《地理研究》第 6 期，第 1005~1014 页。

段亚鹏、赖子凌、殷秀航等，2020，《赣东北地区茶加工业遗产研究——以浮梁新迪茶厂为例》，《自然与文化遗产研究》第 2 期，第 133~142 页。

段志风、李丹丹，2018，《万里茶路价值的弘扬与保护》，《吕梁教育学院学报》第 1 期，第 154~156 页。

丰若非、燕红忠，2014，《清代中俄恰克图贸易的历史作用》，《人文杂志》第 8 期，第 92~99 页。

冯耕耘、杨倩，2021，《基于 DEA 模型的恩施州旅游扶贫效率评价研究》，《三峡大学学报》（人文社会科学版）第 6 期，第 46~50 页。

冯君，2007，《清代归化城商业贸易的兴衰及其影响》，硕士学位论文，内蒙古师范大学。

冯晓光，2022，《千年砖茶羊楼洞》，《武汉文史资料》第 4 期，第 14~18 页。

付业勤、杨文森、郑向敏，2013，《福建省入境旅游区域差异的时空演化与影响因素研究》，《华侨大学学报》（哲学社会科学版）第 4 期，第 49~58 页。

高春平，2010，《晋商与中俄恰克图茶叶贸易——纪念伟大的茶叶之路》，《全球史评论》第 3 辑，第 270~297、436~437 页。

高峰、贾恒阳，2023，《基于文献计量分析的我国汝窑研究概况及热点分析》，《长春师范大学学报》第 4 期，第 192~200 页。

高楠、马耀峰、李天顺等，2013，《基于耦合模型的旅游产业与城市化协调发展研究——以西安市为例》，《旅游学刊》第 1 期，第 62~68 页。

葛政委，2018，《“宜红古茶道”的回顾与展望》，《三峡论坛（三峡文学·理论版）》第 4 期，第 1~4 页。

龚道德、袁晓园、张青萍,2016,《美国运河国家遗产廊道模式运作机理剖析及其对我国大型线性文化遗产保护与发展的启示》,《城市发展研究》第 1 期,第 17~22 页。

管锦宏,2020,《茶道关隘鄱湖明珠——万里茶道重镇九江姑塘海关旧址及其文物价值初探》,《南方文物》第 5 期,第 279~284 页。

郭向阳、明庆忠、穆学青等,2017,《中部 6 省入境旅游流流量与流质成长规律及时空演化分析》,《宁夏大学学报》(自然科学版)第 1 期,第 109~117 页。

国家发展改革委、外交部、商务部,2015,《推动共建丝绸之路经济带和 21 世纪海上丝绸之路的愿景与行动》,《人民日报》3 月 29 日,第 4 版。

韩慧林、邹统钎,2022,《"一带一路"背景下西北丝绸之路旅游品牌共建机制构建研究》,《青海民族研究》第 3 期,第 124~129 页。

韩云杰,2021,《树立共商共建共享共治理念促进网络空间安全稳定繁荣——构建网络空间命运共同体探析》,《对外传播》第 2 期,第 57~59 页。

侯兵、张慧,2019,《基于区域协同视角的大运河文化旅游品牌体系构建研究——兼论"千年运河"文化旅游品牌建设思路》,《扬州大学学报》(人文社会科学版)第 5 期,第 81~92 页。

胡必亮,2018,《"一带一路":倡议实施前景》,《中国人口科学》第 1 期,第 2~18 页。

胡抚生,2017,《"一带一路"倡议背景下跨境旅游合作区建设的思考》,《旅游学刊》第 5 期,第 1~3 页。

胡国栋、罗章保,2021,《中国本土网络组织治理的信任耦合与默契机制——微观权力的视角》,《经济管理》第 10 期,第 42~61 页。

胡仙荣,2012,《历史文化名街祁县晋商老街》,《山西财税》第 4 期,第 48 页。

黄柏权、巩家楠,2021,《万里茶道跨越亚欧的"世纪动脉"》,《中国民族》第 7 期,第 74~77 页。

黄柏权、巩家楠,2022a,《文旅融合背景下万里茶道文化遗产保护利用》,《文化产业研究》第 2 期,第 2~14 页。

黄柏权、巩家楠，2022b，《万里茶道茶商群体研究的回顾与思考》，《中国史研究动态》第 6 期，第 32~39 页。

黄柏权、黄祥深，2019，《长盛川青砖茶历史溯源及价值考察》，《长江师范学院学报》第 2 期，第 1~6 页。

黄柏权、平英志，2020，《以茶为媒："万里茶道"的形成、特征与价值》，《湖北大学学报》（哲学社会科学版）第 6 期，第 69~80 页。

黄芙蓉，2016，《"万里茶道"申遗与区域发展传播路径研究——湖北融入"一带一路"的战略思考》，《学习与实践》第 11 期，第 129~134 页。

黄锐、谢朝武、赖菲菲，2022，《"一带一路"倡议对沿线目的地国家旅游发展影响研究——基于引力模型和双重差分的实证检验》，《地理与地理信息科学》第 4 期，第 120~129 页。

黄卫平，2017，《共商共建共享：重塑全球化的新基础》，《北京工商大学学报》（社会科学版）第 6 期，第 1~7 页。

黄晓慧、邹开敏，2016，《"一带一路"战略背景下的粤港澳大湾区文商旅融合发展》，《华南师范大学学报》（社会科学版）第 4 期，第 106~110 页。

黄孝东、刘浩泽，2021，《中蒙俄万里茶道（山西段）非物质文化遗产旅游开发模式研究》，《山西大同大学学报》（社会科学版）第 3 期，第 125~130 页。

黄银波，2020，《超越边界：尺度重组中的跨境区域空间演化与治理转型——基于粤港澳大湾区的案例研究》，《城乡规划》第 1 期，第 9~19 页。

纪颖超、殷杰，2023，《"一带一路"沿线国家旅游合作联系网络结构韧性：综合评估与动因甄别》，《人文地理》第 4 期，第 176~185 页。

冀文彦、王军，2019，《基于冬奥会的张家口旅游产业竞争力研究》，《北京城市学院学报》第 3 期，第 13~19 页。

贾建飞、张军，2021，《"万里茶道"俄国段考察：以兰姆利报告为中心》，《晋商研究》第 0 期，第 87~101 页。

姜潇、包昱涵、许雪毅，2022，《"把老祖宗留下的文化遗产精心守护好"》，《新华每日电讯》5 月 30 日，第 1 版。

蒋太旭，2015，《中俄万里茶道申遗之路》，《武汉文史资料》第 5 期，第 51~55 页。

康永平，2018，《万里茶道内蒙古段研究》，硕士学位论文，内蒙古师范大学。

孔柠檬，2016，《河口镇在明清茶叶贸易中的地位——兼论茶叶与"一带一路"》，《农业考古》第 2 期，第 160~165 页。

赖建东、定光平、胡振华，2019，《万里茶道源头羊楼洞古镇旅游开发及利用对策探究》，《湖北科技学院学报》第 3 期，第 1~4 页。

赖思振、杨勇、邹永广等，2021，《中国省际旅游安全合作网络结构特征研究——基于旅游政务官网的旅游安全合作信息》，《旅游学刊》第 12 期，第 54~71 页。

李博、韩诗洁、黄梓茜，2016，《万里茶道湖南段文化线路遗产结构初探》，《湖南社会科学》第 4 期，第 136~140 页。

李创新、马耀峰、李振亭等，2009，《遗产廊道型资源旅游合作开发模式研究——以"丝绸之路"跨国联合申遗为例》，《资源开发与市场》第 9 期，第 841~844 页。

李飞，2019，《线性文化遗产空间结构演化研究——兼述旅游于其中的影响》，《地理与地理信息科学》第 5 期，第 133~140 页。

李飞、宋金平，2010，《廊道遗产：概念、理论源流与价值判断》，《人文地理》第 2 期，第 74~77 页。

李函林，2020，《忻州古城：千年神韵 千般味道》，《中国建设报》12 月 28 日，第 3 版。

李金龙、李朝辉，2011，《我国区域旅游中地方政府间的竞合关系探析》，《经济地理》第 6 期，第 1031~1035 页。

李军，2012，《宜红工夫》，《茶博览》第 12 期，第 62~63 页。

李明武、邱艳，2020，《中俄万里茶道兴衰及线路变迁：过程分析与当代启示》，《茶叶通讯》第 2 期，第 344~348 页。

李伟、俞孔坚、李迪华，2004，《遗产廊道与大运河整体保护的理论框架》，《城市问题》第 1 期，第 28~31 页。

李现云，2017，《概述清代中俄四个贸易阶段的演变——以万里茶道河北段为例》，《农业考古》第 5 期，第 87~90 页。

李现云、董奇，2019a，《察哈尔都统署统八旗镇北疆》，《湖北画报（湖北旅游）》第 3 期，第 1 页。

李现云、董奇，2019b，《大境门——万里长城第一门》，《湖北画报（湖北旅游）》第 3 期，第 1 页。

李晓标，2016，《晚清中俄蒙经济交通节点库伦城的地缘经济景观》，《兰台世界》第 2 期，第 114~116 页。

李晓标、解程姬，2017，《在中外互动中演变的清末恰克图边城——以西方游记为中心》，《内蒙古社会科学》（汉文版）第 6 期，第 83~88 页。

李艳阳、董奇，2019a，《大召召庙文化遐迩闻名》，《湖北画报（湖北旅游）》第 3 期，第 115 页。

李艳阳、董奇，2019b，《多伦山西会馆"塞外商埠"依稀可见》，《湖北画报（湖北旅游）》第 3 期，第 1 页。

李艳阳、董奇，2019c，《呼市清真大寺熙熙攘攘信众往来》，《湖北画报（湖北旅游）》第 3 期，第 114 页。

李颖、张熠柠、王其冰，2020，《万里茶道借"一带一路"再复兴》，《闽北日报》6 月 18 日，第 5 版。

李峥、刘晓航，2021，《"万里茶道"中原段上的线路、节点及晋商》，《广西职业技术学院学报》第 4 期，第 20~29 页。

李志龙，2019，《乡村振兴－乡村旅游系统耦合机制与协调发展研究——以湖南凤凰县为例》，《地理研究》第 3 期，第 643~654 页。

李志强，1996，《张垣晋商对俄贸易》，《山西文史资料》第 2 期，第 19~23 页。

连漪、樊志文，2015，《基于生态位视角的区域旅游品牌竞争力提升——以桂林国际旅游胜地为例》，《企业经济》第 1 期，第 23~27 页。

梁明珠、陈小洁，2006，《论政府在区域旅游品牌构建中的作用——以珠三角为例》，《暨南学报》（哲学社会科学版）第 3 期，第 56~59 页。

林齐模，2003，《近代中国茶叶国际贸易的衰减——以对英国出口为中心》，《历史研究》第 6 期，第 58~71、190 页。

林炜铃、邹永广，2016，《"一带一路"沿线旅游合作空间格局与合作机制》，《南亚研究季刊》第 2 期，第 76~83 页。

刘阿芳、耿敏、苏日嘎拉图，2021，《锡林郭勒红色足迹：红色交通线重要站点》，《锡林郭勒日报（汉）》5 月 27 日，第 A1 版。

刘传春、李远，2019，《"一带一路"倡议与全球治理的完善——以国际公共产品有效供给为视角的分析》，《理论导刊》第 10 期，第 108~115 页。

刘春子，2020，《贸易路线上的草原商镇多伦诺尔》，《西部蒙古论坛》第 4 期，第 30~34 页。

刘洪林，2015，《工夫红茶品质客观评价研究》，硕士学位论文，西南大学。

刘杰，2016，《万里茶道（湖北段）文化遗产调查与保护》，《中国文化遗产》第 3 期，第 38~44 页。

刘杰、程飞、董奇，2019，《襄阳 汉水中枢 车船不息》，《湖北画报（湖北旅游）》第 3 期，第 68~71 页。

刘丽娟、李天元，2012，《国外旅游目的地品牌化研究现状与分析》，《人文地理》第 2 期，第 26~31 页。

刘丽梅，2016，《中蒙俄旅游合作及其发展策略研究》，《内蒙古财经大学学报》第 5 期，第 1~4 页。

刘丽梅、吕君，2016，《内蒙古 A 级旅游景区空间结构研究》，《干旱区资源与环境》第 11 期，第 203~208 页。

刘曙华、张鹏飞、周青等，2021，《"一带一路"背景下中越跨境经济合作区支持政策研究》，《广西社会科学》第 9 期，第 71~79 页。

刘颂华，2022，《万里茶道湖南段的产茶区构成与历史地位》，《南方文物》第 5 期，第 257~263 页。

刘卫东，2015，《"一带一路"战略的科学内涵与科学问题》，《地理科学进展》第 5 期，第 538~544 页。

刘晓航，2006，《整合资源，回归历史，打造中俄茶叶之路旅游线》，

《农业考古》第 2 期，第 40~43 页。

刘勇，2020，《"一带一路"生成的四重内在逻辑》，《理论月刊》第 8 期，第 5~12 页。

刘禹含，2022，《"一带一路"建设推动形成全面开放新格局》，《中国外资》第 20 期，第 41~43 页。

刘再起，2019，《我与万里茶道研究》，《广西职业技术学院学报》第 4 期，第 13~21 页。

刘再起、钟晓，2016，《论万里茶道与"一带一路"战略》，《文化软实力研究》第 2 期，第 23~30 页。

刘壮、郑鹏、王洁洁等，2022，《"一带一路"倡议对中国出境旅游流的影响及作用机制》，《资源科学》第 11 期，第 2356~2372 页。

龙文决、彭士奇、杨跃武，2019，《"万里茶道"列入〈中国世界文化遗产预备名单〉》，《湖南日报》3 月 21 日，第 3 版。

陆林、张清源、许艳等，2020，《全球地方化视角下旅游地尺度重组——以浙江乌镇为例》，《地理学报》第 2 期，第 410~425 页。

吕富来，2022，《品茶悟道在婺源》，《江西日报》12 月 16 日，第 9 版。

罗思影，2009，《江西九江采茶戏的调查与研究》，硕士学位论文，山西师范大学。

罗文标，2017，《新制度经济学视角下旅游品牌共享型乡村旅游经济协调发展研究》，《农业经济》第 3 期，第 67~69 页。

罗晓群，2020，《考古遗址博物馆展览原则的探索——以良渚博物院基本陈列改造为例》，《自然与文化遗产研究》第 3 期，第 91~97 页。

洛阳市统计局，2020，《2019 年洛阳市国民经济和社会发展统计公报》，《洛阳日报》4 月 15 日，第 7 版。

马斌斌、鲁小波、郭迪等，2015，《"丝绸之路经济带"背景下西北五省旅游协同发展战略研究》，《新疆大学学报》（哲学·人文社会科学版）第 5 期，第 16~21 页。

马聪玲、倪鹏飞，2008，《城市旅游品牌：概念界定及评价体系》，《财贸经济》第 9 期，第 124~127 页。

马伟，2007，《晋商成功之道（连载十三）》，《文史月刊》第 10 期，第 46~49 页。

马小琴，2022，《山西省苹果产业发展趋势及其旅游价值分析》，《中国果树》第 10 期，第 99~103 页。

马耀峰、刘军胜，2015，《中国丝绸之路世界遗产旅游发展战略研究》，《陕西师范大学学报》（自然科学版）第 6 期，第 71~76 页。

孟维娜，2016，《中越边境地区跨国旅游开发合作的政策取向探讨》，《广西民族大学学报》（哲学社会科学版）第 6 期，第 142~144 页。

民革岳阳市委员会调研组，2012，《关于建设洞庭湖生态旅游示范区的调查与思考》，《湖南民族职业学院学报》第 3 期，第 11~17 页。

娜日苏，2019，《蒙古族的茶文化》，《内蒙古民族大学学报》（社会科学版）第 4 期，第 19~26 页。

南宇、李兰军，2009，《西北丝绸之路旅游区合作开发研究——基于丝路申遗的视角分析》，《地域研究与开发》第 5 期，第 97~101 页。

倪玉平、崔思朋，2021，《万里茶道：清代中俄茶叶贸易与北方草原丝绸之路研究》，《北京师范大学学报》（社会科学版）第 4 期，第 133~140 页。

倪玉平、崔思朋，2022，《万里茶道不只是"茶道"》，《历史评论》第 1 期，第 105~106 页。

牛育育、吴殿廷、周李，2020，《中俄旅游合作的回顾及前瞻》，《东北亚经济研究》第 5 期，第 78~93 页。

庞笑笑、王荣成、王文刚，2014，《旅游品牌共享型区域的界定及其外部性问题探讨》，《当代经济管理》第 11 期，第 60~65 页。

彭雪、许凡，2022，《丝绸之路遗产价值传播的现状与思考》，《文博学刊》第 4 期，第 106~114 页。

齐勇锋、张超，2016，《"一带一路"战略与中蒙俄文化产业走廊研究》，《东岳论丛》第 5 期，第 16~24 页。

祁杭，2016，《张库大道的产生和发展及历史作用》，硕士学位论文，河北师范大学。

秦亚青、魏玲，2018，《新型全球治理观与"一带一路"合作实践》，《外交评论（外交学院学报）》第2期，第1~14页。

庆文、王义保，2018，《基于熵权TOPSIS法的我国城市公共安全感指数评价》，《数学的实践与认识》第24期，第126~133页。

区桂恒、扈航，2016，《太原市旅游业发展研究及对策》，《经济问题》第9期，第126~129页。

曲颖、李天元，2011，《旅游目的地形象、定位和品牌化：概念辨析和关系阐释》，《旅游科学》第4期，第10~19页。

任唤麟，2017，《基于地理特征的跨区域线性文化遗产旅游形象策略研究》，《地理与地理信息科学》第1期，第95~101页。

尚雨、顾江，2007，《收益外溢、产权失灵与中国文化产业发展》，《现代经济探讨》第2期，第45~47页。

沈铭辉、沈陈，2023，《"一带一路"高质量发展的内在机理与实践路径——基于公共产品供给的视角》，《中共中央党校（国家行政学院）学报》第4期，第66~74页。

沈影，2013，《浅析新形势下四川省与俄罗斯区域经贸合作的必要性》，《现代商业》第18期，第83~84页。

石雅楠，2021，《中蒙俄经济走廊视域下"万里茶道"的意义与发展策略》，《西伯利亚研究》第3期，第18~27页。

石张宇、于丽艳、汪荣，2017，《中部六省入境旅游流流量与流质演化研究》，《旅游论坛》第3期，第95~106页。

舒曼，2014，《古代张家口茶马互市与张库大道（茶叶之路）之刍议》，《农业考古》第2期，第215~222页。

宋瑞、冯珺，2021，《"一带一路"与旅游合作：进展、效果与前瞻》，中国社会科学出版社。

宋时磊、刘再起，2019，《晚清中俄茶叶贸易路线变迁考——以汉口为中心的考察》，《农业考古》第2期，第108~116页。

宋奕，2014，《文化线路遗产视角下的"万里茶道"申遗》，《华中师范大学学报》（人文社会科学版）第6期，第76~83页。

苏和，1999a，《富饶的蒙古国》，《蒙古学信息》第 1 期，第 59~65 页。

苏和，1999b，《富饶的蒙古国》，《蒙古学信息》第 2 期，第 57~64 页。

苏和，1999c，《富饶的蒙古国》，《蒙古学信息》第 3 期，第 45~53 页。

苏和，1999d，《富饶的蒙古国》，《蒙古学信息》第 4 期，第 38~46 页。

孙翰伯、陈振萌、韦峰，2020，《万里茶道背景下河南浅山农贸型传统村落微更新设计研究——以汝州半扎村为例》，《建筑与文化》第 3 期，第 79~81 页。

孙伟、李可馨、张嘉齐等，2024，《万里茶道（湖北段）旅游开发现状及活化策略》，《三峡大学学报》（人文社会科学版）第 1 期，第 64~70 页。

孙亚楠，2019，《21 世纪斯威尔德洛夫斯克州与黑龙江省的教育合作》，《文化创新比较研究》第 13 期，第 43~44 页。

孙志国、定光平、谢毅等，2012，《羊楼洞砖茶的地理标志与文化遗产》，《浙江农业科学》第 10 期，第 1474~1477 页。

孙志煜、沈旦，2021，《浅议"一带一路"背景下国际商事和解协议的强制执行效力》，《法治论坛》第 2 期，第 165~177 页。

陶犁，2012，《"文化廊道"及旅游开发：一种新的线性遗产区域旅游开发思路》，《思想战线》第 2 期，第 99~103 页。

陶犁、王立国，2013，《国外线性文化遗产发展历程及研究进展评析》，《思想战线》第 3 期，第 108~114 页。

滕菲，2014，《浅析模糊地带更新再利用方式——以大智门火车站为例》，《中外建筑》第 1 期，第 120~122 页。

万田户、彭海芳，2020，《新常态视阈下旅游新业态发展研究——以江西省上饶市为例》，《景德镇学院学报》第 1 期，第 32~37 页。

万献初，1993，《九宫山杨芳林茶话轶闻》，《咸宁师专学报》第 1 期，第 72~74 页。

汪茂忠、程玄进、江声德，2004，《渊远流长的婺绿茶文化》，《茶叶》第 1 期，第 58~59 页。

汪琼、郑建新，2022，《万里茶道上的祁红三大遗产》，《农业考古》第 2 期，第 261~265 页。

王公为，2019，《"万里茶道"内蒙古段旅游产品开发策略研究》，《北方经济》第 1 期，第 58~61 页。

王公为，2020a，《茶产业与旅游产业的融合互动发展研究——以"万里茶道"中国段沿线 8 省区为例》，《茶叶科学》第 4 期，第 555~564 页。

王公为，2020b，《三生空间视角下中国省级区域绿色发展能力测度及影响因素研究——以内蒙古为例》，《西部经济管理论坛》第 6 期，第 15~26 页。

王公为，2021，《中国马术旅游发展适宜性评价及障碍因子研究》，《西部经济管理论坛》第 2 期，第 54~62 页。

王公为、黄甜甜，2022，《海南省旅游业与房地产业的时空耦合发展研究》，《财经理论研究》第 1 期，第 43~53 页。

王公为、乌铁红，2016，《内蒙古入境旅游流流量与流质的时空分布研究》，《干旱区资源与环境》第 12 期，第 199~203 页。

王会层，2010，《河北省旅游空间结构优化研究》，硕士学位论文，燕山大学。

王金伟、韩宾娜，2008，《线性文化遗产旅游发展潜力评价及实证研究》，《云南师范大学学报》（哲学社会科学版）第 5 期，第 120~126 页。

王金玉、韩梦丽，2017，《晋商与明清时期万里茶路的变迁》，《长春师范大学学报》第 5 期，第 55~59 页。

王乃举、黄翔、连建功，2006，《跨区域旅游品牌的共建》，《上海师范大学学报》（自然科学版）第 6 期，第 93~98 页。

王楠、于海志，2021，《茶香万里：中蒙俄"万里茶道"经济文化价值研究》，《北方论丛》第 6 期，第 55~62 页。

王茹芹，2018，《万里茶道》，《时代经贸》第 31 期，第 53~73 页。

王思达，2022，《"万里茶道"上的"塞北明珠"》，《河北日报》8 月 18 日，第 11 版。

王松茂、褚玉静、郭安禧等，2020，《"一带一路"沿线重点省份旅游经济高质量发展研究——基于旅游资源转换效率的测度》，《地理科学》第 9 期，第 1505~1512 页。

王薇、刘颖杰，2021，《黄山市传统村落的空间分布特征及其影响因素分析》，《西安建筑科技大学学报》（社会科学版）第 2 期，第 22~31 页。

王兆峰，2007，《区域旅游产业品牌竞争力评价指标体系构建研究》，《当代财经》第 10 期，第 83~87 页。

王志芳、孙鹏，2001，《遗产廊道——一种较新的遗产保护方法》，《中国园林》第 5 期，第 86~89 页。

魏妮茜、项国鹏，2021，《长三角地区茶产业与旅游产业融合发展的效果测度研究》，《茶叶科学》第 5 期，第 731~742 页。

文连阳，2019，《"一带一路"沿线民族地区旅游品牌的价值共创》，《人民论坛》第 29 期，第 72~73 页。

乌日娜、韩建彪，2022，《乡村振兴战略背景下边疆民族地区文化产业高质量发展路径探索——以锡林郭勒盟为例》，《内蒙古科技与经济》第 23 期，第 11~12 页。

吴殿廷、崔丹、刘宏红，2022，《中蒙旅游合作的现实意义和突破路径》，《东北亚经济研究》第 5 期，第 23~32 页。

吴东生、朱修南，2016，《万里茶道上的宁红茶》，《中国茶叶》第 9 期，第 35~36 页。

吴高岭，2012，《咸宁山区城镇化建设探讨》，《咸宁学院学报》第 5 期，第 1~3 页。

吴晋峰，2014，《旅游吸引物、旅游资源、旅游产品和旅游体验概念辨析》，《经济管理》第 8 期，第 126~136 页。

吴军、叶颖、陈嘉平，2021，《尺度重组视角下粤港澳大湾区同城化地区跨界治理机制研究——以广佛同城为例》，《热带地理》第 4 期，第 723~733 页。

吴奇修，2005，《我国资源型城市竞争力的重塑与提升》，博士学位论文，中南大学。

吴儒练、李洪义、李向明等，2021，《江西省 A 级旅游景区时空演变及动力机制》，《江西师范大学学报》（自然科学版）第 5 期，第 539~550 页。

吴小天，2013，《旅游目的地品牌化治理中的政府角色定位研究》，博士学位论文，南开大学。

武汉市统计局、国家统计局武汉调查队，2024，《2023 年武汉市国民经济和社会发展统计公报》，4 月 5 日，武汉市统计局官网，https: //tjj. wuhan. gov. cn/tjfw/tjgb/202404/t20240405_ 2384677. shtml。

肖发标，2015，《九江市万里茶道文化遗产的调查与保护》，《农业考古》第 5 期，第 303~315 页。

肖京子、徐仲溪，2010，《茶语四君子——茶与梅兰竹菊》，《茶叶通讯》第 4 期，第 42~44、47 页。

谢五届、吴美菊、陶玉国，2022，《"一带一路"倡议下中国城市旅游发展机遇与路径》，《中国名城》第 5 期，第 40~46 页。

徐眈，2021，《"现代化大城市"战略背景下岳阳市全域旅游建设路径及对策》，《岳阳职业技术学院学报》第 5 期，第 41~46 页。

徐雨利、龙花楼、屠爽爽等，2022，《"一带一路"倡议对我国沿线重点省份入境旅游效率的影响》，《经济地理》第 9 期，第 201~210 页。

许峰、秦晓楠、张明伟等，2013，《生态位理论视角下区域城市旅游品牌系统构建研究——以山东省会都市圈为例》，《旅游学刊》第 9 期，第 43~52 页。

许檀，2010，《清代山西归化城的商业》，《中国经济史研究》第 1 期，第 83~92 页。

许颖、马志亮，2020，《"一带一路"跨文化交流的历史层次与"万里茶道"申遗的世界性意义》，《文化软实力研究》第 2 期，第 78~85 页。

许志桦、刘云刚、胡国华，2019，《从珠三角到大珠三角再到粤港澳大湾区：改革开放以来中国的国家尺度重组》，《热带地理》第 5 期，第 635~646 页。

续宇彤、刘昭华，2021，《夜间灯光支持下江西省典型城市发展动态监测》，《北京测绘》第 9 期，第 1177~1182 页。

闫喜琴，2011，《论中原经济区建设背景下中原旅游的区域合作》，《河南师范大学学报》（哲学社会科学版）第 4 期，第 79~82 页。

言唱，2020，《大运河文化旅游品牌构建与传播研究》，《文化产业》第

15 期，第 19~20 页。

阎志，2018，《万里茶道对汉口的影响及其建筑遗存》，《江汉考古》第 2 期，第 123~129 页。

颜思敏、王启轩、安娜·格罗韦，2024，《尺度重组视角下的德国跨区域治理实践及启示——基于莱茵-内卡大都市区的经验》，《国际城市规划》第 2 期。

晏雄、解长雯、闫昕等，2021，《梯田型世界文化遗产旅游社区网络治理研究——以元阳哈尼梯田为例》，《中国文化产业评论》第 2 期，第 149~161 页。

阳国亮、梁继超，2010，《桂林旅游品牌竞争力的评价及提升对策研究》，《改革与战略》第 1 期，第 135~137 页。

杨海龙、孙业红、崔莉，2023，《"一带一路"区域旅游协同发展：生态文明视角》，《旅游学刊》第 5 期，第 10~12 页。

杨红，2016，《保护"万里茶道"对旅游资源开发的意义》，《福建茶叶》第 11 期，第 228~229 页。

杨柳、张宁、王淑梅，2016，《以万里茶道为例诠释文化旅游线路的发展路径》，《福建茶叶》第 10 期，第 124~125 页。

杨凝、刘阿芳、爱丽思等，2019，《绿水青山就是金山银山》，《锡林郭勒日报（汉）》11 月 27 日，第 A1 版。

杨晓军，2016a，《"一带一路"视角下的万里茶道旅游资源协同开发》，《天中学刊》第 6 期，第 68~71 页。

杨晓军，2016b，《谈万里茶道与文化旅游》，《福建茶叶》第 4 期，第 140~141 页。

尧水根，2016，《论万里茶道旅游业开发》，《农业考古》第 5 期，第 107~110 页。

于洪洋、欧德卡、巴殿君，2015，《试论"中蒙俄经济走廊"的基础与障碍》，《东北亚论坛》第 1 期，第 96~106 页。

余意，2020，《咸宁茶叶旅行记》，《档案记忆》第 5 期，第 22~25 页。

袁北星，2010，《客商与近代汉口茶市的兴衰》，《江汉论坛》第 3 期，第 84~87 页。

苑希、孟寒、祁欣，2023，《共建"一带一路"十周年：成就、经验与展望》，《国际贸易》第 4 期，第 69~80 页。

翟崑、王丽娜，2016，《一带一路背景下的中国—东盟民心相通现状实证研究》，《云南师范大学学报》（哲学社会科学版）第 6 期，第 51~62 页。

张定青、王海荣、曹象明，2016，《我国遗产廊道研究进展》，《城市发展研究》第 5 期，第 70~75 页。

张海琳，2019，《"一带一路"背景下"澜湄旅游"目的地品牌跨境共建》，《社会科学家》第 12 期，第 101~104 页。

张和敬，1999，《试论"把黄山旅游的牌子打出去"的划时代意义》，《江淮论坛》第 5 期，第 6 页。

张红梅、龙嬹升、梁昌勇等，2019，《葡萄酒旅游目的地品牌形象影响因素扎根研究——以贺兰山东麓为例》，《中国软科学》第 10 期，第 184~192 页。

张辉、黎映彤，2020，《城市型旅游目的地品牌性别气质：量表开发与实证检验》，《旅游学刊》第 1 期，第 109~120 页。

张建伟、久毛措、张姝颖，2022，《"一带一路"沿线西部省（区）旅游经济发展效率时空特征及其影响因素研究》，《青海民族大学学报》（社会科学版）第 4 期，第 29~38 页。

张江驰、谢朝武，2020，《"一带一路"倡议下中国——东盟旅游产业合作：指向、结构与路径》，《华侨大学学报》（哲学社会科学版）第 2 期，第 25~34 页。

张玲玲、曹辉，2017，《福建省 A 级旅游景区时空分布特征分析》，《福建农林大学学报》（哲学社会科学版）第 1 期，第 84~89 页。

张凌媛、吴志才，2021，《乡村旅游社区多元主体的治理网络研究——英德市河头村的个案分析》，《旅游学刊》第 11 期，第 40~56 页。

张明辉，2021，《洛阳市打造高质量国家级高铁枢纽城市思考》，《交通企业管理》第 4 期，第 11~13 页。

张宁、武显治、孙佐枫，2021，《冬奥背景下张家口冰雪旅游发展探析》，《冰雪体育创新研究》第 5 期，第 7~8 页。

张清改，2022，《万里茶道河南段基本线路与茶业贸易运输考论》，《农业考古》第 5 期，第 260~265 页。

张舒，2021，《清代万里茶道述论》，《中国经济史研究》第 6 期，第 63~75 页。

张文娟，2010，《基于区域整体利益的旅游目的地品牌营销研究》，博士学位论文，武汉大学。

张翔云，2018，《旅游地品牌化的路径选择与实现》，《社会科学家》第 1 期，第 105~111 页。

张晓红，2022，《探访悠悠古驿》，《锡林郭勒日报（汉）》8 月 17 日，第 A3 版。

张影，2012，《寻找被遗忘的茶叶之路——试论 19 世纪中叶以前中俄茶叶贸易》，《考试周刊》第 41 期，第 18~20 页。

张玉蓉、樊信友，2020，《长江国际黄金旅游带生态与文化遗产廊道的构建探析》，《人民论坛》第 33 期，第 75~77 页。

张展、廖小平、李春华等，2022，《湖南省县域农业生态效率的时空特征及其影响因素》，《经济地理》第 2 期，第 181~189 页。

赵丹，2021，《基于多元价值的桑干河流域（张家口段）风景道体系景观规划设计》，硕士学位论文，北京林业大学。

赵东麒、桑百川，2016，《"一带一路"倡议下的国际产能合作——基于产业国际竞争力的实证分析》，《国际贸易问题》第 10 期，第 3~14 页。

赵越，2021，《赊店古镇——万里茶道申遗之路》，《文物鉴定与鉴赏》第 24 期，第 171~173 页。

郑大中，2014，《河口明清古街的前尘往事》，《百科知识》第 7 期，第 27~30 页。

郑鹏、刘壮、王洁洁等，2023，《"因商而游"亦或"寻文而至"？——"一带一路"倡议与中国入境旅游业》，《中国人口·资源与环境》第 3 期，第 181~193 页。

中国第一历史档案馆，1981，《清代中俄关系档案史料选编》，中华书局。

钟星、甘超逊，2019，《汉口大智门火车站》，《档案记忆》第 11 期，第 18~20 页。

周李、吴殿廷、李泽红等，2018，《中蒙俄经济走廊自然旅游资源格局及影响因素研究》，《资源科学》第 11 期，第 2168~2176 页。

周李、张晓瑶、徐琳琳等，2023，《中蒙俄经济走廊旅游吸引物分布特征及形成因素》，《世界地理研究》第 3 期，第 28~40 页。

朱林飞，2011，《千年茶韵动天下》，《湖北画报（湖北旅游）》第 3 期，第 1 页。

朱林飞、程歌，2014，《湖北赵李桥砖茶制作技艺——一张对外交流的亮丽名片》，《文化月刊》第 23 期，第 16~19 页。

朱生东、李德明，2013，《徽州茶文化遗产资源及旅游开发》，《安徽农业大学学报》（社会科学版）第 4 期，第 126~130 页。

朱旺龙，2009，《我市入选第三批省级"非遗"项目》，《闽北日报》6 月 13 日，第 2 版。

庄国土，2001，《从闽北到莫斯科的陆上茶叶之路——19 世纪中叶前中俄茶叶贸易研究》，《厦门大学学报》（哲学社会科学版）第 2 期，第 119~126 页。

邹统钎，2017，《"一带一路"旅游合作愿景、难题与机制》，《旅游学刊》第 6 期，第 9~11 页。

邹永广，2017，《"一带一路"中国主要节点城市旅游的经济联系——空间结构与合作格局》，《经济管理》第 5 期，第 22~35 页。

Ganbaatar, J., 2021，《中蒙俄"万里茶道"案例研究》，硕士学位论文，上海外国语大学。

Blain, C., Levy, S. E., and Ritchie, J. R. B., 2005, "Destination Branding: Insights and Practices from Destination Management Organizations", *Journal of Travel Research*, 43 (4): 328-338.

Bornhorst, T., Ritchie, J. R. B., and Sheehan, L., 2010, "Determinants of Tourism Success for DMOs & Destinations: An Empirical Examination of

Stakeholders' Perspectives", *Tourism Management*, 31 (5): 572-589.

Cai, L. P. , 2002, "Cooperative Branding for Rural Destinations", *Annals of Tourism Research*, 29 (3): 720-742.

Gomilevskaya, G. A. , and Kononov, A. Y. , 2017, "Prospects for the Development of Sino-Russian Cross-border Cooperation in Tourism", *Russian Journal of Agricultural and Socio-Economic Sciences*, 72 (12): 249-253.

Henderson, J. C. , 2007, "Uniquely Singapore? A Case Study in Destination Branding", *Journal of Vacation Marketing*, 13 (3): 261-274.

Im, H. J. H. , 2003, *Exploratory Study of Destination Branding for the State of Oklahoma*. Oklahema State University.

Jamal, T. , and Camargo, B. A. , 2017, "Tourism Governance and Policy: Whither Justice?", *Tourism Management Perspectives*, 25: 205-208.

Lane Keller, K. , 1998, *Strategic Brand Management: Building, Measuring, and Managing Brand Equity*. NJ: Prentice Hall.

Leung, D. , Law, R. , and Van Hoof, H. , et al. , 2013, "Social Media in Tourism and Hospitality: A Literature Review", *Journal of Travel & Tourism Marketing*, 30 (1-2): 3-22.

Malek, A. , and Costa, C. , 2014, "Integrating Communities into Tourism Planning through Social Innovation", *Tourism Planning & Development*, 12 (3): 281-299.

Merz, M. A. , He, Y. , and Vargo, S. L. , 2009, "The Evolving Brand Logic: A Service-Dominant Logic Perspective", *Journal of the Academy of Marketing Science*, 37 (3): 328-344.

Park, S. Y. , and Petrick, J. F. , 2006, "Destinations' Perspectives of Branding", *Annals of Tourism Research*, 33 (1): 262-265.

Semone, P. , and Kozak, M. , 2012, "Towards a Mekong Tourism Brand", *Asia Pacific Journal of Tourism Research*, 17 (6): 595-614.

Smith, N. , 1990, *Uneven Development: Nature, Capital and the Production of Space*. Cambridge, MA: Blackwell: 92-131, 160-178.

后　记

　　2016年，在首届中俄蒙三国旅游部长会议上，内蒙古自治区旅游局牵头成立了中俄蒙"万里茶道"国际旅游联盟，并将秘书处设在内蒙古自治区呼和浩特市，此次事件成为本书研究的缘起之一。由于本人多年来专注于边境旅游、跨境旅游等相关研究，"万里茶道"重新回归公众视野引起了我的关注。2018年，本人申报的"'一带一路'视阈下'万里茶道'旅游品牌的共商共建共享机制研究"获得国家社科基金一般项目资助。此后，围绕研究计划，课题团队开始了文献梳理、框架论证、实地调研、数据收集和文本撰写等相关工作，最终完成本书书稿，并通过了国家社科基金项目的结项审核。在实地调研、项目推进和书稿撰写过程中，课题团队切实而深刻地领略到了这条联通中蒙俄、绵延13000余公里的贸易线路和遗产廊道的宏大和精彩，武夷山的碧水丹山、安化资水江畔的秀丽风光、羊楼洞的斑驳古镇、武汉多彩的近现代建筑史迹、晋商故里的大院文化等遗产资源既吸引研究者驻足流连，也使我们更为深刻地感受到此项研究的意义和重要性。

　　诚然，本书仍存在一定不足。第一，数据全面性不足。由于中蒙俄三国旅游资源统计口径不一致，尤其在人文旅游资源方面，蒙古国官方人文旅游资源未进行详细分类且存在省一级尺度数据缺少的情况，本书获取的蒙古国和俄罗斯的旅游资源数据与实际可能会存在一定偏差。另外，因新冠疫情影响，2020~2022年"万里茶道"沿线地区旅游业受到波及较大，多数地区旅游统计数据处于缺失状态，因此本书定量研究部分多截至2019

年，后续研究考虑采用其他的方式予以弥补和完善。第二，研究内容不足。由于蒙古国和俄罗斯对"万里茶道"的相关研究和申遗尚处于起步阶段，并未形成关于沿线地区遗产资源、旅游业发展的有效资料，因此项目研究以"万里茶道"中国段为主体开展，这成为限制研究拓展的主要因素之一。此外，由于新冠疫情和俄乌冲突等不可抗力因素的影响，课题团队对蒙古国、俄罗斯相关遗产地的实地调研受到较大限制。未来考虑在时机成熟时，对相关地区进行补充调研，以使数据收集更加准确、翔实，研究内容更加充实完善。

在本书撰写过程中，本人得到了诸多专家、学者中肯而有价值的建议，使本书在框架结构、研究方法和研究内容等方面均获得了显著提升。在写作过程中，大量的观点和结论也得益于许多领域内专家的研究成果和真知灼见，在此表示深深的敬意和由衷的感谢。由于本人学识有限，书中难免有不妥之处，恳请各位专家、学者、同人批评指正。

王公为

2024 年 10 月

图书在版编目（CIP）数据

"万里茶道"国际旅游品牌：共商共建共享机制研
究／王公为著．--北京：社会科学文献出版社，2025.
5. --ISBN 978-7-5228-4900-3

Ⅰ.F592.3

中国国家版本馆 CIP 数据核字第 2025QM6305 号

"万里茶道"国际旅游品牌：共商共建共享机制研究

著　　者／王公为

出 版 人／冀祥德
责任编辑／高　雁
文稿编辑／王红平
责任印制／岳　阳

出　　版／社会科学文献出版社·经济与管理分社（010）59367226
　　　　　地址：北京市北三环中路甲 29 号院华龙大厦　邮编：100029
　　　　　网址：www.ssap.com.cn
发　　行／社会科学文献出版社（010）59367028
印　　装／三河市龙林印务有限公司

规　　格／开 本：787mm×1092mm　1/16
　　　　　印 张：19.5　字 数：297 千字
版　　次／2025 年 5 月第 1 版　2025 年 5 月第 1 次印刷
书　　号／ISBN 978-7-5228-4900-3
定　　价／148.00 元

读者服务电话：4008918866